フロンティアをこえて

ニュー・ウェスタン映画論

川本徹

森話社

［装幀写真］

（カバー）*Cimarron.* Directed by Wesley Ruggles. RKO Radio Pictures, 1931.

（表紙）Photographer unknown. *Conestoga Wagon on Oregon Trail.* 1961. National Archives (NAID: 286056).

（本扉）Ansel Adams. *The Tetons - Snake River.* 1942. Grand Teton National Park, Wyoming. National Archives (NAID: 519904).

（第Ⅰ部扉）アリゾナ州モニュメント・バレー、二〇一五年、著者撮影。

（第Ⅱ部扉）Illustrator unknown. *Buffalo Bill's Wild West, Earl's Court London Twice Daily.* ca. 1887. Amon Carter Museum of American Art (Accession number: 1969.173).

（第Ⅲ部扉）ダブリン、二〇〇五年、著者撮影。

（第Ⅳ部扉）アリゾナ州のハイウェイ、二〇一五年、著者撮影。

フロンティアをこえて――ニュー・ウェスタン映画論　目次

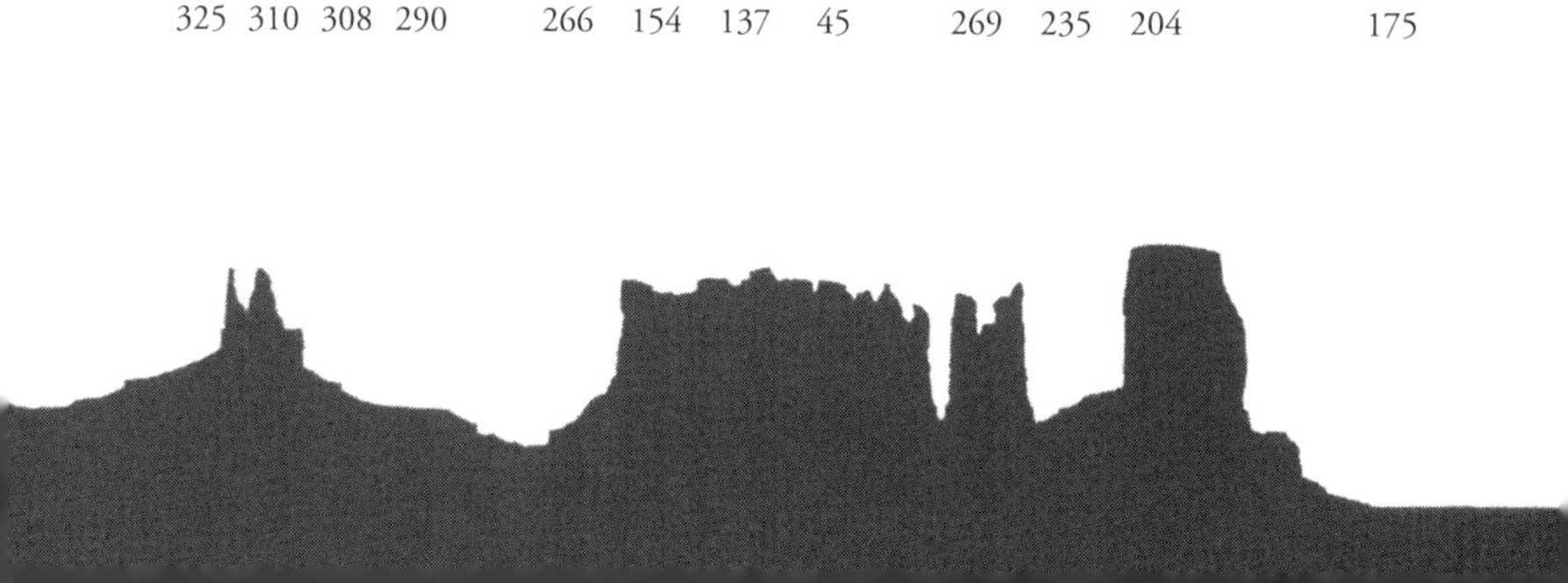

［凡例］

・映画作品は『　』でくくり、各章・コラムの初出に監督名と公開年を付した。また、日本未公開の作品や邦題の定まっていない作品などは、適宜原題を併記した。

・書籍・雑誌名は『　』、音楽・美術作品は《　》、論文・短編小説・シリーズ名などは「　」でくくった。

・引証の出典は（　）でくくり、著者の姓とページ数を示した。たとえば（川本一〇―一一）は川本という著者の文献の一〇ページから一一ページが典拠であることを意味する。同一人物による文献が同じ章・コラムに複数ある場合は、文献名を併記した。

・邦訳のない外国語文献や映画の台詞の引用については、著者による翻訳である。映画の台詞は、邦訳がある場合はそれを参照したが、より原文に近い意味になるよう改訳した箇所がある。

・引用文中の略は［…］で示し、注記は［　］で括った。算用数字に限っては断りなく漢数字にあらためた。

序章　モニュメント・バレーのパネルの彼方

新たなるウェスタン映画の世界

二〇一六年一月、ドナルド・トランプがイリノイ州のジョン・ウェイン生誕地博物館を訪問した。大統領選挙で当選をはたし、世界を震撼させる一〇か月ほどまえの出来事である。

ウェインの娘アイサの熱烈な歓迎を受けたトランプは、上機嫌で会見にのぞんだ。この会見の背景を飾ったのが、モニュメント・バレー［第Ⅰ部扉・図8-1］が描かれたパネルと、ジョン・ウェインの蠟人形である。トランプと西部劇を象徴する風景・スターの組み合わせ。それはこのジャンルの愛国主義的・白人男性中心主義的なイメージをふまえれば、ごく自然に映るかもしれない。とはいえ、このモニュメント・バレーとジョン・ウェインが、パネルであり、蠟人形にすぎないことに注目したい。つまり、滑稽なまでに薄っぺらく見えることに注目したい。その上で強調したいのは、一般に流布している西部関係の映画のイメージも、表面的なものにすぎないということである。

西部劇――。それは一九世紀の米西部を舞台に、カウボーイや保安官、ガンマン、無法者などの活躍を描くジャンル映画である(1)。だが、ひとくちに西部劇(ウェスタン)といっても、じつは多様な作品がある。色とりどりのテーマ、トーン、趣向がある。たしかに西部劇は、血塗られた西部開拓の歴史を美化してきた。銃の正当化や男らしさの称揚に貢献してきた。ではそれがジャンルのすべてかといえば、それは誤りである。西部劇は、アメリカの神話を作ってきたからこそ、その神話を見なおすときにも力を発揮する。いわば内側からの神話批判である。組織の内部事情をよく知る者ほど、より本質的な告発ができるのに似ている。そのような批判意識をもつ西部劇は古くから存在する(2)。また、西部劇(ウェスタン)というジャンルの理解も、拡大が可能である。海外の映画研究では、西部劇の系譜を継ぐ現代劇(ポスト・ウェスタン)や、世界各国で作られた西部劇(グローバル・ウェスタン)への注目が高まっている。本書は、こうしたウェスタンの広がりを前提に書かれたものである(3)。

著者は二〇一四年に『荒野のオデュッセイア――西部劇映画論』という書籍を上梓した。その前著でも古典的な西部劇だけでなく、西部に関連するさまざまな映画をとりあげた。本書ではその傾向がいっそう強くなる。ここには二一世紀以降に製作された新しい西部劇の分析がある。さらに、先述のポスト・ウェスタンやグローバル・ウェスタンも議論の対象となる。西部劇の隣接ジャンルであるロード・ムーヴィーの歴史も語られる。先住民と探偵、ダイナソー・ウェスタンといった見慣れないテーマもあつかわれる。古典西部劇が論じられることもあるが、それらは「主人公の時計とのつき合い方」といった新たな視点から読みなおされる。メディアの面でも、映画だけでなく、文学やアニメーションが論じられることも多い。本書が示したいと願っているのは、ウェスタンの思わぬ奥深さであり、多様な息吹である。その知られざる歴史である。言いかえれば、本書が読者を誘い出そうとしているのは、先述したモニュメント・バレーのパネルの彼方である。西部劇は古臭いというイメージがある。そのイメージを書き換えるために本書はある。本書のサブタイトルである「ニュー・ウェスタン映画論」の「ニュー」は、「ウェスタン映画」と「論」の両方を修飾するとお考えいただきたい。本書は昨今の新しい西部劇をとりあげると同時に、これまでにない西部劇の論考をめざしている。

以下、この序章では、西部劇の歴史、ほかのジャンルへの影響、二一世紀の西部劇をめぐる現状、各章の概要について順に述べていく（なお、本書は読者の関心に応じて、好きな章からお読みいただいてもかまわない）。そのなかで、本書のスタンスもより明確になるはずである。

西部劇の歴史を一気に駆け抜ける

まずは西部劇の歴史を一気に駆け抜けよう。やや教科書的・事典的な記述にはなるが、このジャンルにそれほど精通していない方にも、まずは全体像をつかんでいただきたい(4)。

史上初の西部劇が何かは研究者の見解がわかれるが、『大列車強盗』（エドウィン・S・ポーター監督、一九〇三年）はその最有力候補である(5)。本作はおどろくべき成功をおさめ、多くの模倣作を生んだ。ショット単位でほぼ完全に模倣した映画――タイトルも『大列車強盗』（シグムンド・ルービン監督、一九〇四年）――すらある。その後の一九〇〇年代後半から一〇年代後半は、映画史の初期から古典期への移行期である。映画の形式も短編から長編へと変化した。この時代の重要な西部劇に、短編『エルダーブッシュ峡谷の戦い』（D・W・グリフィス監督、一九一三年）や、長編『スコウ・マン』（セシル・B・デミル／オスカー・アップフェル監督、一九一四年）がある。また、一〇年代にはブロンコ・ビリー・アンダーソン、ウィリアム・S・ハート、トム・ミックスといった初期の西部劇スターが誕生した。とくにハートの西部劇はいまなお見ごたえがある。『地獄の迎火』（チャールズ・スウィッカード監督、一九一六年）や、少し時代は下るが『曠原《こうげん》の志士』（キング・バゴット監督、一九二五年）をあげておこう。完全に古典期に入った二〇年代には、『幌馬車』（ジェイムズ・クルーズ監督、一九二三年）を皮切りに、壮大なスケールで西部開拓を描く叙事詩西部劇が流行。ジョン・フォード監督の『アイアン・ホース』（一九二四年）や先述の『曠原の志士』もここにふくまれる。三〇年代には大作西部劇は減少したが、ジャンルはB級映画（二本立て興行の二本目として上映される添えもの映画）として命脈を保った。三〇年代末以降は大手スタジオが再度西部劇に本腰を入れるようになる。そのきっかけを作ったのは、『駅馬車』（ジョン・フォード監督、一九三九年）をはじめ、『平原児』（セシル・B・デミル監督、一九三六年）、『地獄への道』（ヘンリー・キング監督、一九三九年）、『無法者の群』（マイケル・カーティス監督、一九三九年）、『大平原』（セシル・B・デミル監督、一九三九年）などの成功である。

四〇年代の後半から五〇年代は、しばしば西部劇の黄金時代と見なされる。このジャンルにさほどなじみがない方でも、この時期に作られた以下の西部劇の名は聞いたことがあるにちがいない。『荒野の決闘』（ジョン・フォード監督、一九四六年）、『赤い河』（ハワード・ホークス監督、一九四八年）、『真昼の決闘』（フレッド・ジンネマン監督、一九五二年）、『シェーン』（ジョージ・スティーヴンス監督、一九五三年）、『捜索者』（ジョン・フォード監督、一九五六年）、『OK牧場の決斗』（ジョン・スタージェス監督、一九五七年)、『リオ・ブラボー』(ハワード・ホークス監督、一九五九年)など。

じっさい、四〇年代から五〇年代に、西部劇は内容的な深化をとげた。具体的には、暴力や性のテーマ、人種問題、主人公の精神的苦悩を掘り下げるようになった。その先例と言われるのが、リンチの問題をあつかった重要作『牛泥棒』(ウィリアム・A・ウェルマン監督、一九四三年)と、セクシュアルな宣伝や描写が物議をかもした『ならず者』(ハワード・ヒューズ監督、一九四三年)である。また、主人公の性格が陰翳をおびはじめた点では、同時代の別のジャンル、フィルム・ノワールの影響が指摘されることが多い。たとえば『追跡』(ラオール・ウォルシュ監督、一九四七年)や『裸の拍車』(アンソニー・マン監督、一九五三年)があげられる。また、戦後のハリウッドは赤狩りに翻弄されたが、物語中にその反映が見られる西部劇に『真昼の決闘』や『大砂塵』(ニコラス・レイ監督、一九五四年)がある。先住民差別の再検討もなされるようになった。例として『折れた矢』(デルマー・デイヴィス監督、一九五〇年)、『アパッチ』(ロバート・アルドリッチ監督、一九五四年)、『赤い砦』(アンドレ・ド・トス監督、一九五五年)などがある。五〇年代の西部劇を語る上では、バット・ベティカー監督の諸作(『反撃の銃弾』[一九五七年]など)も忘れられない。

六〇年代には「西部劇=アメリカ」という図式が大きく崩れた。イタリア西部劇、スパゲッティ・ウェスタンが世界的に流行したのである(この点は本書の第4章でも触れる)。もっとも、六〇年代最初の年に、ジャンルの国際化のはじまりをつげたのは、アメリカ西部劇『荒野の七人』(ジョン・スタージェス監督、一九六〇年)だった。第一に、本作は日本の時代劇『七人の侍』(黒澤明監督、一九五四年)の西部劇リメイクである。第二に、主要舞台はアメリカではなくメキシコである。第三に、アメリカ国内では興行成績はふるわなかったが、国外で例外的な成功をおさめた。アメリカの敵国ソ連ですら絶大な人気をあつめた（Lavrentyev 110）。

アメリカ国内に視線をもどそう。六〇年代と七〇年代にはそれ以前の黄金時代に劣らず、多種多様な力作が生み出された。しかし、ジャンル全体で見ると、ハリウッドの崩壊と歩調をあわせて、またはそれに一歩さきんじて、西部劇は徐々に活力を失っていった。六〇年には、アメリカ映画全体の製作本数にしめる割合が、二〇パーセントを切った（逆にこれ以前は、二〇年代末から三〇年代前半の一時的な減少期をのぞくと、毎年アメリカで製作される映画の約四分の一から五分の一、多い年には約三分の一が西部劇だった）[6]。アメリカが激動の時代に突入するなか、西部劇は徐々に時代遅れとなった。こうしたなか、劇中でフロンティアの終焉や主人公の老いを強調し、ジャンルそのものの終わりを意識させる映画もあらわれた。挽歌西部劇と総称されることもある。『昼下りの決斗』（サム・ペキンパー監督、一九六二年）、『ウィル・ペニー』（トム・グライス監督、一九六八年）、『モンテ・ウォルシュ』（ウィリアム・A・フレイカー監督、一九七〇年）を例にあげておこう。ジャンルが理想化してきたカウボーイや無法者の「現実」を露呈させる映画も作られた。たとえば『男の出発』（ディック・リチャーズ監督、一九七二年）や『ミネソタ大強盗団』（フィリップ・カウフマン監督、一九七二年）である。ジャンルの従来のヒロイズムとの距離の取り方がさらに精妙なのが、『ギャンブラー』（ロバート・アルトマン監督、一九七一年）である。

付言すると、六〇年代後半に映画史はニューシネマの時代に突入しており（一九六七年公開の犯罪映画『俺たちに明日はない』［アーサー・ペン監督］が第一作とされることが多い。詳しくは第10章参照）、古典期にはなかった演出や描写が積極的に打ち出された。西部劇との関連でとくに重要なのは、暴力描写のリミットが外れたことである。これをひとつの背景として、六〇年代末から七〇年代には、ヴェトナム西部劇とも呼ばれる作品群が登場した。『ワイルドバンチ』（サム・ペキンパー監督、一九六九年）、『小さな巨人』（アーサー・ペン監督、一九七〇年）、『ワイルド・アパッチ』（ロバート・アルドリッチ監督、一九七二年）、『ソルジャー・ブルー』（ラルフ・ネルソン監督、一九七〇年）、ヴェトナムでの戦闘を西部劇に仮託して描く作品群である。そこでは正義の概念が根本から覆され、暴力の凄惨さがこれでもかというほど強調された。『小さな巨人』や『ソルジャー・ブルー』が代表例だが、先住民にたいするおぞましい暴力行為が描かれた。それは当時の観客にとってヴェトナムでの米兵の残虐行為と重なるものだった。

ヴェトナム西部劇のサイクルが一段落する七〇年代なかばには、かつてアメリカの正義の概念と一体だった西部劇は、アメリカ文化のなかで居場所を失っていた。一九八〇年公開の超大作『天国の門』（マイケル・チミノ監督）は、内容的には意義深い作品だが、興行的に失敗し、結果的に西部劇の息の根をとめたと言われる。たしかに、九〇年代前半には、『ダンス・ウィズ・ウルブズ』（ケヴィン・コスナー監督、一九九〇年）と『許されざる者』（クリント・イーストウッド監督、一九九二年）の二本がアカデミー作品賞を受賞し、西部劇への注目が一時的に高まった。多文化主義の時代にふさわしく、マイノリティの視点を積極的に入れた西部劇が続々と作られた。だが、このブームもごく短命に終わった。

このようにして西部劇は完全に姿を消した――。いや、はたして本当にそうだろうか。

潜入するウェスタン

西部劇は衰退ぶりを隠し切れなくなった六〇年代末ごろから、ほかのジャンルに深く潜入するようになった。たしかに西部劇はアメリカ映画のメインストリームからは外れたが、過去の数千本の作品のなかで鍛え上げられたイメージや物語までもが消失したわけではなかった。

まず、七〇年代以降の都市犯罪映画、とくにヴィジランテ映画をあげよう。ヴィジランテは自警団の意味である。自分自身が法となって、罪を裁く。こうした自警主義（ヴィジランティズム）をくりかえし描き、ときにその是非を問いなおしてきたのが西部劇だった。ヴィジランテ映画はこのテーマを現代の都市を舞台に描いた。その代表作『ダーティハリー』（ドン・シーゲル監督、一九七一年）と『狼よさらば』（マイケル・ウィナー監督、一九七四年）にそれぞれ主演したのは、クリント・イーストウッドとチャールズ・ブロンソン。彼らがそれ以前に西部劇で活躍した俳優であるのは、むろん偶然ではない。よく知られるように、『ダーティハリー』でイーストウッドがバッジを捨てるのは『真昼の決闘』に由来する。『狼よさらば』には『シェーン』の有名な台詞――「銃は道具にすぎない」――の引用がある。そもそも『狼よさらば』では、主人公がヴィジランテとして覚醒するのが西部（アリゾナのツーソン）である。彼が西部劇的なショーを鑑賞するシーンまである。八〇年代以降も現在にいたるまでヴィジランテ映画と西部劇の関係はつづいている。現代のデトロイトを舞台に、ポーチや床屋といった西部劇的な要素を散りばめつつ、自警主義を問いなおすイーストウッド監督・主演作『グラン・トリノ』（二〇〇八年）が典型である。

次にとりあげるのはロード・ムーヴィーである。ロード・ムーヴィーは映画ジャンルとしては六〇年代末に成立したが、この源泉にあたる小説として、ジャック・ケルアックの『オン・ザ・ロード』（一九五七年）がある（二〇一二年にウォルター・サレス監督により映画化）。二〇世紀なかばの旅を描く小説だが、その途中で語り手は本で学んだ一九世紀の西部開拓に言及する（ケルアック 二三、三四）。この小説の流れをくむロード・ムーヴィーの代表作に『イージー・ライダー』（デニス・ホッパー監督、一九六九年）がある。主人公たちは馬のかわりにバイクを駆るが、旅の途中で立ち寄るのは西部劇の聖地モニュメント・バレー。このように、ロード・ノヴェルやロード・ムーヴィーが描く二〇世紀以降の旅は、西部開拓史や西部劇と深いところで結びついている。最新のロード・ムーヴィー『ノマドランド』（クロエ・ジャオ監督、二〇二〇年）にも一九世紀の開拓者への言及がある。この点は第10章であらためて触れよう。

宇宙SFのなかにも西部劇は生きている。アメリカ文化史上、宇宙は西部にかわる新たなフロンティアと見なされてきた。「スタートレック」シリーズ（一九六六年—）の有名なナレーションは、「宇宙、そこは最後のフロンティア」である。『スター・ウォーズ』（ジョージ・ルーカス監督、一九七七年）には誰がどう見ても西部劇を意識したとしか思えない酒場の撃ち合いがある。映画の序盤、ルーク（マーク・ハミル）の叔父と叔母が殺害されるシーンは、『捜索者』を下敷きにしている。スタンリー・キューブリック監督の『2001年宇宙の旅』（一九六八年）の製作時の仮タイトルのひとつは*How the Solar System Was Won*。西部劇『西部開拓史』（ヘンリー・ハサウェイほか監督、一九六二年）の原

題 *How the West Was Won* をもじったものである。完成した映画にも『西部開拓史』のエンディングを意識した空撮シーンがある。火星をアメリカ西部になぞらえる伝統もあり、古くはエドガー・ライス・バローズのＳＦ小説の古典『火星のプリンセス』（一九一七年）がある。火星でのサバイバル生活を描く二一世紀のＳＦ映画『オデッセイ』（リドリー・スコット監督、二〇一五年）もこの系譜に位置づけられる。

ホラー映画はどうだろうか。六〇年代末から七〇年代のホラー映画は、同時代のヴェトナム西部劇とフロンティア神話への批判を共有している。『悪魔のいけにえ』（トビー・フーパー監督、一九七四年）や『サランドラ』（ウェス・クレイヴン監督、一九七七年）は、ともに西部（テキサスとネヴァダ）を舞台に、文明と野蛮の境界が崩壊するアメリカの悪夢を描いた（Towlson 57-58）。『サランドラ』には先住民風の衣装も登場するから、西部劇との関連性は明白である。また、この点は小原文衛の論考に詳しいのだが、『ナイト・オブ・ザ・リビングデッド』（一九六八年）にはじまるジョージ・Ａ・ロメロ監督のゾンビ映画には、大量の西部劇の血が流れている。ゾンビ映画の籠城のモチーフ（建物に立てこもる人間と、そこに攻め入るゾンビ）の原型は、主として西部劇にある（一軒家や砦に立てこもる白人と、そこに攻め入るインディアン）。ロメロはこの西部劇の伝統を呼び覚まし、そこに批判を加えた。たとえば『ゾンビ』（一九七八年）では、騎兵隊の制服と同じ青色の制服を着たＳＷＡＴ部隊や、騎兵隊ラッパを鳴らすバイカー集団がゾンビの殲滅を試みる。ここには先住民の虐殺の歴史が投影されている[7]（小原 一二一―一二四）。そもそも西部劇とホラー映画の組み合わせは珍しくなく、近年の代表作に『トマホーク ガンマンvs食人族』（Ｓ・クレイグ・ザラー監督、二〇一五年）がある。ゾンビものへの影響もつづいており、テレビドラマ『ウォーキング・デッド』（二〇一〇―二二年）にも西部劇の要素を見るのはたやすい[8]。

戦争映画にも触れておこう。ヴェトナム戦争の同時代には、この戦争を直接描く映画はほとんど製作されなかった（加藤 三七六）。かわりにヴェトナム戦争は、ほかのジャンル（第二次世界大戦映画、朝鮮戦争映画、ホラー映画、そして何よりも西部劇）のなかで間接的に描かれた。先述の『ソルジャー・ブルー』などはその最たる例であった。こうした歴史をふまえると、七〇年代の後半から本格的に製作されるようになったヴェトナム戦争映画に、逆に西部劇の影が見られたとしても不思議ではない。『地獄の黙示録』（フランシス・フォード・コッポラ監督、一九七九年）の有名なヘリコプター攻撃のシーンは、騎兵隊をヘリコプターの編隊に、突撃ラッパを《ワルキューレの騎行》に置き換えたものと見なせる。指揮官のキルゴア中佐（ロバート・デュヴァル）は、騎兵隊の伝統を継ぐキャバリー・ハットを好んで被る男である。西部劇との関連性は、二一世紀のイラク戦争映画までつづいている。その好例に、爆弾処理班を台詞や演出でくりかえしカウボーイと関連づけた『ハート・ロッカー』（キャスリン・ビグロー監督、二〇〇八年）がある[9]。脚本を担当したマーク・ボールは、あるインタヴューで二〇〇四年末から二〇〇五年初頭のイラクを「ワイルド・ウェスト」と呼んでいる（Zenilman）。

ここで紹介したのは、ごく一部の例にすぎない。西部劇の衰退後も、何らかの形で西部劇の遺産を継承した映画は枚挙にいとまがない。つまりこういうことである。アメリカ映画の深層には、いまだに西部劇がある。西部劇の理解がなければ、アメリカ映画は、ひいてはアメリカは理解できない。いや、それはいくらなんでも大げさだ、という声が聞こえてきそうである。そこで少し視点を変えて、こういう問いを立ててみよう。一九七〇年代に西部劇が表面的には姿を消したのち、アメリカは西部劇的であることをやめただろうか。答えはノーだろう。一九八〇年にアメリカ国民が大統領として選んだのは、元カウボーイ俳優のロナルド・レーガンだった。[10] 大統領選で使われたポスターのひとつは、マールボロの広告（カウボーイを使うことで有名）をまねたもので、「マールボロの国」というキャッチコピーは「アメリカ　レーガンの国」に変えられた。そして当のレーガンの写真は、カウボーイハット姿のものが使用された（Smith 140-141）。レーガン以降に、やはり自分自身をカウボーイに重ねることを好んだのが、ジョージ・W・ブッシュである。この二一世紀の大統領は、テロや戦争を語るときにも、西部劇の語彙を用いるのをいとわなかった。じっさい、アメリカ同時多発テロ事件発生後には、記者団にウサマ・ビン・ラディンのことを尋ねられ、西部の保安官さながらに、「生死を問わず捕まえよ（Wanted: Dead or Alive）」と述べた（Smith 178, 185）。バラク・オバマはジョージ・W・ブッシュとは対極的なイメージがあるが、就任演説と任期最後の演説の両方で、西部開拓に言及するのは忘れなかった。[11] カウボーイや西部のフロンティア。それらはいまだにアメリカがアメリカである証であり、国民統合の目的で利用される。くりかえそう。西部劇を理解できなければ、アメリカは理解できない。

アニメーションと西部劇

本書は以上のような視点から西部劇を論じるものである。また、実写映画だけでなくアニメーションもあつかう。この点について少し説明が必要だろう。漫画やアニメーションの世界でも、西部は重要な要素でありつづけてきた。フィリックス・ザ・キャット、ミッキーマウス、トムとジェリーなど、アメリカのアニメーションの代表的キャラクターは一度は西部を訪問している。[12] アニメーション史の最重要人物のひとり、テックス・エイヴリーは、テキサス出身だったこともあり（テックスはこの出身州に由来する愛称）、西部劇に関係のあるアニメーションを多くのこしている。[13] 近年のアニメーション西部劇としては、ジョニー・デップが主人公のカメレオンの声を担当した『ランゴ』（ゴア・ヴァービンスキー監督、二〇一一年）がある。少しだけ漫画にも言及すると、西部劇の聖地モニュメント・バレーは、映画に登場する以前に漫画に登場している。ジョージ・ヘリマンの新聞漫画『クレイジー・キャット』（一九一三—四四年）である。本作で描かれるアリゾナ州ココニノ郡の荒野は、ヘリマン自身が愛したモニュメント・バレーの景観にもとづくものである。[14]

また、西部劇との関連で興味深いのは、ピクサー・アニメーション・スタジオの諸作である。なにしろスタジオの代表的キャラクターはカウボーイの人形（「トイ・ストーリー」シリーズ［一九九五年—］のウッディ）である。「カーズ」シリーズ（二〇〇六年—）や『アーロと少年』（ピーター・ソーン監督、二〇一五年）のように、西部の荒野を舞台とする作品もある。新たなフロンティアとしての宇宙を批判的に描くのが『ウォーリー』（アンドリュー・スタントン監督、二〇〇八年）である。また、ピクサー映画ではしばしば登場人物が囚われの身となるが、この源流には西部劇でも再三描かれてきた先住民捕囚物語がある（本書のコラム④を参照）。本書では『トイ・ストーリー4』（ジョシュ・クーリー監督、二〇一九年）や『アーロと少年』などをとりあげる。そこでこのスタジオと西部劇ジャンルの知られざる関係が浮き彫りになるだろう。もとより海外と比べて日本ではピクサー研究が圧倒的に遅れている。その現状を打破したいという思いも秘められている。

二一世紀の西部劇

つづいて二一世紀の西部劇をめぐる状況を確認しよう。今世紀に入ってからも意外と西部劇の製作はつづいている。関連作までふくめるとその数はかなりにのぼる。時代状況と絡めて、こう述べる論者もいる。「九・一一の悲劇以来、西部劇は目を見張るような復活をとげた。ジャンルが元来演じていた愛国心を鼓舞するという役割に、グローバル社会におけるアメリカの立ち位置を批評するという、新たな意義を溶け込ませる形で」(Stoddart, Introduction 5)。二一世紀に入ってなお西部劇が求められている。アメリカを賛美するにせよ、批判するにせよ、それは有効なジャンルでありつづけている。

二一世紀の傾向でまず注目すべきは、西部劇の系譜を継ぐ現代劇のなかに秀作が生まれたことだ。『ブロークバック・マウンテン』(アン・リー監督、二〇〇五年)、『メルキアデス・エストラーダの3度の埋葬』(トミー・リー・ジョーンズ監督、二〇〇五年)、『ノーカントリー』(ジョエル・コーエン/イーサン・コーエン監督、二〇〇七年)、『ボーダーライン』(ドゥニ・ヴィルヌーヴ監督、二〇一五年)、『最後の追跡』(デイヴィッド・マッケンジー監督、二〇一六年)、『ザ・ライダー』(クロエ・ジャオ監督、二〇一七年)、『ウインド・リバー』(テイラー・シェリダン監督、二〇一七年)などである。「現代」を広く西部開拓時代の終焉以降と見なせば、二〇世紀序盤を描く『ゼア・ウィル・ビー・ブラッド』(ポール・トーマス・アンダーソン監督、二〇〇七年）や『パワー・オブ・ザ・ドッグ』（ジェイン・カンピオン監督、二〇二一年）も視野に入ってくる。ここに名をあげた作品のうち、『メルキアデス・エストラーダの3度の埋葬』『ノーカントリー』『ボーダーライン』は、米墨（メキシコ）国境問題を描くボーダー・ウェスタンにも分類される(15)。

さらに議論を進めよう。二一世紀は旧作西部劇のリメイクもあいついだ。『3時10分、決断のとき』（ジェームズ・マンゴールド監督、二〇〇七年）、『トゥルー・グリット』（ジョエル・コーエン／イーサン・コーエン監督、二〇一〇年）、『マグニフィセント・セブン』（アントワーン・フークア監督、二〇一六年）である。また、『デッドウッド〜銃とSEXとワイルドタウン』（二〇〇四―〇六年）や『ヘル・オン・ウィールズ』（*Hell on Wheels*）』（二〇一一―一六年）といったテレビ西部劇がヒットしたことも見逃せない。SFと西部劇を融合させた『ウエストワールド』（二〇一六―二二年）――もとになったのはマイケル・クライトンが監督した一九七三年の映画『ウエストワールド』――も話題を呼んだ。ジョン・ファヴロー監督のその名もずばり『カウボーイ&エイリアン』（二〇一一年）という映画もあった。スーパーヒーロー映画への影響も指摘できる。いちばんわかりやすいのは『シェーン』を直接引用した『LOGAN／ローガン』（ジェイムズ・マンゴールド監督、二〇一七年）である。『LOGAN／ローガン』はボーダー・ウェスタンの一例でもある。現代のカウボーイが羊の大群をつれて山脈を縦走する過酷な旅をとらえたドキュメンタリー映画『モンタナ　最後のカウボーイ』（イリーサ・バーバッシュ／ルーシァン・キャステーヌ＝テイラー監督、二〇〇九年）もある。ゲームの世界でも西部劇は欠かせない要素となっている（「レッド・デッド」シリーズ［二〇〇四年―］）。

しかし今世紀の映画で真におどろかされたのは、先述のリメイク（『3時10分、決断のとき』などにかぎらず、一九世紀を舞台とする映画も思いのほか多く製作され、さらにそこから、きわめて興味深い作品が誕生したことだ。その筆頭にあげられるのは、ケリー・ライカート監督の『ミークス・カットオフ』（二〇一〇年）と『ファースト・カウ』（二〇一九年）、さらにはジャック・オーディアール監督の『ゴールデン・リバー』（二〇一八年）である。もちろん、クエンティン・タランティーノ監督の二本の西部劇『ジャンゴ　繋がれざる者』（二〇一二年）と『ヘイトフル・エイト』（二〇一五年）も忘れてはならない。だがそれにしても、これらの西部劇のいったいどこが新しく、重要だというのか。これから本書をお読みいただくなかで、その革新性のありかも明らかになるだろう。

参考までに、そのほかの一九世紀を舞台とする西部劇のうち、主だったものを列挙しておこう（もちろん完全なリストではないし、こうした作品を満遍なく紹介するのが本書の目的ではない）。『ワイルド・レンジ　最後の銃撃』（ケヴィン・コスナー監督、二〇〇三年）、『ミッシング』（ロン・ハワード監督、二〇〇三年）、『アラモ』（ジョン・リー・ハンコック監督、二〇〇四年）、『ジェシー・ジェームズの暗殺』（アンドリュー・ドミニク監督、二〇〇七年）、『アパルーサの決闘』（エド・ハリス監督、二〇〇八年）、『スウィート・エンジェル』（ローガン・ミラー監督、二〇一三年）、『ローン・レンジャー』（ゴア・ヴァービンスキー監督、二〇一三年）、『ミッション・ワイルド』（トミー・リー・ジョーンズ監督、二〇一四年）、『荒野はつらいよ～アリゾナより愛をこめて～』（セス・マクファーレン監督、二〇一四年）、『キーピング・ルーム』（ダニエル・バーバー監督、二〇一四年）、『レヴェナント：蘇えりし者』（アレハンドロ・ゴンサレス・イニャリトゥ監督、二〇一五年）、『ジェーン』（ギャヴィン・オコナー監督、二〇一六年）、『あ

る決闘　セントヘレナの掟』（キーラン・ダーシー＝スミス監督、二〇一六年）、『ウーマン・ウォークス・アヘッド（*Woman Walks Ahead*）』（スザンナ・ホワイト監督、二〇一七年）、『荒野の誓い』（スコット・クーパー監督、二〇一七年）、『バスターのバラード』（ジョエル・コーエン／イーサン・コーエン監督、二〇一八年）、『この茫漠たる荒野で』（ポール・グリーングラス監督、二〇二〇年）、『ザ・ハーダー・ゼイ・フォール　報復の荒野』（ジェイムズ・サミュエル監督、二〇二一年）など。

本書のロード・マップ

これでニュー・ウェスタン映画論の旅の準備は整った。あとは本書のロード・マップ（各章の概要）を示しておきたい。

本書は、いまお読みいただいている序章をのぞき、全四部、一二章からなる。

第Ⅰ部「荒野の男と女」（第1章―第3章）のテーマはジェンダーである。第1章では二一世紀の映画『ゴールデン・リバー』と『パワー・オブ・ザ・ドッグ』をとりあげる。西部劇と聞くと男くさいイメージがある。じっさいにはその男くささの調整にこそ、ジャンルの見どころがある。歯磨きと水浴をキーワードに、ウェスタンの男性像の過去と現在を探究する。第2章では現代劇『パリ、テキサス』（ヴィム・ヴェンダース監督、一九八四年）と『ライフ・ゴーズ・オン　彼女たちの選択』（ケリー・ライカート監督、二〇一六年。本章で論じるのは映画の第一部）を考察する。いずれも男女の一筋縄ではいかない関係を描くが、その描写のなかに西部劇のあるテーマが見え隠れしている。この点の検討をとおして、アメリカ映画の深層に西部劇がひそむことが実感できるだろう。第3章では一九九〇年代の西部劇『ラスト・オブ・モヒカン』（マイケル・マン監督、一九九二年）を論じる。本作で鮮烈な印象をのこすのは、クライマックスのヒロインの墜落死である。じつは原作小説にはこの描写はない。この違いはいかにして生まれたのか。その謎を解きつつ、この傑作西部劇の女性像に新たな光を投げかける。

第Ⅱ部「西部劇は海をこえる」（第4章―第6章）のテーマは国際性である。西部劇はアメリカ固有のジャンルと考えられている。じっさいには西部劇は世界中で製作されてきた。第4章ではこのグローバル・ウェスタンの歴史を概観する。第5章ではクエンティン・タランティーノ監督の二一世紀西部劇をグローバル・ウェスタンの観点から論じる。映画愛食家タランティーノは、他国の西部劇の素材を生かしつつ、いかにしてみずからのアメリカ西部劇を料理しただろうか。第6章では足跡をキーワードに米英豪の文学・映画を横断する。ヨーロッパのミステリ小説の名探偵は足跡解読に長けている。この能力のもとをたどるとアメリカ先住民に行きつく。足跡解読の描写はどこから来て、どのようにして海をこえたのか。この点を探査する新たな比較文学・映画史を描いてみよう。

第Ⅲ部「時の流れに逆らって」（第7章―第9章）のテーマは時間である。第7章では古典西部劇における時計と時間の描写を論じる。西部劇は風の吹きすさぶ荒野のドラマである。それを時計のドラマとして読みなおすとどうなるか。その実験結果をご覧いただきたい。第8章では時間は時間でも、タイム・トラヴェルの問題をあつかう。考察対象は『バック・トゥ・ザ・フューチャーＰＡＲＴ３』（ロバート・ゼメキス監督、一九九〇年）。純然たる西部劇ではなく、一九世紀にタイム・トラヴェルする映画だからこそ生じたおもしろさは何か。時空をこえつつ、この点について考察する。つづく第9章は本書のなかでおそらくいちばん特異な章である。ここで着目するのは恐竜である。西部劇には馬や列車がよく登場するが、そこに恐竜が加わるとどうなるか。映画史の地中に眠るダイナソー・ウェスタンの大規模発掘を試みる。

第Ⅳ部「オン・ザ・ロード」（第10章―第12章）のテーマは移動である。第10章ではロード・ムーヴィーの歴史を掘り起こす。先述のとおり、ロード・ムーヴィーは一九世紀の西漸運動の記憶を引きずっている。この章では西部劇をはじめ、ほかの先行ジャンルとの関係に注目しつつ、ロード・ムーヴィーが描く移動の意味を再考する。また、移動のテーマに関連して重要な二一世紀のアニメーション映画が、次の第11章で論じる『トイ・ストーリー4』である。この「トイ・ストーリー」シリーズの最新長編作で、カウボーイの人形は移動に関しておどろくべき決断をする。その決断がシリーズ全体においてもつ意味とは何か。そもそも「トイ・ストーリー」シリーズの画期性はどこにあるのか。そして最後の第12章では、二一世紀のもっとも革新的な西部劇、ケリー・ライカート監督の『ミークス・カットオフ』を論じる。この映画は移動のテーマは言うにおよばず、本書でとりあげる種々のテーマが、その内部でひとつに結びつくような作品である。文学史的な考察も交えつつ、本作の特異な描写の意義を解き明かす。

以上が各章の概要である。序章の最後にお伝えしたいのは、次の一点である。「新たなるウェスタン映画の世界へ、ようこそ」。

（1）西部劇とは何か。その定義について補足しておこう。ある映画事典では次のように記されている。「〔…〕西部劇は、定義の上からも、時間的には西部開拓時代（一八六五―一八九〇頃）であり、地理的にはフロンティア（大まかに言って、ミシシッピ川からカリフォルニアの海岸まで）に設定される」（ブランドフォードほか 一九七）。一方で、わずかではあるが例外もあると記されている。「こうした慣例を侵犯した映画はほんのわずかしかない。例えば、時間を現代の西部に設定した『脱獄』（デイビッド・ミラー監督、一九六二）、場所を東部に設定した「東部の西部劇」と呼ばれる『モホークの太鼓』（ジョン・フォード監督、一九三九）である」（ブランドフォードほか 一九七）。

じっさいには、こうした例外はそれだけで数本論考が執筆できるほど存在する。それはともかく、これらの例外を考察する上でいまなお示唆的なのが、リック・アルトマンの一九八四年初出の論文「映画ジャンルへの意味論的／統語論的アプローチ」である。アルトマンによれば、ジャンル研究には意味論的アプローチと統語論的アプローチがある。意味論的アプローチがジャンルの「構成要素」（舞台設定や登場人物もここにふくまれる）に注目するのにたいして、統語論的アプローチは「その構成要素が配列される構造」を重視する（Altman 10）。上記の映画事典の記述は、意味論的アプローチの例ということになる。一方、アルトマンが言及するように、楽園と荒野、文化と自然、共同体と個人などの対立という観点から西部劇を論じるのが、統語論的アプローチの例である（Altman 10）。意味論的アプローチを採用した場合にジャンルの定義から除外される映画が、統語論的アプローチによって議論に組み込まれることもある。アルトマンはこの二種類のアプローチは補完的な関係にあり、それらは組み合わされてこそ効力を発揮すると述べている。そしてまさにその具体例として、上記の映画事典の記述にも登場した『モホークの太鼓』をふくむ、一八世紀の東部を舞台とする「ペンシルヴェニア西部劇」をあげている（Altman 11）。なお、アルトマンが論じた二種類のアプローチをソ連西部劇の分析に応用したのが、ボーリンガー（Bohlinger）である。

（2）西部劇というジャンルの自己省察力に注目した重要な論考として、吉田がある。

（3）近年の多種多様なウェスタンを視野に入れた研究書として、ネルソン（Nelson）、パリシュ／レオ（Paryz and Leo）、ストッダート（Stoddart, *The New Western*）、ミッチェル（Mitchell）、ホワイト（White）、ブロード／ブロード（Brode and Brode）、ファルコナー（Falconer）がある。

グローバル・ウェスタンの先行研究は第4章でとりあげる。ここではポスト・ウェスタンについて補足しておきたい。この用語の初期の使用例として、フィリップ・フレンチによるものがある。一九七三年刊行の書籍の増補版（刊行は一九七七年、邦題は『西部劇・夢の伝説』）で、フレンチは二〇世紀の西部を舞台とする映画をポスト・ウェスタンと呼んだ。フレンチはモダン・ウェスタンという言葉も使っているが、ここではポスト・ウェスタンと同義である（フレンチ 一七〇）。一方、時代設定に関係なく、主として七〇年代以降に製作されたジャンルへの自己省察的要素をふくむ西部劇（ヨーロッパで製作された作品もふくむ）を広くさす概念として、ポスト・ウェスタンを使用したのがカウェルティ（Cawelti）の第四章である。その後も多くの論者がそれぞれの文脈でこの言葉を用いてきたが、この点はキャンベル（Campbell）の序章に詳しい。ともあれ、一般にポスト・ウェスタンは、フロンティアなき現代の西部を舞台とする映画や、一九世紀の西部を舞台とする西部劇であっても、古典期の西部劇とはイデオロギー的に距離をおく映画をさす概念と理解してよいだろう。ネオ・ウェスタンという呼称が用いられることもある。

一方、ポスト・ウェスタンという言葉の使用、または映画のくくり方に異をとなえる論者もいる。その代表例がリー・クラーク・ミッチェルである。ポスト・ウェスタンの論者は、ポスト・ウェスタンには従来の西部劇にはない弁別的特徴があると、つまりそこには従来の西部劇からの変異・変容があると見なしがちである。しかし、西部劇にかぎらずジャンルというものは、その発生時点からつねに流動的かつ異種混淆的である。その点を考慮せずにジャンルを固定的なもの、純粋なものとしてとらえると、個々のジャンル映画にたいする柔軟な議論を妨げかねない（Mitchel 9-18）。簡単に言えば、これがミッチェルの議論の要諦である。

（4）英語圏には西部劇に関する無数の論考・書籍があるが、簡明な通史としてはバスカム（Buscombe, "The Western"）があり、ここでも参照した。

（5）もっとも、西部劇研究では長年、『大列車強盗』はそもそも西部劇ではないという説がとなえられてきた。わたし自身はこの見解に反対である。詳しくは前著の第一章を参照されたい。

（6）西部劇の製作本数等のデータについては、バスカム（Buscombe, "Chart and Tables"）を参照されたい。

（7）小原はさらに、こうした西部劇との関連性をベースにしながらも、ロメロの『死霊のえじき』（一九八五年）の映像や台詞にひそむスペイン的なものを明らかにし、このゾンビ映画に西漸運動だけでなく一九世紀末の米西戦争の影も読み取っている（小原 一二七―一三三）。

（8）『ウォーキング・デッド』はポスト・アポカリプス（終末後）の世界を描くが、ゾンビものにかぎらず、ポスト・アポカリプスの世界は「荒野」である点において、西部劇に容易に接近する。「マッドマックス」シリーズ（一九七九年―）が好例である。

（9）日本語字幕ではわかりにくい箇所もある。たとえば映画の序盤、上官（アンソニー・マッキー）が部下（ガイ・ピアース）を送り出すときに、「気をつけて」と声をかける。原文は"Happy trails"である。全体としては「よい旅を」という意味だが、ここに出てくる trail はオレゴン・トレイルというときのトレイルで、踏み分け道のことである。この表現は西部劇スターとして有名なロイ・ロジャースが、妻のデイル・エヴァンスとデュエットした曲《ハッピー・トレイルズ》で使用され、広まった。

（10）デイヴィッド・A・スミスの研究書、その名も『カウボーイ大統領たち――一九〇〇年以降のフロンティア神話とアメリカ政治』では、ふたつの章がレーガンに割かれている。そこでスミスが述べるとおり、レーガンの出演映画のなかで西部劇はごく一部をしめるにすぎないが、一九六〇年代なかばに出演したテレビ西部劇『デスバレーの日々（*Death Valley Days*）』（一九五二―七〇年）で、彼はカウボーイとしてのペルソナを確立し、これ以降の政治活動でもフロンティア神話を積極的に活用していった（Smith 137-139）。

（11）今日ではカウボーイやフロンティアは保守政治と相性がよいものと見なされているが、スミスが強調するように、そうした結びつきが生まれたのは比較的近年のことである（Smith 11）。スミスはこのことをセオドア・ローズヴェルトとリンドン・ジョンソンからロナルド・レーガンとジョージ・W・ブッシュへのフロンティア神話の活用方法の変遷のうちに示している。なお、スミスはオバマがまれにしかフロンティア神話を利用しなかったことに言及し、それをレーガン以降、フロンティア神話が保守政治と結びつけられるようになったことの証左としているが（Smith 214）、たとえまれであったとしても、オバマですらフロンティア神話に言及している事実に、アメリカにおけるこの神話の根強さが見られるように思える。なお、ウサマ・ビン・ラディンはオバマ政権下の二〇一一年五月二日に殺害されたが、彼のコードネームは「ジェロニモ」であった。

（12）フィリックス・ザ・キャット、ミッキーマウス、トムとジェリーのそれぞれについて、『フィリックス西部へ行く（*Felix Goes West*）』（オットー・メスマー監督、一九二四年）、『ミッキーの二挺拳銃』（ベン・シャープスティーン監督、一九三四年）、『西部の伊達ねずみ』（ウィリアム・ハンナ／ジョゼフ・バーベラ監督、一九五〇年）といった作品がある。アニメーション西部劇についてより詳しくはウェッブ（Webb）を参照されたい。

（13）エイヴリーが手がけた西部もののアニメーションとしては、たとえば『アラスカの拳銃使い』（一九四五年）や『迷探偵ドルーピー西部の早射ち』（一九四五年）、本書の第9章で言及する『悪人の誕生』（一九五五年）がある。

（14）西部劇漫画には世界中で非常に豊かな伝統がある。コンウェイ／ソル（Conway and Sol, *The Comic Book Western*）を参照されたい。また、ジミー・スウィナートンのコミック・ストリップにはじまるアメリカの西部劇漫画の歴史については、同書のイントロダクションを参照されたい（Conway and Sol, "The

Globalization of the Comic Book Western")。

(15) 第二次世界大戦の終結後、西部劇の舞台は次第に南下し、米墨国境やメキシコを舞台とするものが増えた。それはアメリカが戦後、対外介入政策を強めたのと軌を一にしている。この伝統を引き継ぎつつ、二一世紀以降、より緊張が高まっている米墨国境問題に切り込むのが、今日のボーダー・ウェスタンである。ボーダー・ウェスタンについてはフォハス(Fojas)に詳しい。また、日本語で読める文献としては、ベン=ユーセフが有益である。

《第Ⅰ部》荒野の男と女

第1章

歯磨きと水浴

『ゴールデン・リバー』と『パワー・オブ・ザ・ドッグ』

追跡劇からの展開

西部劇と聞くと男くさいイメージがある。いまにも汗の臭いがしてきそうである。これは半分正しく、半分まちがっている。この点はあとで説明するとして、まずは本章で論じる二本の映画——一本は一八五〇年代の西部、もう一本は一九二〇年代の西部が舞台——の名をあげたい。ジャック・オーディアール監督の『ゴールデン・リバー』(二〇一八年)とジェイン・カンピオン監督の『パワー・オブ・ザ・ドッグ』(二〇二一年)である。この二作はともに外国(フランスとニュージーランド)の監督が手がけた映画であり、奇遇なことに、ともにヴェネチア国際映画祭で銀獅子賞(監督賞)に輝いた。だが、それ以上に興味深いのは、いずれの映画でも男の身綺麗さがテーマになっていることである。この点について、各映画の原作小説にも言及しつつ論じていこう。

なお、『ゴールデン・リバー』と『パワー・オブ・ザ・ドッグ』は本書であつかう映画のなかでも、公開年がとくに新しいものである。本章では議論の都合上、ある程度物語の核心には触れるが、結末までは記さずにおく。映画を未見の方は、ぜひじっさいにご覧いただきたい。

『ゴールデン・リバー』から論じよう。原題は *The Sisters Brothers* である。主人公は殺し屋の兄弟である。兄弟なのだが、姓はシスターズ。つまりシスターズ兄弟である。名前だけ聞くとさほど怖そうではないが、そのじつ腕の立つ殺し屋である。原作はカナダの作家パトリック・デウィットの『シスターズ・ブラザーズ』（原著は二〇一一年に刊行）。ブッカー賞の最終候補にのこるなど、世評の高い西部小説である。最後まで話がどこに転ぶかわからないことから、日本ではむしろミステリとして人気をあつめた。監督は『ディーパンの闘い』（二〇一五年）などで知られるジャック・オーディアール。このフランスの手練れの監督に仕事を依頼したのは、主演に加えて共同製作もつとめた俳優のジョン・C・ライリーである。

物語の舞台は一八五一年のオレゴンとカリフォルニア。イーライ（ジョン・C・ライリー）とチャーリー（ホアキン・フェニックス）のシスターズ兄弟は提督と呼ばれる男に雇われており、ウォーム（リズ・アーメッド）の命をねらっている。モリス（ジェイク・ギレンホール）も提督の配下にあり、連絡係として兄弟にウォームの居場所を知らせる役目をになっている。このように、映画は三人の男がひとりの男を追う形でスタートする。このあとの展開がおもしろい。正体を隠してウォームに近づいたモリスが、しだいにこの男と意気投合してしまう。これ以降はシスターズ兄弟のふたりが、モリスとウォームのふたりを追う形になる。なるほどそう来たかと思って見ていると、さらに意外な展開がまっている。シスターズ兄弟もモリスとウォームの仲間になってしまうのだ。緊迫した追跡劇のはてに生まれたのは、四人の仲よし男性グループだった。四人は一緒に汗を流して山中を流れる川で金《きん》を探す（邦題の『ゴールデン・リバー』はこれに由来する）。もっとも、ウォームと手を組んだということは、ボスである提督に背をむけたということである。四人の男たちのユートピアはいつまでつづくのだろうか。

歯磨きの魅惑

さて、『ゴールデン・リバー』の最大の魅力は四人の男たちの造形にある。イーライ、チャーリー、モリス、ウォーム。俳優陣のすぐれた演技によって、この四人の全員が奥行きのある人物となっている。だが、何といっても目が離せないのは、ジョン・C・ライリー演じる兄弟の兄、イーライである。四人の顔がならんだ映画のポスターを見るとわかるが、イーライはほかの三人と比べて、かなりの強面である。だが、それにもかかわらず、イーライを好きにならずにいるのはちょっとむつかしい。

原作でイーライはクモやヘビが大嫌いだと述べる（デウィット 三〇）。凄腕の殺し屋だが、なかなか繊細なところがある。映画ではそのイーライに悲劇が起こる。森で野宿中にクモが口のなかに侵入するのである。気の毒である。さらに興味をひくのは、劇中でイーライが歯磨きのよさに開眼することである。デウィットの原作から、イーライが生まれてはじめて歯ブラシと歯磨き粉を使用する描写を引こう。

口はひんやりして気持ちいいし、いい匂いはするし、わずかにちくちくするこの感じを、おれは好きになりはじめていた。これからは毎日歯を磨こうと決めたおれは、歯ブラシの柄で鼻の横を軽く叩きながら、なんとなく野原に目を向けた。

（デウィット　五二）

イーライはのちにチャーリーにも歯磨きをすすめる。

チャーリーは上機嫌のまま朝めしを食い終え、おれはせっかくの機会だから彼にも歯を磨かせてみようと思い、歯ブラシを手渡した。

「上、下、左、右」磨き方を教えてやった。「そう、それでいいんだ。よし、次は舌をごしごしこすれ」磨き終えて深呼吸したチャーリーは、口のなかを満たすミントの香りにいたく感激した様子だった。

おれに歯ブラシを返しながら、彼が言った。「たしかにこれは気持ちいいものだな」

「な、おれの言ったとおりだろ」

「頭のなかまですっきりした感じだ」

（デウィット　一四〇）

同じ歯ブラシを共有するのは衛生上気になるが、この経験によって、チャーリーも歯ブラシを買うことを決意する。また、イーライが宿屋の女とならんで歯を磨く箇所も味わい深い。男女は次のように秘密をわかちあう。

それからおれは立ちあがり、ベストのポケットに入れておいた歯ブラシと歯磨き粉を、彼女に見せてやった。彼女の顔がぱっと輝き、実は最近、自分も歯を磨くようになったのだと打ち明けてくれた。愛用の歯ブラシをいそいそと持ってきた彼女は、一緒に磨こうとおれを誘った。洗面台のまえに並んで立ち、口を泡だらけにしながら、おれたちはおたがいの顔を見て微笑みあった。
（デウィット八三）

殺し屋の男と宿屋の女の「連れ歯磨き」。映画にはイーライとモリスが偶然、一緒に歯を磨くことになる名シーンがあるが、ここに引用した原作の描写が、形を変えてみごとに生かされている。この西部劇では歯を磨くと人間関係も磨かれることがよくわかる。

男たちの清潔感

ここで少し議論の視野を広げよう。映画史をふりかえると、古典期の西部劇でも清潔さの概念は重要だった。げんに髭をそったり入浴したりと、主人公が体をきれいにするシーンは少なくない。西部劇のヒーローには女性を守れるだけの力強さと、女性に嫌われない程度の清潔さを両立することが求められた。むろん清潔になると言っても、男らしさものこさねばならない。だからこそ、髭をそるときは、顎ひげはそって口ひげをのこすくらいでちょうどいい。入浴するときは、カウボーイハットを被ったままがいい。浴室への侵入者はいつでも大歓迎である。入浴したまま銃を手にとり、浴槽のなかから弾を放てば、清潔さと力強さの両方を効率よくアピールできる。じっさいに『カウボーイ』（デルマー・デイヴィス監督、一九五八年）にそうしたシーンがある。『四十挺の拳銃』（サミュエル・フラー監督、一九五七年）の場合のように、入浴後にタオルを首に巻いたまま敵を殴打するのも効果的だろう[1]。いずれにせよ、西部劇ジャンルのひとつの見どころは、こうした身体上の小さなドラマにある。そこにまで目をむけなければ西部劇を見たことにはならない。

『ゴールデン・リバー』の注目すべき点は、映画の全編にわたって清潔さに関する描写が散りばめられていること、それにもかかわらずイーライの「中年男」感が強すぎるために、彼がいくら清潔にしても清潔に感じられないことである［図1-1］。さきにイーライがモリスと一緒に歯を磨くシーンがあると述べたが、そこでモリスが小粋な風情で歯を磨くのとは対照的である。この点に関連して、原作と映画でシスターズ兄弟の年齢が逆転していることに触れておきたい。原作ではイーライは弟だが、映画では兄に変更されている。これはジョン・C・ライリー（撮影時に五〇歳をこえていた）がイーライを演じるための方策であろう。だが、この変更ゆえに、イーライの「中年男」感がさらに増し、歯を熱心に磨く様子に奇跡的な哀愁がただようことになり、映画はより忘れがたいものへと変貌した。

図 1-1　『ゴールデン・リバー』

歯磨きだけでなく、入浴にも目をむけたい。原作ではイーライが熱心に歯を磨く一方で、チャーリーは頻繁に風呂に入る。ところが、映画ではいくらまってもチャーリーは入浴しない。だが、観客はやがて気づくことになる。チャーリーの入浴シーンは削除されたのではなく、決定的な瞬間まで温存されていたのだと。映画は納屋が燃えるシーンで幕をあける。炎はのちにキャンプファイヤーとして男たちの友情を静かに燃やす。水もまたあるシーンでは脅威をもたらすが、最終的には心に傷を負った男を癒してみせる。それがチャーリーの入浴シーンである。その瞬間、観客のうちにこれまで味わったことがないような感情がわいてくる。いったいどこに話が転ぶかわからないサスペンスと、男たちの愛らしさからくる不思議な味わいが共存する類まれな西部劇。それが『ゴールデン・リバー』である。(2)

家で入浴しない男

次に論じる『パワー・オブ・ザ・ドッグ』も、男の身綺麗さ（またはその欠如）が物語の鍵となる映画である。本作はジェイン・カンピオン監督の一二年ぶりの長編映画（前作は二〇〇九年の『ブライト・スター　いちばん美しい恋の詩』）、原作はアメリカの作家トーマス・サヴェージの一九六七年の同名小説。『パワー・オブ・ザ・ドッグ』というタイトルは、旧約聖書の「詩篇」の一節に由来する（サヴェージの小説ではエピグラフに使用されている）。監督のカンピオン自身がこの六〇年代の隠れた名作小説に入れ込み、映画化を実現させた。

舞台は一九二〇年代のモンタナ。さきに『ゴールデン・リバー』のイーライを好きにならずにいるのはむつかしいと述べたが、『パワー・オブ・ザ・ドッグ』の主人公フィル（ベネディクト・カンバーバッチ）は逆に、映画の前半を見るかぎりでは、そう簡単には好意を抱けない。弟のジョージ（ジェシー・プレモンス）の結婚相手であるローズ（キルステン・ダンスト）と、彼女の連れ子であるピーター（コディ・スミット＝マクフィー）を虐めるからである。しかもフィルには清潔感がまったくない。フィルはジョージと一緒に牧場を経営するカウボーイである。とはいえ、野外の仕事が多いカウボーイのなかでも彼の清潔感の欠如は際立っている。原作にはこうある。「しわだらけのシャツ、櫛の入っていない髪、無精ひげ、洗っていない手」（サヴェージ 一二六）。これと真逆なのが、ローズの息子のピーターである。彼は完璧なまでに身綺麗な男である。「石鹸と水で洗顔しているおかげで顔はつややかでシャツも糊がきいており、靴も光っていた」[3]（サヴェージ 一四一）。

『ゴールデン・リバー』が歯磨きの西部劇だったとすれば、『パワー・オブ・ザ・ドッグ』は入浴の西部劇である。サヴェージの原作にも入浴の描写はある。カンピオンはそこに並々ならぬ関心を寄せ、映画で徹底活用を試みた。なにしろ映画の開始数分後には、入浴シーンが出てくるのだ。ただし、それはフィルではなく、弟のジョージの入浴シーンである。家の浴室で身を清めるジョージ。ここで重要なのは、フィルとの対比である。「家で風呂に入ったことはあるか」。ジョージがそう尋ねると、フィルは「いや」と答える。牧場の共同経営者として、寝食をともにする兄弟だが、どうやら入浴の場所は異なるらしい。ではいったいフィルはどこで入浴するのか。

答えは森のなかの水浴び場である。そこはフィルの秘密の場所であり、たどりつくには木のトンネルをくぐる必要がある。原作にはフィルがここで水に入る描写が一か所だけあり、そこで大きな事件

図 1-2 『パワー・オブ・ザ・ドッグ』

が起きる。映画も同様だが、それ以前にさらに一か所、フィルが入浴するシーンが追加されている。まずはこのシーンに注目しよう。何か特別なことが起こるわけではない。しかし、フィルの入浴の仕方が特異であり、わたしたちの視線をくぎづけにする。

フィルは裸になると、全身に泥をぬるのだ［図1-2］。彼は汚れを落とすのに石鹸など使わない。泥を使う。一見、男らしい体の洗い方である。だが、はたして本当にそうだろうか。泥のついた両手は、まるで愛撫するかのように、フィルの裸体の上を動きまわる。この動きに、逞しさよりも艶めかしさを感じる観客は少なくないはずだ。さらに言うと、このあとフィルは一気に水のなかに飛び込み、身を清める。全身に泥をぬった上で、それを落とすこと。それはどこか仮面を外す行為に似ている。フィルはこの秘密の場所で素顔の自分になる。

喪失のはてに

ではフィルの素顔とは何か。仮面とは何か。勘のよい観客であれば物語の序盤で気づくだろうし、映画そのものもやがて明らかにするのだが、フィルはゲイである。しかし、そのことを隠して生きている。フィルが人前で清潔さを遠ざけ、男らしさを誇示するのは、自分のセクシュアリティを隠蔽するためである。(4) 一見「女々しい」男であるピーターを人一倍からかうのも（はじめて会ったシーンで、フィルはピーターが作った紙の花に火をつけて燃やす）、同じ理由による。弟の妻であり、ピーターの母であるローズを嫌うのもこの観点から説明できる。「鏡で自分のツラを見ろ。あいつが惚れたのはお前の顔か？　それとも俺たちの金か？　いい加減目をさませよ」。映画の終盤、フィルはそう言って弟を責めるが、彼が苛立ち動揺する真の理由は別にある。フィルは弟という「伴侶」を奪われたことに傷ついているのだ。ローズが家に来るまえは、フィルはジョージと寝室にベッドをならべて寝ていた。ジョージの帰りが遅くなれば、心配で寝つけずにいた。兄弟は牧場経営をはじめて二五年になるが、原作でフィルはそれを銀婚式にたとえている（サヴェージ 二四）。それをふまえると、ジョージがローズを家にむかえた晩に、フィルが次のように神経をとがらせるのは、無理もないことである。

〔…〕いま、ジョージはあの女の前で裸になろうとしている。明かりは最初に消すのだろうか。フィルは耳をそばだてた。誰かが浴室とフィルの部屋のあいだのドアの鍵をかけた。鍵をかけたのはジョージか、あの女か？　あの女に違いない。昔のように、かなり長いあいだ鍵がかかっていたからだ。ドアのノブを慎重に回し、鍵がかかっていてフィルが入ってこないことを確かめたのも、あの女に違いない。もしジョージだったとしても、そう仕向けたのはぜったいにあの女だ。フィルは暗闇のなかで身じろぎもせずベッドに横たわりながら、考えていた。あの女がジョージとベッドに入り、ジョージに彼女の上をせわしなく動き回らせ、たぶん子作りす

るのを許すところを。（サヴェージ 一二九―一三〇）

映画のフィルは、ジョージとローズが立てる音に我慢ができず、家を飛び出す。そして納屋に行き、ブロンコ・ヘンリー――カウボーイの師であり、フィルが愛し合った唯一の男性――がのこした鞍の手入れをはじめる。映画で興味深いのは、先述したフィルの最初の川での水浴シーンを、この一連の流れのなかに配置しているところだ（時間的な関係はさだかではないが、おそらくフィルが水浴び場をおとずれるのは、鞍の手入れをした翌朝と思われる）。旧来の西部劇の入浴シーンでは、男らしさと清潔感のバランスに心が砕かれていた。『パワー・オブ・ザ・ドッグ』の場合は違う。ここで描かれる水浴は、ふたりの男――生涯ただひとりの恋人と、長年連れ添った弟――を失った男が、それでもなんとか自分を保つためのぎりぎりの、そしてかけがえのない行為である。西部劇では主人公が決闘まえに死を覚悟し、身を清めることもあるが、フィルは自分の生と性を維持するために孤独に水につかるのだ。

物語の後半、絶対の秘密だったフィルの水浴姿が、ある者に目撃されてしまう（小説では最初で最後の、映画では二度目の水浴シーン）。ピーターだ。映画ではその直前に、フィルの隠しもっていた雑誌――署名からもとの持ち主はブロンコ・ヘンリーとわかる――もピーターに見られてしまう。それはボディビルディングの雑誌で、男性のヌード写真がのっている。イチジクの葉一枚で性器を隠し、ポーズをとるその男は、ユージン・サンドウである。サンドウは近代ボディビルディングの父であり、一九世紀末から二〇世紀初頭にかけて、その鍛え上げられた肉体で一世を風靡した。ここが重要だが、塚田幸光が指摘するとおり、サンドウの美しき身体は、女性からのヘテロ的視線だけでなく、男性からのゲイ的視線も引き寄せた。また、サンドウ自身、男性音楽家のマルティナス・シーヴキングと同居していたことがある（塚田 六三、七七）。『パワー・オブ・ザ・ドッグ』のフィルが男らしさを誇示する一方で、バンジョーを自由に弾きこなす音楽的繊細さをあわせもっていることを、ここでつけ加えてもよいだろう。

かくしてフィルの秘密はピーターの知るところになった。フィルは次のシーンで意外な態度に出る。「ピーター、俺たちは出だしでつまづいた。〔…〕そんな出会いもある。それからいい友だちになることも」。そう述べた上で、いま作りかけのロープが完成したら、それをピーターに贈るというのである。このあとの展開はまさに目が離せないものである。

本章で見たように、『ゴールデン・リバー』と『パワー・オブ・ザ・ドッグ』の原作はそれぞれ二〇一〇年代と一九六〇年代の西部小説である。二一世紀のいまも新たな西部の物語がつむがれているし、一方で過去の西部の物語の掘り起こしも進んでいる。こうした流れのなかで、今後も男たちが身綺麗になる姿がクローズアップされることは、十分にありうるだろう。西部は男らしさが問われてきた場所であり、同時にだからこそ、男らしさを問いなおすにも最適な場所である。(5)

（1）西部劇の入浴シーンの詳細については、パンフリー（Pumphrey）と前著の第三章を参照されたい。
（2）日本公開時にはモリスとウォームの「ブロマンス」（ブラザーとロマンスの混成語）も話題となり、ツイッター上にはふたりの仲睦まじい姿を描く二次創作のイラストが多数投稿された。

（3）映画のピーター役のコディ・スミット＝マクフィーは、イギリスとニュージーランドの合作西部劇『スロウ・ウエスト』（ジョン・マクリーン監督、二〇一五年）でもこれに多少似た役（米西部に来たばかりのスコットランド人青年）を演じている。

（4）小説『パワー・オブ・ザ・ドッグ』の出版時には公になっていなかったが、作者のトーマス・サヴェージ自身ゲイであった。日本で『パワー・オブ・ザ・ドッグ』が公開されたとき、頻繁に引き合いに出されたのは、カウボーイの同性愛を描く『ブロークバック・マウンテン』（アン・リー監督、二〇〇五年）である。サヴェージの『パワー・オブ・ザ・ドッグ』はアメリカでも長らく絶版だったが、二〇〇一年に再刊となった。そのときにあとがきを寄せたのが、『ブロークバック・マウンテン』の原作者E・アニー・プルーである。『パワー・オブ・ザ・ドッグ』の初版が刊行されたのは一九六七年で、ゲイ解放運動が広がるさなかだった。渡部幻は映画版『パワー・オブ・ザ・ドッグ』の映画時評のなかで、カウンターカルチャーの時代における西部劇の見なおしに携わったゲイの作家と監督として、『11人のカウボーイ』（マーク・ライデル監督、一九七二年）の原作者ウィリアム・デイル・ジェニングスや、『真夜中のカーボーイ』（一九六九年）の監督ジョン・シュレシンジャーをあげつつ、こうした動きのなかにサヴェージの『パワー・オブ・ザ・ドッグ』を位置づけている（渡部 九六）。

（5）ネットフリックスで現在配信中の『クィア・アイ　外見も内面もステキに改造』（二〇一八年—）は、ファブ5と呼ばれる五人組がクィアな視点から一般人を変身させる人気シリーズだが、その第六シーズン（二〇二一年）がカウボーイ的男らしさの牙城と言うべきテキサスを舞台にしたのは効果的な設定だった。

コラム①

カリフォルニア対オレゴン

第1章で論じた『ゴールデン・リバー』（ジャック・オーディアール監督、二〇一八年）の舞台はカリフォルニアとオレゴンである。過去の西部劇でもくりかえし描かれてきたこの二州の歴史と関係を見ておきたい。

まずは『ゴールデン・リバー』の背景をなすカリフォルニア・ゴールドラッシュをふりかえろう。一八四八年一月二四日、サッターーズ・ミルと呼ばれる場所で金が発見され、カリフォルニア・ゴールドラッシュがはじまった。ピークは翌一八四九年。フォーティナイナー（forty-niner）、つまり「四九年者」という単語があるが、これはこの年にカリフォルニアに押し寄せた者をさす。『荒野の決闘』（ジョン・フォード監督、一九四六年）の主題歌であり、映画の原題でもある《いとしのクレメンタイン》の歌詞にも登場する単語である。海をこえて来た者も少なくない。劇中でイーライ（ジョン・C・ライリー）がロシア料理のボルシチを食べるのは、こうした背景によるものである。西部はすでに国際的な空間だった。なお、カリフォルニアのゴールドラッシュとともに誕生した有名な衣服がジーンズである（リーヴァイ・ストラウスがテント用のキャンバス生地を転用して作った）。また、ゴールドラッシュで故国日本に帰るための旅費を稼いだ男がいる。ジョン万次郎である。

そして、ゴールドラッシュで異様なまでの発展をとげた港町がサンフランシスコである。金の発見以前の人口はわずか一〇〇〇人程度。そう聞いて『ゴールデン・リバー』をご覧になった方はさぞおどろかれるだろう。映画で描かれるのは金の発見から三年後のサンフランシスコだが、そこはすでに絢爛たる大都市である。金鉱への中継地として繁栄をとげ、人口は万単位に達していた。そのほぼ全員が金に目がくらんでいたから、治安の悪さは推して知るべし。チャーリー（ホアキン・フェニックス）が栄華と悪徳の町バビロンを例に出すゆえんである。

ゴールドラッシュの夢は数多くの悪夢をまねいた。ジェイムズ・W・マーシャルとジョン・サッターもその犠牲者である。マーシャルこそは最初に金を発見した人物であり、サッターはその地で農園を経営していた。マーシャルが数日迷った末にサッターに金発見の報告をしたとき、ふたりは世界一の大富豪になれると夢想したにちがいない。だが、すぐに欲望の塊と化した者たちが殺到し、マーシャルを追い出した。サッターが心血を注いで築いた農園は踏み荒らされた。金など発見されないほうが、彼らは幸福な人生を歩めただろう。

さて、ゴールドラッシュ以前、西海岸に移住するといえば、それはカリフォルニアではなくオレゴンだった。オレゴンには農業に適した肥沃な土地があった。一八三七年の経済恐慌を契機として、一八四〇年代にはオレゴン・フィーバーと呼ばれる現象が起き、この地への移住者が急増した。当時、オレゴンは英米の共同領有地であり、米国側の領土膨張熱が高まるなか、両国間で国境画定をめぐる問題が勃発した。第12章で論じるケリー・ライカート監督の『ミークス・カットオフ』（二〇一〇年）は、このさなかの一八四五年のオレゴンを舞台とする映画である。最終的に境界線を北緯四九度線とするオレゴン条約が英米間で結ばれたのは、一八四六年のことである。このように、かつてはオレゴンが移住の目的地であった。しかし、ゴールドラッシュがひとの流れを変えた。それも急激に。カリフォルニアが州に昇格したのは一八五〇年。一方のオレゴンは一八五九年であり、『ゴールデン・リバー』が描く一八五一年の時点では準州だった（州昇格には六万人以上の人口が必要だった）。ひとは農業よりも金《きん》を好むのだろう。

だが、いやだからこそ、旧来の西部劇は、金を求める者よりも、農業や家族に身をささげる者を好意的に描いた。西部劇事典『BFI西部劇必携』の「鉱業」の項目を参照しながら論じよう。そもそもゴールドラッシュを主要なテーマとする西部劇は思ったよりも多くない。それが西部開拓史上、最大の事件のひとつであるにもかかわらずである。クリント・イーストウッド監督の『ペイルライダー』（一九八五年）はその一例だが、意外にもと言うべきか案の定と言うべきか、登場人物のひとりが、金そのものではなく金によって家族を築くのが目的だと述べる（Buscombe 190-191）。

カリフォルニアとオレゴンが、一攫千金と堅実な生活、私利私欲と家族愛を象徴する場所として、対比的に描かれるケースもある。たとえばサイレント時代の名作『幌馬車』（ジェイムズ・クルーズ監督、一九二三年）。幌馬車隊の全員が当初はオレゴンをめざしていたが、途中で金発見のニュースが飛び込むと、欲に駆られた一部の者は農具を捨て、カリフォルニアに目的地を変更する（Buscombe 190）。映画がより高い価値をおくのは、初志貫徹の志でオレゴンをめざす者たち。主人公（J・ウォーレン・ケリガン）とその恋人（ロイス・ウィルソン）も最終的にこの地に身を落ち着ける。カリフォルニア対オレゴン。『ゴールデン・リバー』を読み解く上でも押さえておきたい対比である。原作者のパトリック・デウィット自身、出身はカナダだが、カリフォルニアで働いたのちにオレゴンに移住した作家である。

つけ加えると、『ゴールデン・リバー』に名前だけ登場する地名のひとつに、テキサスのダラスがある。ウォーム（リズ・アーメッド）によると、そこに理想の共同体が建設予定である。一九世紀のなかば、じっさいにダラスに実験的共同体が存在した。その名はラ・レユニオン。設立は一八五五年。思想的背景をなしたのはフーリエ主義（フランスの思想家シャルル・フーリエの理念にもとづく共同体思想）。ウォームが「ファランステリー」という単語を使い、チャーリーが聞き返す場面が映画にあるが、これはフーリエ主義の専門用語である（集合住居をさす）。ダラスの共同体の設立者はヴィクトル・プロスペール・コンシデラン。フランス人である。フランス人監督による西部劇にこうした米仏交流史の要素が組み込まれている。

ところで、西部劇の歴史的背景をリサーチするとき、まず手にとるべきは前掲の『BFI西部劇必携』である。第二部「文化的・歴史的辞典」には「鉱業」のほかにも「黒人」「鉄道」「南北戦争」「衣装」「馬」「ジェシー・ジェイムズ」「風景」「宗教」「シェリフとマーシャル」など多様な項目があり、文化的・歴史的な解説と関連映画の紹介がある。せめてこの第二部だけでも邦訳があれば、日本における西部劇研究はもっと進んでいただろう。まことに残念ながら、現在では原著も絶版になっている。

第2章 囚われの女たち

『パリ、テキサス』と『ライフ・ゴーズ・オン　彼女たちの選択』

「テキサス、一八六八年」から『パリ、テキサス』へ

アメリカで撮られる多くの映画の深層には、西部劇がある。西部劇の量産体制が終わりをつげた一九七〇年代以降も、それは変わらない。本章ではその例として、ヴィム・ヴェンダース監督の『パリ、テキサス』（一九八四年）と、ケリー・ライカート監督の『ライフ・ゴーズ・オン　彼女たちの選択』（二〇一六年）の第一部をとりあげる。これから明らかになるのは、この二作は西部劇のある伝統のもとで、男女の一筋縄ではいかない関係を描いていることだ。

メキシコを数年彷徨した男がテキサスにもどってくる。服はほこりまみれだ。やがて男はふたたび旅に出る。ハンターとともに、行方不明の女を探す旅に。

ここに記したのは、『パリ、テキサス』の物語である。[1] 同時に、「テキサス、一八六八年」を舞台とする、ある西部劇の物語でもある。つまり、ジョン・フォード監督の『捜索者』（一九五六年）である

（この場合のハンターは俳優ジェフリー・ハンターの姓だが）。「フォード西部劇を除いて、他に見るべき映画はあるだろうか?」（ヴェンダース『エモーション・ピクチャーズ』一〇九）とは、ヴェンダース自身の言葉である。『パリ、テキサス』の主人公の名はトラヴィス（ハリー・ディーン・スタントン）。マーティン・スコセッシ監督の『タクシードライバー』（一九七六年）の主人公トラヴィス・ビックル（ロバート・デ・ニーロ）に由来するとか、あるいは米ハードボイルド小説の探偵トラヴィス・マギーに由来するとか言われるが、砂漠の旅を描くフォードの別の西部劇『幌馬車』（一九五〇年）の主人公トラヴィス（ベン・ジョンソン）との一致も指摘できる(2)。

ヴェンダースが『パリ、テキサス』以前に発表した『ことの次第』（一九八二年）には、『捜索者』がくりかえし登場する。主人公で映画監督のフリッツ（パトリック・ボーショー）が女優のアンナ（イザベル・ヴェンガルテン、撮影当時のヴェンダースの妻）にすすめるのが、アラン・ルメイによる原作小説『捜索者』（一九五四年）である。映画『捜索者』を上映中の映画館も出てくる。フリッツが映画のプロデューサーを「捜索」中のことである。また、『捜索者』の本を返してもらうさい、フリッツは独特な口調で「心から感謝します（Thank you kindly）」と言う。これは『捜索者』でハンク・ウォーデンが演じたモーズのまねである。『ことの次第』は『ハメット』（ヴィム・ヴェンダース監督、一九八二年）の撮影の中断中に製作されたが、ヴェンダースは『ハメット』に『捜索者』のモーズ役のウォーデンを出演させた。実現はしなかったが、『パリ、テキサス』にもウォーデンの出演計画があった（ヴェンダース「私は最後のアメリカ映画を撮ったつもりだ(3)」一〇九）。

多くの『パリ、テキサス』論が試みてきたように、『捜索者』と本作の類似点を見つけるのはむつかしくない。[4] 年の離れたふたりの男がひとりの女を探すという基本構造。その女が他者に性的に束縛されているという状況。[5] 主人公の男が女を家族と引き合わせたのち、ひとり孤独に去っていくという結末。ヴェンダースは『パリ、テキサス』の製作まえにホメロスの『オデュッセイア』を読んだそうだが、主人公の彷徨を描く『捜索者』は公開当時から『オデュッセイア』にたとえられてきた（McBride 557）。ヴェンダースのなかでギリシア神話と神話的西部劇が共鳴し、そこから『パリ、テキサス』が生まれたと言ってもよい。

『捜索者』では物語の序盤、族長スカー（ヘンリー・ブランドン）のひきいるコマンチが、主人公イーサン（ジョン・ウェイン）の弟の家を襲撃する。スカーはその弟の妻を殺すまえに強姦したことが暗示される。イーサンはひそかに彼女に思いを寄せていた。それゆえ彼は弟の一家を愛しながらも、疎外感に苦しんできた。スカー（Scar）はイーサンの内にひそむ破壊衝動のあらわれである。彼の愛のゆがみや、心の傷（scar）を照らす存在である。スカーはさらに一家の娘（イーサンの姪）を連れ去り、捕虜として移動式住居に住まわせる。『捜索者』は、文学や映画がくりかえし描いてきた先住民捕囚物語の一例である。

『パリ、テキサス』では物語の終盤、おそるべきことが判明する。トラヴィスがイーサン（女性を捜索するヒーロー）であると同時に、スカー（女性を捕囚する悪党）であったことである。トラヴィスは覗き小屋に囚われた妻ジェイン（ナスターシャ・キンスキー）を探し出す。しかし、彼自身の告白によれば、この白人主人公はもともと、先住民の移動式住居ならぬトレーラーハウスにジェインを拘束した男だったのである（「キッチンにベルトで結わえつけた」とトラヴィスは言う）。強すぎる愛と、そこから生まれた迷妄と嫉妬ゆえに。

捕囚物語は英語でcaptivity narrativeという。『パリ、テキサス』には、日本語字幕では「〔トラヴィスがジェインに〕子どもを産ませて自由を奪った」とあるが、文字どおり訳せば、「子どもを産ませて捕虜(captive)にした」という台詞がある。捕囚物語との関連がうかがえる。つけ加えれば、文学の捕囚物語は女性視点のものが多いが、映画の捕囚物語はもっぱら男性視点で描かれてきた。捕囚された女の感情など眼中にないといわんばかりだ。こうしたことを考えると、『パリ、テキサス』が全体としては男性視点の物語でありながら(じっさい、かなり男性に都合のよい話である)、クライマックスの覗き小屋のシーンで、ヴェンダースがトラヴィスよりもジェインの顔を丁寧に描き、彼女の感情をスクリーンに表出させたことは、より貴重に思えてくる。

ところで、フォードの西部劇『リバティ・バランスを射った男』(一九六二年)の有名な台詞に、「ここは西部です。事実が伝説になったときは、伝説を印刷します(print the legend)」がある。新聞記者の発言である。研究書や評論で引用されすぎてきたきらいのある台詞だが、『パリ、テキサス』で興味をひくのは、トラヴィスが自分にまつわる伝説を、写真のプリント(print)として持ち歩いていることだ。母親が自分を妊娠した場所(自分の起源の地)だとトラヴィスが信じている、「パリ、テキサス」の写真のプリントである。パリとテキサス。互いに相いれない言葉の組み合わせに見えるが、劇中で明かされるように、これはテキサス州にあるパリという実在の町をさす。

この町では、言葉の上ではたしかに、パリとテキサスという遠く隔たった記号が、その距離をこえて隣り合っている。もっとも、トラヴィスが劇中でこの地をおとずれることはないのが肝要である。

図2-1　『パリ、テキサス』

パリ、テキサス。遠く隔たったもの同士の思いがけない結合は、あくまで印刷されたイメージの世界にとどまる。そもそも写真におさめられた風景自体、空虚で荒涼としている。トラヴィスがさまよいつづけるのは、テキサスの荒野やロードというよりも、アメリカ西部が本質的に抱える現実と伝説のギャップと言えるだろう。

それにしても、トラヴィスが車のなかで「パリ、テキサス」の土地のことを思い出し、自分の出生の「伝説」を弟に語るときの映像は秀逸だ。二焦点レンズで撮影された映像のなかで、トラヴィスと車外の風景がいずれも焦点を結びながらすれ違っていく［図2-1］。パリとテキサスが隣接しながらも、どこまでもすれ違うように[6]。

ビッグ・スカイの憂鬱

ヴェンダースの代表作を捕囚物語の文脈で読み解いたところで、別の映画に話を進めよう。ケリー・ライカート監督の『ライフ・ゴーズ・オン　彼女たちの選択』（以下『ライフ・ゴーズ・オン』[7]）である。モンタナ出身の作家マイリー・メロイの三つの短編小説にもとづく三部構成の映画である。各パートの原作は、第一部が「分厚い本（"Tome"）」、第二部が「由緒ある砂岩（"Native Sandstone"）」、第三部が「トラヴィス、B（"Travis, B."）」。第二部と第三部もすばらしいが、ここで論じるのは第一部である。この第一部も『パリ、テキサス』同様、捕囚物語として読むことができる。

第一部の主人公は、女性弁護士である。原作では名前は明かされないが、映画ではローラと呼ばれている（この役を演じるローラ・ダーンにちなむ名前だろう）。彼女自身のオフィスがあることからも、弁護士として成功していることがわかる。ライカートはこれまで低所得層の女性を描くことが多かったが、ここでは経済的に豊かで、社会的地位のある女性を描いている。しかし、ローラに不満や葛藤がないか、また彼女が自由気ままに生きているかといえば、そうではない。

図 2-2　『ライフ・ゴーズ・オン　彼女たちの選択』

フラー（ジャレッド・ハリス）はローラの依頼人である。以前は建設会社の社員だったが、仕事中に負傷し、後遺症で働けなくなってしまった。事故の責任は会社側にある。フラーは会社を訴えたいと考えているが、すでに和解金を受け取ってしまったため、訴権がない。ローラはそのことを何度もフラーに伝えているが、彼は納得せず、ローラのオフィスにくりかえし、約束もなしにやってくる。非常に迷惑な人物である。もっとも、ライカートは、フラーをただ迷惑なだけの男としては描いていない。ある程度、観客がフラーに同情をむけるような仕掛けがある。

ここで、フラーが最初に登場するシーンに目をむけよう。シーンの最初のショットでは、オフィスにやってくるローラが映される［図2-2］。これはフラーの視点から撮られた映像（フラーの視点ショット）であることが、すぐあとに明らかになる。第一部の主人公はローラだが、観客はときにフラーの視点に立つことを求められる。このシーンには、もうひとつフラーの視点ショットがある。ローラとの会話中、彼が手元のメモに視線を落とすと、今度はフラーの視点から撮られたメモが映される。重要なのは、そのメモの映像がぼやけていることだ。フラーはもともと腕利きの大工だった。そのことは、ローラのオフィスの建付けの悪いドアに、彼が「誰がドアを付けたんだ」と文句を言うところからもわかる。しかし、事故の後遺症によって、彼はいまでは働けないばかりか、文字すら満足に読めなくなっている。それを観客は彼の視点ショットをとおしてフラーと一緒に体験する。この視点ショットがあるかないかで、男の印象は少なからず違うだろう。

図2-3『ライフ・ゴーズ・オン　彼女たちの選択』

　もうひとつ重要なのは、このシーンの終わり方だ。シーンは、フラーがローラを見るところからはじまった。最後はこれが逆になっている。つまり、ローラがフラーを見るところで終わる［図2-3］。この図はローラの視点ショットである。シーンの冒頭のフラーの視点ショットと比較すると、カメラの角度や人物の動きの有無などの違いが見られる。しかし、ここではむしろ共通点に目をむけたい。それはフラーがいずれもフレーム内フレーム、スクリーンというフレームの内部に作られた、もうひとつのフレームに囲まれていることである。これらの映像が示唆するのは、ローラとフラーはいずれも社会のなかで囚われているということである。

では経済的に豊かなローラは、いかなる意味で囚われているのか。次のシーンでその点が明らかになる。ローラは、何度説得しても言うことを聞かないフラーを、知り合いの男性弁護士のところに連れていく。弁護士は、ローラとまったく同じ説明をフラーにする。すると、フラーはただひと言「オーケー」と言って、その場をあとにする。ローラは呆気にとられる。彼女が八か月もかけて説得できなかったことを、男性弁護士は、上映時間にして三五秒で説得してしまうのである。

ローラは次のシーンで、恋人に気持ちをぶつける。「自分が男ならいいのに。そうすれば、法律の説明をするとき、耳を傾け、オーケーと言ってもらえる。そうだとすれば、どんなに心が安らぐか」。これとほぼ同様の文章がメロイの原作「分厚い本」にもある（Meloy, "Tome," 10）。非常にわかりやすく、また説明的な台詞と言われればそうであろう。しかし、ひとつ押さえておくべきことがある。監督のライカート自身が、映画製作の現場で、同じ葛藤を抱えてきたということだ。ライカートはトッド・ヘインズとのインタヴューのなかで、デビュー作『リバー・オブ・グラス』（一九九四年）を監督したときに、自分が女性であるがゆえに、いかに余計な労力を割かねばならなかったかを述べている（Haynes）。女性であるがゆえに、説得に時間を要すること。あるいは、コントロールがきかないこと。そのストレスを述べたメロイの文章に、ライカートが共感を寄せたことは想像にかたくない。

創造行為におけるジェンダー格差。このことを念頭においた上でふりかえると、興味深く感じられる演出が、ローラのオフィスのシーンのなかにある。フラーがドアを動かすと、その後ろに隠れていたローラの姿が観客に見える。さながら女性が画面に映るかどうか、その存在を主張できるかどうかは、男性がコントロールしているかのようである。

　第一部のつづきに目をむけよう。ローラが恋人に電話をかけている最中、妻に見放されたフラーが、ローラの車に勝手に乗り込んでくる。明らかに迷惑である。そしてフラーは、妻や社会の愚痴を延々とローラに聞かせる。ローラが「これ以上不満を述べるなら、車から降りてもらう」と宣言すると、ようやく彼は愚痴をやめるが、今度は泣き出してしまう。まるで母親のまえで泣く男の子のように。

図2-4『ライフ・ゴーズ・オン　彼女たちの選択』

　このあとの映像がすばらしい。オープンロードを一台の車（ローラの車）が進んでいく［図2-4］。ふつうなら、これはアメリカの広大さと、それが保証する自由を謳った映像ということになる。しかし、皮肉なことに、ここでは車を運転する女性は迷惑な男に囚われている。その状況を裏書きするかのように、天気はどんよりと曇っている。エラ・テイラーは『ライフ・ゴーズ・オン』に関するみずからのエッセイを次のように題している。「広大な空の下で囚われて[8]（"Trapped Under the Big Sky"）」（Taylor）。このタイトルの状況をもっとも如実に示したのが、ここで指摘したショットにほかならない。

ショッピングモールのダンス

さらに分析を進めよう。かつて多くのアメリカ映画において、ハンドルを握るのは女性ではなく男性だった。ライカートが監督デビューをはたした一九九〇年代ごろから、ようやくスクリーン上でも、車を運転する女性が増えた。しかし、車やロードが女性にたいして、かならずしも男性と同じように は自由を保証しないことを、ライカートはたびたび問題にしてきた。

図 2-5 『リバー・オブ・グラス』

ここでライカートの一九九四年のデビュー作『リバー・オブ・グラス』のワンシーンに目をむけよう。主人公のコージー（リサ・ドナルドソン）が知り合いの警察官の男と雑談するシーンである。背景に、交差する高架道路が見える〔図 2-5〕。ライカートがこのシーンを撮るとき、おそらく念頭においていたと思われるのが、ヴェンダースの『パリ、テキサス』のよく知られたシーンだ。それはピックアップトラックの荷台の上で、主人公のトラヴィスが息子と会話するシーンなのだが、やはり後ろに交差する道路が見える〔図 2-6〕。車に乗ればどこかに行ける。どこへでも行ける。高架道路が象徴するのは、その移動の自由である。じっさい、『パリ、テキサス』でトラヴィスは、このシーンの直後、息子と一緒に旅に出る。しかし、『リバー・オブ・グラス』のコージーは違う。主婦であり、赤ん坊の世話をしている彼女は、高架道路に乗ることなく、家〈彼女にとっての牢獄〉に帰っていく。高架道路はむしろ彼女の不自由さを浮き彫りにするものとして、フレームにおさめられている。

図2-6　『パリ、テキサス』

ヴェンダースの『パリ、テキサス』は先述のとおり、西部劇『捜索者』を明確に意識した映画である。『捜索者』では、女性が先住民に連れ去られ、捕囚となった。『パリ、テキサス』では、主人公の白人男性そのひとが、かつて女性を捕囚のようにあつかったことが明かされる。白人女性を束縛するのは、先住民ではなく、白人男性である。

あらかじめお断りするなら、メロイの原作「分厚い本」に『捜索者』や『パリ、テキサス』への言及はない。先住民が登場することもない[9]。しかし、注目すべきことに、ライカートの映画版には、わずかな時間ではあるが、先住民が登場する。第一部の中盤、ローラがショッピングモールをおとずれるシーンで、先住民がダンスをするショーが描かれる［図2-7］。これは原作にはない描写である。ライカートが独自につけ加えたものだ。しかし、いったい何のためだろうか。

いくつかの見方ができる。映画の第三部の主人公は先住民である。したがって、ここで先住民のテーマを先取りしたとも見なせる。あるいは、次のような見方もできる。いま注目したいのは、先住民が踊っているということだ。アメリカ映画史の記憶をたどるなら、古い西部劇のなかに、先住民が踊るシーンは数多くある。『ライフ・ゴーズ・オン』で先住民のダンスが描かれることによって、この二一世紀の映画と、過去の西部劇との比較の途が開かれる。ライカートは本作に先行して、西部劇『ミークス・カットオフ』（二〇一〇年）を監督しているため、このジャンルに習熟していることは明らかだ。

では過去のどの西部劇と比較すべきだろうか。ひとつの例として、『征服されざる人々』（セシル・B・デミル監督、一九四七年）をあげよう。この西部劇では、先住民が白人女性を捕囚にし、その女性のまわりで、彼女を威嚇するように、ダンスを踊る〔図2-8〕。もっとも、この直後、ゲイリー・クーパー演じる白人のヒーローがさっそうとあらわれ、彼女を救出する。

図2-7『ライフ・ゴーズ・オン　彼女たちの選択』

一方、『ライフ・ゴーズ・オン』のショッピングモールには捕囚はいない。背後に女性の姿は見えるが、彼女たちは捕囚ではなく、観客として、先住民のダンスを楽しんでいる〔図2-7〕。白人男性が彼女たちの解放のために駆けつける必要もない。むしろ本作では――ここでさきほどの『パリ、テキサス』の議論とつながるのだが——白人男性が女性を束縛する。それがさきに言及した、フラーがローラの車に無理やり乗りこんで、愚痴を述べるシーンである。先住民の踊りのシーンは、くしくもフラーがローラの車に乗るふたつのシーンのあいだに差し挟まれている。

さらにこのあとのシーンで、フラーはローラを文字どおり捕囚にする。銃をもって保険会社のビルに立てこもり、ローラを人質にとる。銃をもった男の立てこもりと聞けば、警官との銃撃戦のスペクタクルを期待しがちだが、ライカートの映画において、スペクタクルへの期待は、はぐらかされるためにある。本作も同じだ。フラーはローラの説得を無視し、逃走を試みる。しかし、あっけなく逮捕されて、一巻の終わりとなる。

図 2-8 『征服されざる人々』

映画の第一部は、ローラがフラーを見つめる映像で終わる。逮捕され、パトカーに乗せられるフラーの姿が、ローラの視点ショットで描かれるのだ。フラーはこれ以上ないほど狭いフレームに囲まれている。興味深いのは、この構図が第一部のプロローグ（情事を終えたあとのローラと恋人を描く）のあるショットの構図と、非常によく似ていることである。そこでは画面右上の鏡のなかに、ローラが映っている。そのきわめて狭いフレームに、彼女は嵌め込まれている。フラーとローラは、立場は違えど、社会のなかで閉じ込められている点では共通している。ライカートはフラーをローラにとっての悩みの種として描きながら、一方では画面設計をとおして、両者の共通性に光をあてている。

同時に、フラーが囚われの状況にあることに関して、ローラが無関係ではないことも見逃すべきではない。それはたんにローラがフラーの居場所を警官に知らせた、ということだけを意味するのではない。保険会社のシーンにおけるふたりの会話からわかるのは、ローラが以前から、いかにも弁護士的な態度——表面的には丁寧であっても、じっさいはぞんざいな態度——でフラーに接してきたという事実だ。フラーがローラにつきまとっている点だけに注目すれば、ローラは一方的な被害者ということになる。しかし、フラーの一件をめぐるプロセス全体に目をむければ、そうとは言い切れない部分がある。それゆえにローラはフラーに罪悪感を覚え、それがのちに彼女が刑務所のフラーをたずねるエピローグにつながる。

エピローグに触れるまえに、ショッピングモールのシーン（先住民のダンスが描かれるシーン）に再度目をむけたい。さきほどは、過去の西部劇と比較するという読み方を示した。一方で、アレックス・ヒーニーは、侵入する側と侵入される側という視点からこのシーンを読み解いている。この映画において、フラーは何度もローラの領域に侵入するが、アメリカ史においては、白人が先住民の土地にくりかえし侵入した。この歴史のなかでは、白人のローラは、侵入する側にほかならない。重要なのは、ローラが先住民のダンスに目をむける様子が、本作では描かれないということだ。ヒーニーが論じるように、ローラにたいする領域侵犯にフラーが無頓着なのと同様に、ローラも先住民にたいする領域侵犯の歴史に無頓着とも言える（Heeney）。

以上に述べたように、この映画の第一部は、表面的に見れば、厄介な男に囚われた女性の物語だが、より細かく見れば、そのなかに非常に入り組んだ支配と被支配、自由と束縛の構造が浮かび上がる。[10]囚われているのは誰か。その問いを畳みかけるところに、第一部のひとつのポイントがある。上映時間にしてわずか三〇分ほどではあるが、ライカートの演出の精妙さがみごとに発揮されている。

分厚くない手紙

以上、『ライフ・ゴーズ・オン』の第一部を二一世紀の西部の捕囚物語として読み解いた。最後に、その第一部のエピローグ（第二部と第三部の本編のあとに描かれる）を簡単に見ておこう。ローラが刑務所をおとずれ、フラーに面会するシーンである。そこでフラーは、案の定と言うべきか、妻の愚痴をローラに聞かせる。肝要なのはこのあとだ。フラーはローラに手紙を出したのに返事がないと言う。ローラは何を書いていいかわからなかったと言う。フラーは次のように述べる。

特別なことは言わなくてもいいんだ。〔…〕内容は何だってかまわない。天気のことでも、その日のことでも。封筒に入れて、郵送してくれ。分厚い本みたいなものじゃなくていい。

これにたいしてローラはただひと言「オーケー」と述べる。つまり、手紙を書くことを了承する。ローラはフラーに屈服したのだろうか。

これに関しては、ジェイソン・ベイリーの指摘が興味深い。フラーの台詞の最後の部分、「分厚い本みたいなものじゃなくていい」は、ライカートの映画原理（これはメロイの小説原理でもある）をあらわしているという指摘だ（Bailey）。フラーはとにかく手紙を書いてほしいという一心で、このひと言を口にしたのだろう。しかし、この発言は、低予算・少人数の映画作りのなかで、それだからこそ自由に、社会の周縁に生きる者たちの声をすくい上げてきたライカートの映画原理をよくあらわしている。そのように考えると、ローラの「オーケー」という返答は、屈服や妥協というよりも、ある種まえむきな決意表明にも聞こえてくる。ローラがこれからフラーに書く手紙は、もしかするとライカートの映画にどこか似たものであるかもしれない(11)。

（1）映画『パリ、テキサス』のもとになったのは、サム・シェパードのエッセイ集『モーテル・クロニクルズ』（一九八二年）である。ヴェンダースとシェパードは共同で『パリ、テキサス』の脚本の執筆を進め、L・M・キット・カーソン（ハンター少年を演じたハンター・カーソンの父）もこれに加わった。映画のクレジットにはシェパード作、カーソン翻案と記されている。

（2）『タクシードライバー』も『捜索者』を下敷きとする映画として有名である。この点については大勝を参照されたい。
つけ加えると、『幌馬車』のトラヴィスにはサンディ（Sandy）、つまり「砂のような（sandy）」を意味する名前の相棒がいる。『パリ、テキサス』のトラヴィスは映画のオープニングで、超遠景からとらえられた砂漠のなか、文字どおり風に舞う砂粒のように移動する。トラヴィス（Travis）は当然「移動する（travel）」という単語とも相性のよい名前である。この名前はもともとフランス語起源で、「越境する」ことをさすが、そこから転じて「料金所係員」、つまり越境する者を管理する側もさす。これも映画全体の内容、とくにヒロインとの関係に照らすと興味深い。

（3）『都会のアリス』（ヴィム・ヴェンダース監督、一九七四年）にはフォードの『若き日のリンカン』（一九三九年）が引用されるのに加えて、フォードの訃報記事も登場する。

（4）『パリ、テキサス』と『捜索者』を比較した論考として、たとえばコルカー／バイケン（Kolker and Beicken 114-137）やファジャーニがある。

（5）具体的に記すと、『捜索者』のデビーはコマンチの族長と結婚している。『パリ、テキサス』のジェインは覗き小屋で働いている。

（6）撮影はロビー・ミューラー。二焦点レンズの使用については、ヴェンダースが『パリ、テキサス』のDVD所収の音声解説で詳しく説明している。
ここで『パリ、テキサス』のすぐれた音楽にも触れておこう。そこには光と闇の対比がある。闇の音楽はライ・クーダーの演奏による《ダーク・ワズ・ザ・ナイト》。映画のテーマ曲として、トラヴィスの孤独にみごとな注釈を加える。一方、光の音楽は《カンシオン・ミシュテカ》と《ラス・マニャニータス》である。《カンシオン・ミシュテカ》は太陽の土地たる故郷を懐かしむメキシコ民謡。いわば闇のなかから光を求める音楽である。劇中ではホーム・ムーヴィーのシーンで流れる。《ラス・マニャニータス》は夜明けをテーマとするメキシコの古い歌で、誕生日の者を朝起こすときに歌われる。トラヴィスは弟の家で深夜、皿洗いをするときにこの曲を口ずさむ。深夜に夜明けの曲を歌うのが切ない。もっとも、トラヴィスはスペイン語で歌うから、非スペイン語圏の観客にはこうした意味合いはヴェールに隠されている。《カンシオン・ミシュテカ》も劇中ではメロディしか流れない。これに似た例がフォードの『駅馬車』（一九三九年）にある。アパッチ・ウェルズのシーンでアパッチの女がスペイン語の歌を歌う。その歌詞は失われた故郷を恋人にたとえて懐かしむ内容なのだが、それは多くの観客にとってやはり隠されたメッセージにとどまる。

（7）ライカートは第二作の『オールド・ジョイ』（二〇〇六年）以降、小説家のジョン・レイモンドと脚本のコンビを組んできたが（『ミークス・カットオフ』のみレイモンドの単独名義）、『ライフ・ゴーズ・オン』は例外的に、ライカートが単独で脚本を手がけている。

（8）エッセイのタイトルにある Big Sky はモンタナ州のニックネームでもある。

（9）人種ということでは、原作と映画にサモア出身の男性が登場することは一考に値する。保険会社のビルの警備員で、フラー（原作ではソーヤー）の人質になる人物である。あるインタヴューによると、夫の提案でメロイが加えた登場人物だそうだが（Felts）、ここに植民地主義への言及を見ることもできるだろう。

（10）第一部ではローラがフラーという「招かれざる客」と対峙したが、第二部では主人公のジーナ（ミシェル・ウィリアムズ）がある老人の男（ルネ・オーベルジョノワ）の「招かれざる客」となる。男の自宅を突然おとずれ、砂岩を譲ってほしいと頼むのである。もっとも、第一部と同様、両者の関係は単純素朴ではなく、そこが見どころになっている。さらに、第一部と第二部では男女の関係が描かれるが、第三部では女同士（クリステン・スチュワートとリリー・グラッドストーン）の関係が描かれる（メロイの原作「トラヴィス、B」では男女だが、ライカートはふたりのうち、ひとりを女性に変更した）。各パートが呼応しながらも少しずつ差異を奏でていくところが、この映画の大きな魅力である。

（11）メロイの原作は、主人公がじっさいにまえむきな気持ちで日々の出来事を手紙に記そうとするところで終わる（Meloy, "Tome," 20）。映画にこれに該当する描写はないが、第一部のエピローグにつづいて提示される、第二部と第三部のエピローグ（主人公たちの日常が映し出される）がその代替であるとも見なせる。なお、本章の『ライフ・ゴーズ・オン』をめぐる議論は、著者がアメリカ文学会中部支部で企画したワークショップがもとになっている（二〇二一年一二月）。このときに講師をつとめ、映画の第二部と第三部についてすばらしい発表をしてくださった水口陽子氏と冨塚亮平氏に、この場を借りて御礼申し上げる。

第3章　崖の上のアリス

『モヒカン族の最後』から『ラスト・オブ・モヒカン』へ

崖から落ちるのは誰か

もう三〇年ほどまえの話になるが、一九九〇年代前半に西部劇のリヴァイヴァルがあった。『ダンス・ウィズ・ウルブズ』（ケヴィン・コスナー監督、一九九〇年）を皮切りに、『許されざる者』（クリント・イーストウッド監督、一九九二年）、『ラスト・オブ・モヒカン』（マイケル・マン監督、一九九二年）、『黒豹のバラード』（マリオ・ヴァン・ピーブルズ監督、一九九三年）、『リトル・ジョーのバラード』（マギー・グリーンウォルド監督、一九九三年）、『ジェロニモ』（ウォルター・ヒル監督、一九九三年）、『トゥームストーン』（ジョージ・P・コスマトス監督、一九九四年）、『クイック&デッド』（サム・ライミ監督、一九九五年）、『デッドマン』（ジム・ジャームッシュ監督、一九九五年）など、かなりの数の西部劇が製作・公開されたのである。このうちイーストウッドの『許されざる者』はジャンルの傑作として名高いが、マンの『ラスト・オブ・モヒカン』も今日でもくりかえし見返す価値のある作品である。アクションの演出のすばらしさはあらためて述べるまでもない。本章では従来あまり語られてこなかったこの西部劇の女性登場人物について考えたい。

『ラスト・オブ・モヒカン』は、ジェイムズ・フェニモア・クーパーが一八二六年に発表した歴史冒険小説『モヒカン族の最後』の映画版である。(1) これはひとが随所で劇的に崖などから落ちる映画である。冒頭では、主人公のホークアイ（ダニエル・デイ＝ルイス）が鹿を追って小さな崖を飛び降りる。中盤では、ホークアイが敵の追跡から逃れるために、滝を飛び降りる。クライマックスでは、モヒカン族のアンカス（エリック・シュウェイグ）と、彼が想いを寄せる白人のアリス（ジョディ・メイ）が急峻な崖から墜落死する。このように、落下の運動が、映画が進むにつれて徐々に激しさを増していく。また、一連の描写のなかでも、アリスの落下は最後に描かれる点で、また唯一の女性の落下である点で、ひときわ鮮烈な印象をのこす。

さて、映画を見終わったあとで、クーパーの原作を読み返そうと思い、本を開くと、あることに愕然とする。原作には、ヒロインの落下が見当たらないのだ。クライマックスのどこを探しても、それはない。たしかに、原作でも崖の上の場面がクライマックスをなす。また、そこで主要人物のうちの三人が命を落とす。アンカスと、アンカスが想いを寄せる女性（原作ではアリスの姉のコーラ）と、敵のマグアの三人。これは映画と同じである。ところが、原作で崖から落ちて死ぬのはマグアただひとり。「つかんでいた岩が抜けた。マグアは一瞬、空を切ってまっさかさまに落下し、絶壁にしがみつくように生えているやぶの縁をかすめると、みるまに谷底へと消えていった」（クーパー 下巻三一〇）。アンカスとコーラは崖の下ではなく、崖の上で絶命する。原作と映画の違いはいかにして生じたのか。

まずはこのヒロインの落下の有無をめぐる謎を解くことにしたい。

乗り移る女性

クーパーの『モヒカン族の最後』は、アメリカ独立以前の英仏の領土争奪戦を背景に、白人の猟師ホークアイと、モヒカン族の父子チンガチグックとアンカスの交流、ヒューロン族の悪党マグアとの戦い、白人姉妹コーラとアリスの誘拐と救出などを描く。(2)

映画史初期から、『モヒカン族の最後』はたびたび映像化されてきた。なかにはかなりの変わり種もある。たとえば、登場人物全員がスペイン語を話すスペイン版。タイトルは『アンカス、ある民族の終焉(3)(*Uncas, el fin de una raza*)』(マテオ・カノ監督、一九六五年)。正統派作品として有名なのは、モーリス・トゥールヌールとクラレンス・ブラウン監督の一九二〇年版(以下、二〇年版と記す)と、すでに触れた一九九二年の『ラスト・オブ・モヒカン』である。また、ジョージ・B・サイツ監督の一九三六年版(以下、三六年版と記す)もよく知られている。なお、二〇年版と三六年版の英語原題はクーパーの原作と同じ *The Last of the Mohicans* で、邦題はいずれも『モヒカン族の最後』である。

さて、原作にはないヒロインの落下が『ラスト・オブ・モヒカン』にはあると述べた。二〇年版と三六年版はどうだろうか。ヒロインは崖から落ちるのだろうか。じつは二〇年版こそは、『モヒカン族の最後』の映画史上、ヒロインの落下を描いた最初の作品である。ここで落ちるのは原作同様、アリスではなくコーラ(バーバラ・ベッドフォード)である。コーラは崖の上でマグア(ウォーレス・ビ

図3-1　『モヒカン族の最後』（1920年版）

アリー）に結婚を迫られ、彼と争った結果、墜落死する。

しかし、なぜ落下せねばならないのか。そのほうが映画的だからだろうか。それもあるだろう。同時に、より直接的な理由がある。二〇年版の製作陣がクーパーの原作だけでなく、ある映画を参照したと推測されるのだ。異人種の男に結婚を迫られる白人女性、崖の上での攻防、そして墜落死——。思い当たる方も多いはずだが、これらの要素をふくむ映画史上の重要作が、二〇年版公開の五年まえに公開されている。D・W・グリフィス監督の『國民の創生』[4]（一九一五年）。墜落する人物の名はフローラ（メエ・マーシュ）、その原因を作るのはガス（ウォルター・ロング）という黒人の男である。フローラとコーラが崖の上で異人種の男に発する台詞も酷似している。まるでフローラがコーラに乗り移ったかのようである。

フローラ　来ないで。飛び降りるわよ！（Stay away or I'll jump!／『國民の創生』）

コーラ　一歩でも近づいてみなさい。飛び降りるわよ！（One step nearer or I'll jump!／二〇年版）

右の図は崖の上でこの台詞を述べるコーラである［図3-1］。フローラもコーラも最終的に崖から消えることになるが、そのことによって守られるのは、彼女たちの人種的な純潔さである。死によって

〈白さ〉が永遠のものとなる。

グリフィスの『國民の創生』は、白人至上主義的な作品として、公開当時から物議をかもしてきた。一方、クーパーの『モヒカン族の最後』は異人種間恋愛を描いてもいる。コーラはモヒカン族のアンカスと相思相愛である。二〇年版の映画はこの恋愛に焦点をあてた。その意味では『國民の創生』の保守性とは一線を画している。だが、クーパーの原作でもそうなのだが、コーラとアンカスの恋愛は実を結ばない。ふたりとも最後には死んでしまう。先住民と白人の血は混ざりあわない。本章で論じる三つの映画版のすべてで、原作のある設定が省略されているのも見逃せない。コーラに黒人の血が入っていることである。(5) 長編小説の映画化に省略はつきものだとしても、この設定が抜け落ちているのは軽視できない。『モヒカン族の最後』の映画化の歴史は、人種混淆の回避の歴史である。

変化する色彩

つぎに三六年版を見よう。ここでもコーラ(ヘザー・エンジェル)は落下する。アンカスの死後、自分に近づく先住民のマグア(ブルース・キャボット)を見て、コーラは突然、崖から投身する。三六年版で重要なのは、コーラが金髪に変身したことである〔図3-2〕。まず確認すると、三六年版では、コーラとアリスの姉妹関係が逆転した。原作と二〇年版ではコーラが姉で、アリスが妹だが、三六年版では逆にアリスが姉で、コーラが妹。混乱を避けるために言うと、姉か妹かは別として、アンカスと恋に落ち、のちに崖から落ちる女性が、コーラであるのは同じである。しかし髪の色が違う。

原作と二〇年版ではコーラは黒髪で、アリスは金髪だった。三六年版では、姉妹関係の逆転にともなって、髪の色も逆転した。コーラが金髪で、アリスが黒髪になったのだ。

図3-2　『モヒカン族の最後』（1936年版）

　ではなぜ髪の色が変化したのか。落下する女性の髪が何色であろうと、プロット上は影響がないではないか。こうした疑問への答えとして、ある映画史的背景をとりあげたい。一九三〇年代前半に、未開の地の冒険を描くジャングル映画が流行し、そのなかで女性の黄金の髪が重要な意味をもった。『トレイダ・ホーン』（W・S・ヴァン・ダイク監督、一九三一年）や『キング・コング』（メリアン・C・クーパー／アーネスト・B・シュードサック監督、一九三三年）が代表例である。こうした映画で黄金に輝く女性の髪。それは、〈黒い〉原住民や野獣にたいする彼女の〈白さ〉、人種的な純潔さをスクリーン上で強調する。金髪ではなく黒髪の女性が登場する例もあるが、一方でその名も『ブロンドの捕虜（*The Blonde Captive*）』（一九三二年）という作品もある。ジャングル映画における金髪の重要性はうたがいない。[6]『モヒカン族の最後』の三六年版では、ニューヨークの森林地帯という「ジャングル」で、金髪のヒロインがマグアという先住民に追われる。同時代のジャングル映画との類似は明らかである。かくして視覚的な水準で白人女性の純潔さが強調されることになった。

　ちなみに、『キング・コング』と『モヒカン族の最後』の三六年版にはキャスティング上のつながりもある。『キング・コング』で金髪のヒロインを救出する白人男性を演じたのはブルース・キャボット。『モヒカン族の最後』の三六年版で、先住民のメイクアップをして、金髪のヒロインに結婚を迫る悪漢マグアを演じた俳優である。

血で汚れた手

このように、原作にはないヒロインの落下が二〇年版以降に描かれるようになった。さらに、そのヒロインが三六年版で黒髪から金髪に変身した。では、一九九二年公開の『ラスト・オブ・モヒカン』はどうだろうか。

さきに答えを明らかにしよう。『ラスト・オブ・モヒカン』でも金髪のヒロインが落下する。ただし、コーラではなくアリスである。『ラスト・オブ・モヒカン』では原作と二〇年版同様、黒髪のコーラ（マデリーン・ストウ）が姉で金髪のアリスが妹だが、落下するのはアリスのほうである。

話がいささか複雑になってきた。ここで一度整理が必要だろう。各映画版で崖から落下するのは次の人物である。

『モヒカン族の最後』二〇年版　黒髪の姉コーラ
『モヒカン族の最後』三六年版　金髪の妹コーラ
『ラスト・オブ・モヒカン』　金髪の妹アリス

図 3-3　『ラスト・オブ・モヒカン』

すでに述べたように、三六年版では墜落死する女性が金髪であり、だからこそ〈白さ〉が強調される。この点は『ラスト・オブ・モヒカン』も同じである。

一方、『ラスト・オブ・モヒカン』の崖の上のシーンには、独自の演出もある。まずアリスが崖の縁《ふち》にゆっくりと移動し、高さを確認する。すると、それを見た先住民のマグア（ウェス・ステューディ）がアリスに手を伸ばし、自殺をやめるように指で合図する［図3-3］。これは過去の映画版にはない演出である。それにしても、このマグアの行為をどう理解すべきか。監督のマンやマグア役のステューディによれば、彼はここでアリスにやさしさを見せている。マンはそれを「とても人間味のある行為」とも呼んでいる。[7] ただし、マンも触れているように、マグアの手が血で赤く染まっているのが皮肉である。マグアがナイフで刺したアンカスの血である。アリスはその血塗られた手を拒否し、崖の下に消えていく。

ここでクーパーの原作を参照しよう。小説ではマグアが別のところで、ヒロイン（ここではコーラ）に血のついた手を伸ばす。それは、ヒューロン族が英軍を虐殺する箇所である。ここに登場する血は、『ラスト・オブ・モヒカン』と違って、先住民（アンカス）の血ではない。白人の血である。マグアは次のように述べてコーラを威嚇する。「この手は真っ赤だ。だが、これは、白人の血だぞ」（クーパー下巻三二四）。

このマグアの言葉は、ごく表面的に見ても、おそるべきものである。さらに、この言葉には象徴的な意味もひそむ。それを明らかにしたのは、シャーリー・サミュエルズである。赤い膚（先住民）についた、白い血（白人の血）。サミュエルズによれば、ここで示されるのは、「目に見える形になった異人種混淆、赤い膚と白い血の暴力的な混ざりあい」（Samuels 103）である。マグアがコーラを娶るよりもさきに、マグアの身体上で、赤い膚と白い血が混ざったのだ。図式的に言えば、〈赤〉＋〈白〉である。

一方、『ラスト・オブ・モヒカン』では、マグアの手についた血は、すでに見たとおり先住民（アンカス）の血である。それは赤い膚についた赤い血（先住民の血）である(8)。つまり『ラスト・オブ・モヒカン』で描かれるのは〈赤〉＋〈赤〉だ。白い膚のヒロインは、その赤い血のついた赤い膚を拒否し、崖の下に消えていく。クーパーの原作は身の毛もよだつ形ではあれ、〈赤〉＋〈白〉の可能性を浮き彫りにした。これにたいして、『ラスト・オブ・モヒカン』は〈赤〉＋〈白〉の可能性をできるかぎり消し去っている(9)。

不意打ちする顔

こうして見ると、『ラスト・オブ・モヒカン』は人種や性の描写については、意外と古いことがわかる。そもそも原作の異人種間恋愛は、映画が新しくなるごとに重みを失ってきた。三六年版はコーラとアンカスの異人種間恋愛を描くが、一方で原作や二〇年版にはないアリスとホークアイの白人同士の恋愛を導入した。『ラスト・オブ・モヒカン』はコーラとホークアイの白人同士の恋愛を中心にすえ、アリスとアンカスの異人種間恋愛は示唆するのみ。もちろん、先住民役に先住民俳優を起用するなど、この時代ならではの工夫もあるのだが（チンガチグックを演じたのは、先住民活動家としても有名なラッセル・ミーンズ）。

だが、『ラスト・オブ・モヒカン』、とりわけその崖の上の場面についての議論をこれだけで終わらせてよいのだろうか。そこにはこの映画ならではの映画的な魅力がないだろうか。

ここで真に注目すべき点は何か。それはアリスとマグアのショット／切り返しショットの緻密さである。ショット／切り返しショットは、簡単に言えば、ふたりの人物を交互に映し出す技法である。まず三六年版と『ラスト・オブ・モヒカン』を比較すると、アンカスの落下後、アリスが投身自殺するまでの時間がそもそも違う。三六年版は一一秒。『ラスト・オブ・モヒカン』は七〇秒。その差は六倍以上。そして、その引き伸ばされた時間のなかで、ショット／切り返しショットを駆使して、アリスとマグアの表情と所作が丹念に描かれる。さきほどは否定的な読み方をしたが、マグアがアリスに手を伸ばすのも、過去の映画にはなかった演出であることは、あらためて強調しておきたい。

さらに、一連の映像のなかでも、崖の高さを確認したあとのアリスのクローズアップには、比類なき強さと美しさがある。そのクローズアップは、アリス役のジョディ・メイの表情——後述するようにこの直前の表情とはまるで異なる——のすばらしさもあって、ひときわ印象的である[10]（図はのちほど引用する）。シーン全体が劇的なアクションに満ちていることも、このクローズアップを忘れがたくするのを後押ししている。一連のショットにあって、ほぼ運動が停止したアリスのクローズアップは、映像的な不意打ちとして見る者を圧倒する。

いや、これは映画全体の文脈でもまさに不意打ちだ。『ラスト・オブ・モヒカン』は二〇年版や三六年版と比べて、金髪のヒロインのあつかいが最小の映画だからである。映画全体を見たことのない方が、偶然このシーンだけを目にしたならば、おそらくアリスは『ラスト・オブ・モヒカン』の重要なキャラクターだと予想するだろう。ところが、そうではないのだ。全体としてアリスの台詞は最小限に切り詰められている。彼女の心理が掘り下げられることもない。しかし、だからこそ、アリスのクローズアップは印象にのこる、そこに積極的な意味を読み取りたくなるものになっている。

このクローズアップにはあとで立ちもどる。いまは映画史的な観点から、アリスとマグアのショット／切り返しショットの価値を明らかにしたい。映画史上、先住民男性とその捕虜になった白人女性の見るべきショット／切り返しショットは、そう多くない。いや、そもそも両者が対峙する様子の丁寧な描写が少ない。旧来の西部劇では、白人女性の捕虜は、登場後すぐに白人男性に救出されるか、登場時点ですでに先住民社会になじんでいるか、基本的にそのどちらかだった[11]。

白人の捕虜と先住民のより濃密で、直接的な接触を描く映画もある。『赤い矢』（サミュエル・フラー監督、一九五七年）、『馬と呼ばれた男』（エリオット・シルヴァースタイン監督、一九七〇年）、『小さな巨人』（アーサー・ペン監督、一九七〇年）など。だが、これらは女性ではなく男性の捕虜の物語である。『捜索者』（ジョン・フォード監督、一九五六年）は白人少女の捕囚を描く映画だが、物語の焦点は彼女を捜索する男たちの行動にある。[12]『赤い矢』『馬と呼ばれた男』『小さな巨人』の女性版と呼べるような映画は存在しない。先住民による捕囚を描くのが、もっぱら西部劇、つまり男性むけのジャンルであることがその要因だろう。[13]文学に女性視点の先住民捕囚体験記が多く存在するのとは対照的である。

短時間ながらも女性の捕虜と先住民の対峙を描くのは、前章でも触れた『征服されざる人々』（セシル・B・デミル監督、一九四七年）である。ただし、その描写はあまりに単純で、人種的にもジェンダー的にも古めかしい。先住民の男たちが白人女性（ポーレット・ゴダード）を杭に縛りつけ、熱した矢じりをむけたり、その女性が恐怖に満ちた表情で精一杯身をよじってみせたりするような描写である［図2-8］。映画に登場する先住民たちよりも、むしろこうした映画の描写そのものが粗暴きわまりない。

そのとき崖の上で

以上の映画史をふまえると、『ラスト・オブ・モヒカン』でアリスとマグアの対峙がやはり限られた時間ではあれ、丹念かつ繊細に描かれることは目をひく。これは二〇年版の遺産でもある。じつのところ、ヒロインとマグアの崖の上の攻防にいちばん長い上映時間を割いたのは、二〇年版である。[14]三分をこえるそのシーンに目をむけよう。

「一歩でも近づいたら飛び降りるわ！」。コーラがそう述べたのち、彼女とマグアのにらみ合いがつづく。物語のなかで数時間が経過し、コーラが睡魔に屈したところで、マグアがコーラに忍び寄り、腕をつかむ。コーラは身をよじって崖から落ちようとするが、マグアは彼女の腕を放さない。コーラは崖にぶら下がった状態となる。そこにふたりを追ってきたアンカス（アラン・ロスコー）があらわれる。その姿を目にしたコーラは、必死に這い上がろうとする。しかし、マグアはアンカスと戦うために、しがみつくコーラの手をナイフで刺し、彼女を墜落させる。以上が二〇年版でコーラが落下にいたるまでの経緯である。この間、コーラとマグアのショット／切り返しショットも数多く使用される。

だが、それらはコーラとマグアの攻防をわかりやすく描くものにすぎない。マグアを警戒しつつも睡魔に屈しそうなコーラと、その隙をつこうとするマグア。基本的にはこの両者の攻防がシンプルに示されるだけである。このはるかさきを行くこと、それが『ラスト・オブ・モヒカン』の挑戦である。

一連のショット／切り返しショットの内容を詳述しよう。被写体を遠くからおさめたショットが多い二〇年版と違って、『ラスト・オブ・モヒカン』ではクロースアップが中心となる。加藤幹郎はかつて、顔のクロースアップは「情動の風景」（加藤 二〇一二）であると述べた。まさにこの観点からアリスのクロースアップを再読しよう。接近するマグアを見て、アリスはまず恐怖の表情を浮かべる。口は半開きで目には涙がたまっている。身体は震えをおさえることができない。

図3-4 『ラスト・オブ・モヒカン』

おどろくべきはここからだ。岩だなの縁に到達し、落下という選択肢が頭に浮かぶなり、彼女の表情は急変をとげる［図3-4］。口元は引き締まり、目からは涙が失せ、震えも静止する。あきらめと、死の決意と、敵へのあわれみ。これらがひとつに凝固した顔の光景が広がっている。風にかすかに揺れる髪の毛と、細かく降り落ちる水滴が、アリスの顔の不動性を静かに際立たせる。逆にその表情に、その射抜くような視線に動揺するのがマグアである。頬をピクピク痙攣させながら、マグアは右手のナイフを下ろす。そしてもう一方の手を伸ばし、自分の側に来るよう合図する［図3-3］。まず一度、そして念を押すようにもう一度。だが、アリスはその合図を無視し、マグアに背をむけ、身を投げる。その瞬間、まっすぐ伸びていたマグアの腕が力を失う。一連のショット／切り返しショットでこのような複雑・精妙な描写がなされるのである。映画ならではの技法であるショット／切り返しショットとクロースアップが、絶対的な他者同士のコミュニケーションとその困難さを照らし出す。そのような銘記すべき瞬間である。

ここでふと、別のアリスのことがわたしの脳裏に浮かぶ。アリス・リデル。ルイス・キャロルの『不思議の国のアリス』（一八六五年）とその続編『鏡の国のアリス』（一八七一年）の主人公アリスのモデルになった人物である。キャロルが少女と写真を愛しており、アリス・リデルをはじめ、自分の気に入った少女の写真を多数撮ったことはよく知られている。一般には問題視されることの多いキャロルの少女写真について、新たな見方を示したのが小谷真理である。キャロルの少女写真は、モデルの目線が対象者にはっきりとむけられる点に特徴がある。そのモデルのなかでも、もっとも強い目力を発揮した少女がアリス・リデルである。そのこと指摘した上で、小谷はこう述べる。「〔…〕キャロルが撮ったアリスの強い目線はふたりの関係性が、当時のヴィクトリア時代の男女の権力関係におさまらないなにかを含んでいた気がしてならない」（小谷 四四）。『ラスト・オブ・モヒカン』でマグアにむけられたアリスの視線、崖の上のアリスの視線は、このアリス・リデルの視線の延長上に位置づけることもできるだろう。

むろん、くりかえすがアリスとマグアの対峙は、映画全体のうちの限られた時間でなされるにすぎない。しかも、それはアリスが身を投げる時点で完全に幕をとじてしまう。身を投げるという行為がどのような文化史に根ざしたものであるかも、すでに確認した。『ラスト・オブ・モヒカン』には新しい側面もあるが、多くの限界・欠点もある。だからこそ、本章を締めくくるまえに、『ラスト・オブ・モヒカン』を二一世紀のある映画に接続しておきたい[15]。それは『モヒカン族の最後』の映画版ではないが、ここまでの議論との関連上、ぜひとも言及しておきたい作品である。ケリー・ライカート監督の異色の西部劇『ミークス・カットオフ』（二〇一〇年）である。物語の舞台は一八四五年のオレゴン。砂漠で道に迷った開拓者の一行が、旅の途中で捕虜にした先住民の男（ロッド・ロンドー）に先導をまかせることになる。だが、男が開拓者を正しく導くという保証はどこにもない。表面上は先住民の男が捕虜だが、むしろ白人たちのほうが捕虜にも見える。重要なのは、これが男性ではなく女性――開拓者のひとりのエミリー（ミシェル・ウィリアムズ）――を主人公とする西部劇だということ、加えて、この白人ヒロインと先住民の男の関係が映画の主要関心事だということである。さらに、この絶対的な他者同士の一筋縄ではいかないコミュニケーションを描くために、ショット／切り返しショットが有効活用されている。映画のエンディングを飾るのも、まさにこのふたりをそれぞれとらえた映像なのだが、この点は第12章で論じることにしたい。

（1）『ラスト・オブ・モヒカン』はマイケル・マンの四番目の劇場用長編映画である。本作には劇場公開版（一一二分）に加えて、新旧ふたつのディレクターズ・カット版（以下DCと記す）が存在する。かつてDVDで入手できたのが旧DC（一一七分）であり、現在ブルーレイで入手できるのが新DC（一一四分）である。内容的に言えば、新DCは旧DCをさらに更新したものというよりは、劇場公開版と旧DCを混ぜあわせたものであり、上映時間も両者の中間である。本章の執筆のために参照したのは新DCである。なお、旧DCで追加されたにもかかわらず、新DCでふたたび削除された主たる要素として、映画の結末でチンガチグックが先住民の今後の運命を哀感をこめて語る台詞があげられる。

（2）ホークアイの本名はナサニエル（ナッティ）・バンポーだが、『ラスト・オブ・モヒカン』ではナサニエル・ポーに変更された。映画内ではナサニエルと呼ばれることが多い。本章ではホークアイに統一する。『モヒカン族の最後』は全五冊からなるクーパーの「レザーストッキング物語」シリーズの一作である。シリーズ全体で一七四〇年代から一八〇〇年代まで、ナッティの青年期から老年期までをカヴァーしている。ただし、刊行の順番と物語の順番は一致していないため、注意が必要である。ここではナッティの設定年齢の順に全作品をならべておく。『鹿殺し』（一八四一年）、『モヒカン族の最後』（一八二六年）、『道を開く者』（一八四〇年）、『開拓者たち』（一八二三年）、『大草原』（一八二七年）。タイトルについても述べておこう。小説『モヒカン族の最後』の原題 *The Last of the Mohicans* が意味するのは、正確には「モヒカン族の最後の者」であり、具体的にはアンカスをさすが、本章では既刊の翻訳書のタイトルにならい、『モヒカン族の最後』と記す。この小説は西部劇の源流と呼ばれることが多い。複数の映画版をとりあげつつ、この一九世紀小説と西部劇ジャンルとの関係を精密に考察したのが、シモン（Simmon 89-93）である。

（3）第4章で述べるとおり、クーパーは一九世紀当時からヨーロッパで絶大な人気を誇ったため、その作品はサイレント時代からヨーロッパでも映画化されてきた。ここで紹介したスペイン映画と同じ一九六五年には、『モヒカン族の最後』の西ドイツ版も公開されている。タイトルは『夕陽のモヒカン族』（ハラルト・ラインル監督）。また、これは『モヒカン族の最後』ではなく、クーパーの「レザーストッキング物語」シリーズの別の小説『鹿殺し』を原作とするものだが、一九六七年の東ドイツ映画『チンガッハグーク大蛇と呼ばれた男』（リヒャルト・グロショップ監督）もある。

（4）バーカーとセイビンは女性の投身自殺という両作品の類似点にも言及しつつ、グリフィスとトゥールヌールの影響関係を論じている（Barker and Sabin 72-74, 223-24）。また、『國民の創生』にはトーマス・ディクソンの原作小説『クランズマン』と、やはり原作としてあげられるその同名の演劇版があるが（刊行と初演はともに一九〇五年）、崖の上の場面に注目してこれらを比較したのがウッド（Wood 296）である。

（5）一方で、ヒロインが混血（すでに人種的境界をこえた人物）と明言されないからこそ、先住民という異人種との恋愛がより越境的で冒険的になったという見方もできなくはない。原作のアンカスとマグアを「浅黒いコーラの浅黒い二人の愛人」と呼び、三者の生まれながらの類縁性を強調したのは、レスリー・フィードラーである（フィードラー 二二六）。

（6）ジャングル映画の人種・ジェンダー表象については、ベレンスタイン（Berenstein 160-197）に詳しい。当然ながら金髪のヒロインが多いことへの言及もあるが、ベレンスタインが真に注目するのは、ヒロインがジャングルと文明の境界線上に位置づけられる点や、ヒロインと異人種の他者のあいだに隠れた類似性が認められる点である。また、一九三〇年代を代表する映画『類猿人ターザン』（W・S・ヴァン・ダイク監督、一九三二年）を捕囚映画の文脈で考察し、その人種と性の政治学を論じたのが、塚田（九一―九五）である。なお、『ブロンドの捕虜』は太平洋の島々やオーストラリア大陸の先住民を撮影した既存の映像素材で構成されており、基本的にはドキュメンタリー映画だが、先住民とともに暮らすブロンド女性の発見をめぐる箇所は、映画の商業的価値を高めるために新たに考案され、演出・撮影されたものである。

（7）ここで参照したマンやステューディのインタヴューは、DVD『［ザ・ディレクターズ］マイケル・マン』に収録されたものである。

（8）厳密に言えば、『ラスト・オブ・モヒカン』にもマグアの手に白人の血がつく描写はある。マンロー大佐の心臓をナイフで抉り出すときである。ただし、原作とは異なり、この血がヒロインとの関係のなかで強調されることはない。また、原作の虐殺の場面には、ヒューロン族の戦士たちが地面に川のように流れる白人の血を飲みほすという、さらに強烈な描写がある（クーパー 上巻三二〇）。こうした描写を考察する上で参考になるのが、本文でも言及したサミュエルズ（Samuels）である。サミュエルズは母への不安、自然生殖への不安がクーパーの『モヒカン族の最後』の基底をなすことを指摘した上で、暴力という形で実現される血の混淆の描写に注目している。

（9）この関連で各ヴァージョンのアンカス墜落後の描写も比較しておこう。二〇年版と三六年版ではアンカスは崖の下でコーラの遺体の手を握ってから息を引き取る。二〇年版では両者の手に傷があるから、明示的ではないが、血の混淆が生じていると見なせなくもない。一方、三六年版では両者の手には傷はいっさい見当たらない。『ラスト・オブ・モヒカン』にはそもそも崖の下で両者の手が接触する描写がない。そのぶん感傷性はおさえられている。おどろくべきは、戸井十月の日本語のリトールド版（より平易な内容に書き換えたヴァージョン）の小説である。ここでアンカスとコーラはともに崖の上で絶命するのだが、そのさい両者の胸から流れた血が混ざりあう様子が描かれるのである（戸井二五〇）。

（10）メイのプロフィールに関しては不確かな点も多いが、母親はトルコ系フランス系ユダヤ人であり、ハイブリッドな出自をもつことはまちがいない。『ラスト・オブ・モヒカン』の政治的な力学を今後より正確に分析するには、メイがアリス役に起用されたことをはじめ、キャスティングの中身にも目をむける必要がある。

（11）前者の例としては『荒野の追跡』（チャールズ・マーキス・ウォーレン監督、一九五七年）、『決闘コマンチ砦』（バッド・ベティカー監督、一九六〇年）、『レッド・ムーン』（ロバート・マリガン監督、一九六八年）、後者の例としては『ソルジャー・ブルー』（ラルフ・ネルソン監督、一九七〇年）、『ダンス・ウィズ・ウルブズ』があげられる。

（12）ただし女性の捕虜を捜す側、その帰りを待つ側の差別意識を掘り下げる点に、ジョン・フォードが監督した『捜索者』や別の問題作『馬上の二人』（一九六一年）の意義があることは付言しておきたい。

（13）古典期（とくに一九五〇年代以降）のアメリカ映画における捕囚のテーマについては、モーティマー（Mortimer）を参照されたい。また、モーティマーが軽く言及するにとどめている、初期のアメリカ映画における捕囚のテーマについては、ヴァーホフ（Verhoeff 55-76）を参照されたい。初期の西部劇が古典期の西部劇よりも内容面で革新的な部分をふくむケースがあることは、多くの論者が指摘してきたが、ヴァーホフを読むと、捕囚のテーマもじつに多様なあつかいがなされていたことがわかる。

（14）『ラスト・オブ・モヒカン』は三六年版を直接参照しており、冒頭のクレジットでは、クーパーの小説と三六年版のフィリップ・ダンの脚本があげられている。もっとも、ここで論じたように、むしろ二〇年版に近い側面も見られる。

（15）二一世紀の西部劇で捕囚のテーマに正面から取り組んだ重要作として、『ミッシング』（ロン・ハワード監督、二〇〇三年）がある。

《第Ⅱ部》西部劇は海をこえる

第4章

この西部劇はどこの国で作られましたか

グローバル・ウェスタンの世界

西部劇の産地

一般に、西部劇はアメリカ固有のジャンルと考えられている。ギャング映画やミュージカル映画にも増して、これぞアメリカ映画と口にしたくなるジャンルである。(1)

だが、じっさいには西部劇は世界中で作られてきた。西部劇、また米西部という空間は、少なくとも二〇世紀のある時期までは、多くの国で注目されていた（アメリカ映画は古くから世界的に人気があったが、ジャンルの興隆期には、西部劇は毎年アメリカで作られる映画の四分の一前後をしめていた）。さらに西部劇には、思わずまねをしてみたくなる独自のスタイルや規則がある。このため、西部劇を輸入・公開するだけでなく、各国で自前の西部劇を作る動きが生まれた。その動きがさらに別の国に影響をあたえ、西部劇の国際化に拍車がかかった。あの国で西部劇を作れるのならば、自分たちにも、というわけである。西部劇はおどろくべき国際的伝播力をもっており、旧ソ連にすらそれをとめることは不可能だった。[2] じつのところ、西部劇が長い年月をかけて描いてきたテーマ――自然と文明の対立、異人種・異民族との接触、暴力とその対価など――は、アメリカ以外の国にとっても重要なものである。西部劇の形式を借りつつ、こうしたテーマを掘り下げ、自国について考察するという文化実践が、世界中でなされてきた[3]（もちろん、ただたんにスタイルを模倣しただけの作品もあるが）。

アメリカ以外の国で製作された西部劇は、昨今の映画研究ではグローバル・ウェスタンとか、インターナショナル・ウェスタンとか、トランスナショナル・ウェスタンなどと呼ばれる。本章では便宜上グローバル・ウェスタンという呼称に統一する。グローバル・ウェスタンの作品舞台は、米西部のままであることもあれば、これに類する別の場所に置き換えられることもある。ヨーロッパの映画には前者の例が多く、それ以外の地域の映画には後者の例が多い。二〇〇八年公開の韓国西部劇『グッド・バッド・ウィアード』（キム・ジウン監督）は、後者の例である。チョン・ウソン、イ・ビョンホン、ソン・ガンホが演じるガンマンたちが活躍する舞台は、一九三〇年代の満州国。もともと韓国には一九六〇年代から七〇年代にかけて満州ウェスタンが製作された歴史がある。『グッド・バッド・ウィアード』はその伝統につらなる一本である。[4]

アメリカ以外の西部劇の産地でいちばん有名なのは、イタリアである。イタリアの西部劇は、スパゲッティ・ウェスタン（日本ではマカロニ・ウェスタン）と呼ばれる。その初期の作品に、セルジオ・レオーネ監督の『荒野の用心棒』（一九六四年）がある。大学の担当科目で、映画史にさほど詳しくない学生に、これはどこの国の映画でしょうかと尋ねると、当然のようにアメリカという答えが返ってくる。だが、これはイタリア映画である。厳密に言えば、イタリアと西ドイツとスペインの合作である。監督レオーネはイタリア人。物語の舞台はアメリカとメキシコの国境地帯。撮影地はスペインである。[5]主演のクリント・イーストウッドは、アメリカからスペインに渡って撮影に参加した。さらに、これは日本の時代劇『用心棒』（黒澤明監督、一九六一年）のリメイクである。その越境性には目を見張るものがある。

スパゲッティ・ウェスタンは、一九六〇年代に量産され、六三年から六九年の製作数はのべ三〇〇本以上にのぼる（Frayling 256）。この時代、アメリカ人よりもイタリア人のほうが多く西部劇を作っていた。スパゲッティ・ウェスタンの特徴は、二階堂卓也の著書のタイトルを借りると、「イタリア人の拳銃ごっこ」である。[6]アメリカ西部劇は、建国のための正義の暴力という理念を打ち出してきた。スパゲッティ・ウェスタンはこれを破壊し、アクションの遊戯性と残虐性を徹底追求した。その銃弾の威力はすさまじかった。六〇年代の終わりには、ハリウッド映画が逆にスパゲッティ・ウェスタンを模倣するようになった（Frayling 280-286）。今日では、スパゲッティ・ウェスタンの影響を受けたハリウッド西部劇の決闘シーンのほうが、より西部劇らしく感じられるという逆転現象すら生じている。コピーがオリジナルとなったのである。二一世紀に入って作られたアメリカの西部劇のなかにも、スパゲッティ・ウェスタンの血を存分に浴びたものは少なくない。

スパゲッティ・ウェスタンは、当時から世界的に有名だった。一方、いまだに十分に知られていないのは、これに先行してイタリア以外の国で、西部劇の流行があったことである。西ドイツである。この点は山本佳樹の研究に詳しいのだが、ドイツの国民的作家カール・マイの西部小説を映画化したシリーズが製作され、めざましい成功をおさめた。第一作は『シルバーレイクの待伏せ』（ハラルト・ラインル監督、一九六二年)。撮影はユーゴスラヴィアで、西ドイツとユーゴスラヴィアとフランスの合作である。その後も続々と作品が作られ、西ドイツのカール・マイ西部劇は全部で一一作を数える(山本 一五五)。興味深いことに、この成功に刺激を受けて、東ドイツでも西部劇シリーズが製作された。第一作は『偉大な雌熊の息子たち』(ヨーゼフ・マッハ監督、一九六六年)。撮影地はユーゴスラヴィアのほか、ルーマニアやウズベキスタン、キューバ(山本 一六三—一六四)。東西ドイツいずれの西部劇においても、ハリウッドの大多数の西部劇とは異なり、インディアンが活躍するという特色がある。[7] もっとも、次のような重要な違いもある。西ドイツの西部劇は、白人とインディアンの和解に力点をおいた。そこには第二次世界大戦中のユダヤ人虐殺の罪の意識を和らげる効果があった。一方、東ドイツの西部劇は、よいインディアンと悪い白人の対比を強調し、そこに共産主義と資本主義の対立を重ねた。観客が共感を寄せるよう仕向けられるのは、当然インディアンの側である(山本 一六六—一六七)。ちなみに、二一世紀初頭に公開され、ドイツ国内で歴代最高の興行収入をあげた自国の映画となり、現在までその記録を保持しているのは、西部劇(正確に言うとそのパロディ)である。マイ西部劇へのオマージュに満ちたコメディ映画『マニトの靴』(ミヒャエル・ブリー・ヘルビヒ監督、二〇〇一年)である。歴代興行収入記録一位の映画が西部劇という国が、アメリカではなくドイツであるという事実はもっと強調されてよい。

なお、ドイツの西部劇はときにザワークラウト・ウェスタンと呼ばれる。ほかの国の西部劇も名物にちなんだ名前で呼ばれることがあるが(ボルシチ・ウェスタン、カレー・ウェスタン、カマンベール・ウェスタンなど)、スパゲッティとザワークラウトに比べると、批評用語として定着しているとは言いがたいため、本章では使用しない。

ここまで基本的には娯楽色の強い西部劇の話をしたが、一九六〇年代末から七〇年代初頭にかけては、各国で批評性と実験性に富んだ異色の西部劇が製作されたことも、忘れてはならない。代表的な例として、『アントニオ・ダス・モルテス』（グラウベル・ローシャ監督、一九六九年、ブラジル）、『東風』（ジガ・ヴェルトフ集団監督、一九七〇年、フランス）、『ビリー・ザ・キッドの冒険』（リュック・ムレ監督、一九七一年、フランス）、『エル・トポ』（アレハンドロ・ホドロフスキー監督、一九七〇年、メキシコ）がある。

西部のグローバル化のはじまり

西部劇の研究といえば、かつてはアメリカの作品を対象とするのがつねだった。例外はスパゲッティ・ウェスタンくらいだった。しかし二一世紀に入って、状況は大きく変わった。スパゲッティ・ウエスタンにかぎらず、アメリカ以外の国で製作された西部劇（グローバル・ウェスタン）を論じることが、ごく当然のこととなった。

二〇一〇年代以降、海外ではこのテーマの書籍が多数刊行されている。その一冊が、二〇一四年刊行の『インターナショナル・ウェスタン――フロンティアの再配置』である（Miller and Van Riper）。内容は玉石混交だが、考察対象の多様さは注目に値する。ここでは、イタリア、東ドイツ、西ドイツ、フランス、ブラジル、メキシコだけでなく、トルコ、チェコ、イギリス、デンマーク、アイルランド、オーストラリア、香港、ハンガリー、バングラデシュ、ソ連、日本の西部劇および西部劇に影響を受けた映画が論じられている。日本の西部劇で考察対象に選ばれたのは、クエンティン・タランティーノも出演した三池崇史監督の『スキヤキ・ウエスタン　ジャンゴ』（二〇〇七年）である。

グローバル化が進む二一世紀の現在、ある国に固有のものと思われていた文化事象が、意外な形で国外に広がり、独自の展開をとげるケースが増えている。グローバル・ウェスタンは、こうした世界規模の文化変容を考察する上で、貴重な例と言える。さらに、英語圏の最新の研究論集『トランスナショナリズムと帝国主義――グローバル・ウェスタンの持続性』では、帝国主義――一九世紀北米大陸の西漸運動はその一部であり、西部劇はそれに加担すると同時に、批判的視点も提供してきた――を再考するための格好の題材として、米国内外の多様な西部劇が論じられている(8)（Mayer and Roche, *Transnationalism and Imperialism*）。

こうした映画研究で触れられる機会がないわけではないが、さらに強調すべきと思われることがある。一九世紀、映画が誕生する以前に、グローバル・ウェスタンの前史があることだ。二〇世紀にヨーロッパの監督が西部劇を手がけたのと同様に、一九世紀にはヨーロッパの作家が西部小説を執筆した。そのきっかけを作ったのは、アメリカ小説の父ジェイムズ・フェニモア・クーパーである。第3章で論じた『モヒカン族の最後』（一八二六年）をふくむ、クーパーの「レザーストッキング物語」シリーズ（一八二三―四一年）は、刊行直後からヨーロッパ各国でも紹介され、米西部への関心に火をつけた。とくにドイツにおけるクーパー人気はすさまじかった。政治的な閉塞感を抱えていたウィーン体制時代のドイツにおいて、クーパーが描く異国の冒険は庶民のつかの間の逃避の場となった（戸叶一〇六―一〇七)。ほどなくしてチャールズ・シールズフィールド(本名カール・ポストル)、フリードリヒ・ゲルステッカー、バルドゥイン・メルハウゼンといったドイツ作家が、みずからの手でアメリカ西部小説を書くようになる。この流れで登場したのが、のちにドイツの国民的作家になるカール・マイである。さらに、こうしたドイツ製アメリカ西部小説の成功が、ほかのヨーロッパ諸国の作家にも西部小説の執筆をうながした。これは一九六〇年代に西ドイツ西部劇の成功が、ほかのヨーロッパ諸国の映画人に西部劇の製作をうながしたのに似ている。代表的作家としては、フランスのギュスターヴ・エマール、イギリスのメイン・リードなどがいる(9)。

一八四〇年代末には、世界中の視線を米西部にあつめる大事件が起きた。コラム①で論じたカリフォルニア・ゴールドラッシュである。ジャコモ・プッチーニの『西部の娘』(一九一〇年)はこの出来事にもとづくオペラである。もうひとつ、一九世紀に米西部への関心を高めるのに貢献したものとして、ワイルド・ウェスト・ショーも見逃せない。バッファロー・ビルが一八八三年にはじめたサーカス的な野外演劇である。女性射撃手アニー・オークリーや先住民の戦士シッティング・ブルが出演したことでも知られる。ショーは米国内で絶大な人気をあつめたのち、ヨーロッパにも巡業し、多くのひとを熱狂させた。一八八七年にはヴィクトリア女王、一八九〇年にはレオ一三世がパフォーマンスを鑑賞した(10)。以上のように、クーパーの小説、ゴールドラッシュ、ワイルド・ウェスト・ショーをおもな契機として、一九世紀から米西部は世界に広まっていた。じつは二〇世紀の序盤にも、ヨーロッパの製作会社によって西部劇映画が作られており、なかにはヨーロッパで撮影されたものもある。フランスのゴーモン社の『死の鉄道(*Le Railway de la mort*)』(ジャン・デュラン監督、一九一二年)はその一例である。物語の舞台は米西部の草原だが、撮影は南仏のカマルグでおこなわれた（Veroeff 691）。こうした作品の背景には、ここで記した一九世紀以来の西部のグローバル化の歴史がひそむのだ。

グローバル・ウェスタンの世界

世界各国で作られた西部劇映画に話をもどそう。先述の『インターナショナル・ウェスタン』は四〇〇ページをこす大著である。このジャンルの領野は広大である。日本でもその全貌に迫る書籍が近々登場せねばならないだろう。そのための予備作業として、本章では数作品を紹介しておきたい。

まずはリーマ・バレット監督のブラジル映画『野性の男』（一九五三年）である。ブラジルには西部劇ならぬ北東部劇がある。ブラジル北東部の乾燥地帯では、一九世紀から二〇世紀にかけて大規模な旱魃が起き、農村部が貧困におちいった。また、そのなかでカンガセイロと呼ばれる盗賊が登場した。この時代背景を利用し、アメリカ西部劇を参照しながら作られたのが、北東部劇である。その先駆が『野性の男』であり、一九五三年のカンヌ映画祭で優秀活劇映画賞と特別音楽賞に選ばれた。物語はシンプルだ。ある村の女性教師（マリーザ・プラード）が盗賊団に連れ去られる。だが、彼女に恋をした盗賊のひとり（アルベルト・ルッシェル）が、首領（ミルトン・リベイロ）の目を盗み、命がけで彼女を村に連れもどそうとする。じつは『野性の男』はハリウッドの模倣作であるとして（製作会社のヴェラクルスは設立時にMGMなどハリウッドの映画会社を模範としていた）、のちにグラウベル・ローシャによって批判された。この批判から生まれたのがローシャ自身の傑作『黒い神と白い悪魔』

図4-1　『野性の男』

（一九六四年）や『アントニオ・ダス・モルテス』である。だが、かりに『野性の男』がハリウッドの模倣作だとしても、文明の進歩を礼賛するタイプの明るい西部劇ではないことは強調しておきたい。暗い画面、痛ましい暴力描写、厭世的な世界観、ひと言で言えばフィルム・ノワール的な要素が目をひくダークな西部劇であり、いまなお一見の価値がある。アンソニー・マンやラオール・ウォルシュの西部劇を彷彿とさせる岩山の銃撃戦があることもつけ加えておきたい［図4-1］。

　次に紹介するのは、オルドリッチ・リプスキー監督のチェコ映画『レモネード・ジョー　或いは、ホースオペラ』（一九六四年、以下『レモネード・ジョー』と表記）である。これから述べる概要からもおわかりいただけるかと思うが、知る人ぞ知る奇作である。主人公レモネード・ジョー（カレル・フィアラ）は歌うカウボーイにして、超絶的なガンマンである。[11] 彼は女性と愛を語らいながら、その合間に敵を（一瞥もくれることなく）撃ち殺すことができる。酒と暴力に染まった開拓町にやってきたジョーは、その美声と銃の力でふたつのものをもたらそうとする。ひとつは秩序である。もうひとつはソフトドリンクである。こうしてジョーは酒と暴力を町から一掃しようとするが、じつは彼には隠れた顔がある。ジョーはソフトドリンクを販売するコラロカ社のセールスマンであり、つまりは正義の使者である以前に、資本主義のエージェントなのだ。いま隠れた顔と言ったが、正確にはまったく隠れていない。ジョーは町にやってくるなり、コラロカ・レモネードを注文するが、コラロカ（Kolaloka）は明らかに資本主義の象徴たるコカ・コーラ（Coca-Cola）をもじった名称である。同時に、コラロカはスペイン語では「いかれたコーラ」を意味する（Mayer and Roche, Introduction 15）。一面において『レモネード・ジョー』は資本主義の風刺劇である。ではそこから共産主義の礼賛にむかうかといえばそうではなく、しだいに善悪もふくめてすべてがうやむやになるところが、二元論に傾きがちな西部劇にたいするおそるべき批評になっている。

今度はアジアに目を移し、ラメーシュ・シッピー監督のインド映画『炎』（一九七五年）を論じよう。『炎』の内容は、ひと言で言えばアメリカ西部劇『荒野の七人』（ジョン・スタージェス監督、一九六〇年）のリメイクである。つまり、盗賊の脅威にさらされた村を救う男たちの物語である。『荒野の七人』は黒澤明監督の『七人の侍』（一九五四年）のリメイクであるから、『炎』は『七人の侍』のリメイクのリメイクである。ただし、ヒーローの数は七人ではなく、ふたりである。ではヒーローの数が減ったぶん、上映時間も短くなったかというと、違う。『炎』のディレクターズ・カット版の上映時間は、『七人の侍』と同様にゆうに三時間をこす（ちなみに、『荒野の七人』は二時間強）。そのぶん余裕をもって描かれるミュージカルやアクション――黒澤明や、黒澤に影響を受けたサム・ペキンパーを思わせるスローモーションが多用される――こそが、このインド西部劇の醍醐味である。主演のダルメーンドルとアミターブ・バッチャンが結ぶ男同士の絆は、『荒野の七人』のハリウッド版リメイク『マグニフィセント・セブン』（アントワーン・フークア監督、二〇一六年）のイ・ビョンホンとイーサン・ホークの絆を凌駕するものであり、そこも見どころだ。先述の『レモネード・ジョー』は一九六〇年代のチェコで最大の興行収入をあげた映画だが、『炎』はインド映画史上の最大のヒット作のひとつであり、公開時、ボンベイ（現ムンバイ）のミネルヴァ劇場ではじつに五年以上のロングランを記録した。

グローバル・ウェスタンは一九六〇年代から七〇年代に数多く製作されたが、二一世紀に入りグローバル化が加速するなかで、ふたたび製作本数が増加している。その多くは実写映画であるが、ここではアニメーション映画をとりあげよう。レミ・シャイエ監督のフランス映画『カラミティ』（二〇二〇年）である。主人公は実在した男装の射撃の名手カラミティ・ジェイン。本名はマーサ・ジェイン・キャナリーである。ただし、映画が描くのはその少女時代である。この時期の彼女の記録は少ない。その空白を想像力で埋める形で、マーサの冒険物語が生まれた。映画はマーサの冒険を、そして彼女の成長をエピソード形式で描く。かつて日本アニメーションが製作したテレビアニメ「世界名作劇場」シリーズ（一九七五―九七年、二〇〇七―〇九年）を思わせる内容といえば、わかりやすいだろうか。本作の特徴は何よりもその絵のスタイルと色彩にある。キャラクターや事物の輪郭線は廃され、そこにベタぬりされた温かみのある色彩が、風景と不思議な交感関係をなす［図4-2］。わたしは日本公開時に映画館の最前列で本作を見たが、とくに夕暮れ時や星空のシーンには目と心を奪われた。西部劇の魅力は少なく見積もっても五〇パーセントは風景の描写にあるが、本作ではその新たな魅力を味わえる。フランスでは一九四〇年代にはじまった西部劇漫画（バンド・デシネ）の『ラッキー・ルーク』（一九四六年―）がいまだに人気をほこり、もともと子どもたちに西部の物語への関心があることも、つけ加えておきたい。また、本作は日本のアニメーションに影響を受けたフランスの西部劇アニメーションでもある。監督のシャイエは宮崎駿と高畑勲の影響を公言しており、とくにヒロインの造形に、その影響を読み取ることができる。

図 4-2 『カラミティ』

　本章の最後に、日本と西部劇の関係にも簡単に触れておこう。さきに二〇〇七年公開の『スキヤキ・ウエスタン　ジャンゴ』の名をあげたが、それに先立つ一九八〇年代と九〇年代にも『ビリィ★ザ★キッドの新しい夜明け』（山川直人監督、一九八六年）や『EAST MEETS WEST』（岡本喜八監督、一九九五年）が製作・公開された。

　さらに時代をさかのぼると、日本では一九五〇年代末から六〇年代初頭に、『ギターを持った渡り鳥』（齋藤武市監督、一九五九年）を皮切りに、日活で和製西部劇が製作された歴史がある。なかには海外で撮影がおこなわれた映画もある（メキシコ・ロケの『メキシコ無宿』〔蔵原惟繕監督、一九六二年、日活〕、オーストラリア・ロケの『荒野の渡世人』〔佐藤純彌監督、一九六八年、こちらは東映作品〕）。日本国内を舞台とする映画の場合、その場所は作品によって異なるが、そのひとつに北海道があったことは銘記に値する。大石和久が指摘するように、北海道はその広大な風景から、映画のなかで米西部、さらにはヨーロッパの平原に見立てられることがあった。また、北海道は明治時代以降、日本における開拓地ないしフロンティアであった（大石 五二、五五）。北海道が舞台の映画で問題となるのは、アイヌの描き方である。日活の和製西部劇『大草原の渡り鳥』（齋藤武市監督、一九六〇年）や東映の西部劇風時代劇『口笛を吹く無宿者』（山崎大助監督、一九六一年）では、西部劇におけるインディアンに相当する存在として、アイヌが登場する。もっとも、こうした事例を考えるとき、大石が指摘するように、次のことを忘れてはならない。「アイヌは〈それ自体〉として扱われることなく、インディアンの隠喩としての役割を担わされており、アイヌはその資格でのみこの映画〔『口笛を吹く無宿者』〕に登場するのである」（大石 五五）。

日本と西部劇または米西部の関係については、このほかにも、長谷川伸が生んだ股旅物と西部劇の影響関係、児童文学や漫画における『モヒカン族の最後』の受容、山川惣治や手塚治虫、松本零士やいがらしゆみこの西部劇漫画、戦後のカントリー・ミュージックの流行、日本におけるモニュメント・バレーの表象など、興味深いテーマが数多くある。[12]

以上の議論によって、西部劇が思いのほか国際的なジャンルであることが浮き彫りになったはずである。次章では現代アメリカの監督の西部劇をとりあげるが、そこでもグローバル・ウェスタンの視点が生きることになる。

（1）西部劇の定義については序章の注1を参照されたい。
（2）ソ連西部劇の最初期の例は一九二四年公開の『赤い小悪魔』（イワン・ペレスチアーニ監督）である。また、日本でもよく知られる作品としては、一九七〇年公開の『砂漠の白い太陽』（ウラジミール・モトゥイリ監督）がある。『砂漠の白い太陽』は公開後、ロシアとウクライナで登場人物の銅像が立つほどの人気映画となった。また、ソ連・ロシアの宇宙飛行士が打ち上げに先立って本作を鑑賞する伝統があることも有名である（Bohlinger 374）。『赤い小悪魔』も『砂漠の白い太陽』もそうだが、ソ連西部劇は、米西部開拓ではなく、ロシア内戦（一九一八―二三年）を物語の背景とする。多かれ少なかれ共産主義的なメッセージもふくまれる。そもそも公には西部劇とは呼ばれず、冒険映画に分類されていた。それにもかかわらず、作り手の頭のなかには西部劇があり、じっさいにテーマやアクションの演出に西部劇の影響があらわれている。『砂漠の白い太陽』の脚本家ワレンチン・エジョフ自身、脚本執筆時に西部劇を意識していたと証言している（Bohlinger 377）。共産圏の西部劇については、永富「1960年代の「第二世界西部劇」から眺望するグローバルな世界」も参照されたい。なお、一九五〇年代から八〇年代にかけて、ソ連で公開されたアメリカ西部劇は五本しかないが、それらは大変好評を博したという。とくに『荒野の七人』の人気は驚異的であり、映画館だけでなく競技場でも上映がおこなわれたという（Lavrentyev 110）。

（3）一方で、アメリカの西部劇もまた外国出身の映画人によって形成されてきた歴史があり、その点についても探究が必要だろう。そうした試みの一例として西森を参照されたい。

（4）『グッド・バッド・ウィアード』のタイトルは、スパゲッティ・ウェスタン『続・夕陽のガンマン』（セルジオ・レオーネ監督、一九六六年）の原題 *Il buono, il brutto, il cattivo*（英語では *The Good, the Bad and the Ugly*）から来ている。なお、ここで満州ウェスタンという呼称を使ったが、李英載によれば、一九六〇年代・七〇年代の一連の映画が満州ウェスタンと呼ばれるようになったのは、二一世紀に入ってからのことである。李自身は「大陸物」という当時の名称を使用している（李 七九―八〇）。

（5）映画における物語の舞台と撮影地の関係は、もともとある種のでたらめさをはらんでいるが、それにしてもアメリカの国家的アイデンティティの根幹をなす西部の風景が、ヨーロッパで撮影されてしまうのは、興味深い現象である。近年の例をひとつあげると、マーク・トウェインの『トム・ソーヤーの冒険』（一八七六年）の最新映画版の一作、『トム・ソーヤー&ハックルベリー・フィン』（ジョー・カストナー監督、二〇一四年）は、アメリカ人の心のふるさとであるミシシッピ川の存在を強調した映画だが、そこにじっさいに映される川はミシシッピ川で撮影されたものではない。アメリカの川ですらない。本作の撮影地はブルガリアである。いかにも資本主義的な現象だが、労賃の安い東ヨーロッパは一九九〇年代以降、撮影地として世界中の映画製作者の注目をあつめている。

（6）二階堂の著書の完全なタイトルは『イタリア人の拳銃ごっこ――マカロニ・ウェスタン物語』である。増補改訂版ではタイトルが『荒野とドルと拳銃と――極私的マカロニウェスタン映画論』に変更された。

（7）米西部の受容の実態はヨーロッパ各国で異なる。ドイツの場合、古くからアメリカ先住民への注目が高かったことが知られている。ほかのヨーロッパ諸国との遅れを挽回するべく、急激な近代化が進められたドイツにおいて、文明化の波にさらされるアメリカ先住民の姿は大いに共感を生むものだった（Rydell and Kroes 112）。これがドイツでアメリカ先住民が愛される、また物語のなかで肯定的に描かれるひとつの背景である。

（8）西部劇の国際性に目をむけたこのほかの研究書としては、クラインほか（Klein et al.）、パリシュ／レオ（Paryz and Leo）、ハミルトン／ロールズ（Hamilton and Rolls）などがある。

（9）一九世紀に米西部を描いたヨーロッパの作家については、クラクロフト（Cracroft）に詳しい。米西部の物語は二〇世紀以降も世界中の作家に影響をあたえつづけており、そこに注目することで見えてくるものも多い。たとえば、イギリスのグレアム・グリーンが脚本を執筆した『第三の男』（キャロル・リード監督、一九四九年）とグリーン自身による同名の原作小説（一九四九年）を西部劇との関係で読み解く佐藤元状（二九九―三一七）を参照されたい。また、一九・二〇世紀の旅行記に描かれた多様な「西部」をグローバルな視点から論じた研究書に、ローベル（Wrobel）がある。

（10）ワイルド・ウェスト・ショーに刺激を受けたイタリアの国民的作家がエミリオ・サルガーリであり、一九〇八年から一〇年には西部小説も発表した。有名な海賊ものもふくめ、サルガーリの冒険小説が二〇世紀後半のスパゲッティ・ウェスタンの源流にあると論じるのが、ウォン（Wong）である。

（11）トーキー化以後、ハリウッドではミュージカル映画が流行するが、西部劇もまた歌を取り入れた（それにともなって、ややソフトな男性性を提示するのがこの種の西部劇の特徴である）。このようにして登場したのが歌うカウボーイである。その代表的スターとして、ジーン・オートリーやロイ・ロジャースがあげられる。ジョン・ウェインも下積み時代に『伝説のガンマン』（ロバート・N・ブラッドベリ監督、一九三三年）で美声を披露している（吹替だが）。

（12）これらのテーマについては、たとえば佐藤忠男（一二一九―一一五〇）、鈴木、永富（Nagatomi, "Remapping Country Music in the Pacific"）を参照されたい。また、日本の西部劇についてより詳しくは北村（Kitamura）を参照されたい。日活の西部劇だけでなく、本書の第12章でも触れる伊丹十三監督の『タンポポ』（一九八五年）やそのほかの西部劇関連映画、山田洋次映画への西部劇の影響、さらには時代劇と西部劇の関係性などについても有益な議論が展開されている。

第5章

エスキモー・ジョーについて尋ねるドイツ人

タランティーノの西部劇

コルブッチの名料理

クエンティン・タランティーノ監督の『ワンス・アポン・ア・タイム・イン・ハリウッド』(二〇一九年)の主人公はリック・ダルトン(レオナルド・ディカプリオ)。テレビ西部劇の落ち目のスターである。あるときリックは、映画プロデューサーからこんな誘いを受ける。スパゲッティ・ウェスタンに出演してみてはどうか、と。

監督のタランティーノ自身は、この現代劇に先立って、スパゲッティ・ウェスタンの影響が色濃い西部劇をふたつ発表している。『ジャンゴ　繋がれざる者』(二〇一二年)と『ヘイトフル・エイト』(二〇一五年)である。本章では両作品の西部劇としての位置づけを考察する。『ジャンゴ　繋がれざる者』を論じるさいには、前章で導入したグローバル・ウェスタンの視点を活用する。

映画愛食家タランティーノの好物はスパゲッティである。タランティーノは自分の食した(見た)

スパゲッティ・ウェスタンについても何時間、いやおそらく何日も語りつづけられる。それほどまでに彼のスパゲッティへの愛は深い。

けれども、タランティーノはこのスパゲッティにふたつの不満がある。第一に、アメリカ南部を美化しがちであること。第二に、黒人の描写があまりに粗末だということ（タランティーノ 二八）。スパゲッティ・ウェスタンの名料理人のなかでも、タランティーノの舌を強く刺激するのはセルジオ・コルブッチである。三大セルジオのひとり、[1]コルブッチの作るスパゲッティは南部の味つけがほかの監督のスパゲッティとは異なる。決め手はファシズムの香りである。もちろん、ふんだんに使用されたニヒリズムもすばらしい。コルブッチは基本的に黒人を描かなかったが（『殺しが静かにやって来る』〔一九六八年〕のヒロインなどは例外）、これは賢明な判断だったとタランティーノは考えている。[2]それほどまでに彼はイタリア人監督による黒人の描写に信頼をおいていない。

前章で触れたとおり、スパゲッティ・ウェスタンは「イタリア人の拳銃ごっこ」である。かつてのアメリカ西部劇は、吉田広明も言うように、程度の差こそあれ、アメリカとは何か、西部とは何かという問いをふくんでいた（吉田 一八）。それがまたアクションのあり方を規定していた。その西部劇の生産地がアメリカでなくなったとき、そうした問いに関する制約がなくなり（というよりも誰もそれを気にしなくなり）、アクションが歴史と現実から離れて空高く飛翔した。じっさいにヒーローが宙を舞うこともある（『真昼の用心棒』〔ルチオ・フルチ監督、一九六六年〕のフランコ・ネロによる大回転ワゴン撃ち）。それがスパゲッティ・ウェスタンである。タランティーノがおもしろいのは、この「拳銃ごっこ」のスタイルを誰よりも深く愛しながら、同時にスパゲッティの素材として軽視されがちなアメリカ史にこだわっているからである。

西部の黒人

それにしても――イタリアのことはひとまずおくとして――なぜ西部劇なのに南部と黒人が問題なのか。それは『ジャンゴ　繋がれざる者』のエスキモー・ジョーとは何者か、という問題と大きく関わる。とはいえ、さきに確認しておくべきことがあるため、ジョーにご登場願うのはもう少しあとにしよう。

タランティーノ西部劇の第一作『ジャンゴ　繋がれざる者』は「スパゲッティ・ウェスタン＋ブラックスプロイテーション（黒人観客むけに製作された煽情的内容の映画）」の図式で説明されることが多い。だが、これは単純すぎる見方である。ここではまず、アメリカ史と映画史の観点から、西部と南部の問題をより丁寧に整理しておきたい。

一九世紀、西部は南部や黒人とわかちがたく結びついていた。そもそも南北戦争以前、南北問題の火種は西部にあった。西部に領土を広げ、新しい州を作る。そのとき問題になるのは、その州で奴隷制を認めるか否かである。これによって南北の勢力バランスが変わってくる。また、西部といえばカウボーイだが、南北戦争以前に黒人カウボーイが誕生している。テキサスでカウボーイの仕事をさせられる黒人奴隷がいたのだ。カウボーイの全盛期は南北戦争後の約二〇年間。そのかなりの数――四分の一という説もある――は黒人だった。カウボーイの一群を見ると、その全員が黒人ということも十分ありえた。南北戦争後の米先住民との戦いのなかでも、黒人は重要な役割をはたした。一八七〇年から九〇年までに一四の名誉勲章が黒人兵士に授与されている[3]。

以上に述べたアメリカ史は、一般にはさほど知られていない。その理由は、大衆文化の描く西部から黒人が消されてきたことにある。現実の西部には黒人の居場所があったが、神話の西部にはなかった。そのため一九五〇年代までのハリウッド西部劇には黒人はあまり登場しない[4]。登場したとしても、端役にすぎない。南部出身の白人はよく登場するが、そこで強調されるのは奴隷制の歴史よりも、南部紳士的な女性への献身や、南北戦争の敗戦の傷である。

だが、これとは別の見方もできる。じつのところ、西部劇は潜在的には古くから黒人問題をあつかってきた。二〇世紀の黒人問題について語りたくても語れないことを、西部劇は一九世紀の西部の物語に仮託してきた。たとえば、黒人をインディアンに置き換えて描いたり、観客や批評家がインディアンに黒人の姿を透かし見たりすることがあった[5]。タランティーノもこの点に注目している。あるインタヴューでは、インディアンの登場人物、とくにジェフ・チャンドラー演じる先住民のコーチーズを好意的に描いた『折れた矢』(デルマー・デイヴィス監督、一九五〇年)が、まさにそれゆえに黒人観客に歓迎されたと力説している(Tarantino 18)。

そろそろエスキモー・ジョーに登場してもらおう。『ジャンゴ　繋がれざる者』で名前だけ言及される黒人格闘奴隷である。ドイツ人のシュルツ(クリストフ・ヴァルツ)が奴隷主のキャンディ(レオナルド・ディカプリオ)にエスキモー・ジョーの名前の由来を尋ねる。すると、こんな答えが返ってくる。「奴の名はジョーで、ある日寒かったのかも」。じつのところエスキモー・ジョーは、アメリカとヨーロッパ、白人と黒人と先住民を結ぶ類まれな存在である。名前の直接の由来と思われるのは、コルブッチのスパゲッティ・ウェスタン『さすらいのガンマン』（一九六六年）の主人公ナバホ・ジョー。妻を殺した男に復讐する先住民のヒーローで、バート・レイノルズが演じた(6)。同時に、ダヴィド・ロシュが指摘するように、エスキモー・ジョーは、マーク・トウェインの『トム・ソーヤーの冒険』（一八七六年）の登場人物インジャン・ジョーも想起させる（Roche 58）。インジャン・ジョーは米先住民と白人の混血である。ロシュはさらに、エスキモー・ジョーは黒人だが、エスキモーという名前は白い氷の風景を連想させるとして、ここに〈白〉と〈黒〉の混淆も読み取っている（Roche 58）。ちなみに、『トム・ソーヤーの冒険』のインジャン・ジョーのモデルとされる実在の人物ジョー・ダグラスは、米先住民と黒人の混血である。シュルツがエスキモー・ジョーに「ブラック・ヘラクレス」というあだ名をつけるのも興味深い（Roche 58）。エスキモー・ジョー。画面に一度も登場しないこの男には、〈白〉と〈黒〉と〈赤〉の文化的血脈が複雑に混ざりあっている。

響きと怒り

つづいて『ジャンゴ　繋がれざる者』のオープニングに目をこらし、耳をすませたい。その予備作業として、別の西部劇のオープニングに触れておく。第2章でもとりあげたジョン・フォード監督の『捜索者』（一九五六年）である。『捜索者』のオープニングを特徴づけるのは、西部的な要素と南部的な要素の混淆である。舞台は一八六八年（南北戦争の終結の三年後）のテキサス。いかにも西部的な岩

図5-1　『捜索者』

石砂漠のなかから、カウボーイハットを被ったジョン・ウェインが馬に乗って登場するのだが、ウェインが羽織っている灰色のコートは南軍のものである〔図5-1〕。南部ということでより重要なのは音楽である。いずれも南軍と関係の深い《ロリーナ》と《ボニー・ブルー・フラッグ》が流れる。このオープニング以降は映像面では西部の要素が強調されるが、音響面では南部の要素が影のようにつきまとう（別のシーンでも南部や南北戦争関連の曲が効果的に使われている）[7]。目で見ているかぎりでは西部の物語。しかし、耳をすますと南部の主題が浮かび上がる。

　一方、『ジャンゴ　繋がれざる者』のオープニングの舞台は、一八五八年のテキサス。南北戦争の開戦の三年まえである[8]。まず観客の目に入るのは、スパゲッティ・ウェスタンを思わせる荒涼たる砂漠の風景。それに被さる音楽は、コルブッチのスパゲッティ・ウェスタン『続・荒野の用心棒』（一九六六年）の主題歌。ふりかえると、その主題歌が流れる『続・荒野の用心棒』のオー

図5-2 『ジャンゴ　繋がれざる者』

プニングでは、北軍の制服を着た白人のジャンゴ（フランコ・ネロ）が棺桶を引きずりながら歩いていた。(9) 一方、『ジャンゴ　繋がれざる者』のオープニングでは、南部の黒人奴隷たちが西部風の服を着た男に連れられている〔図5-2〕。その奴隷のひとりが主人公のジャンゴ（ジェイミー・フォックス）である（『続・荒野の用心棒』以来、スパゲッティ・ウェスタンの主人公の名はジャンゴが定番となったが、『ジャンゴ　繋がれざる者』では黒人の主人公にこの名があたえられた）。耳で聞いているかぎりではスパゲッティ・ウェスタン。しかし、目に映るのは南部と西部が奇妙に合体したイメージなのだ。(10)『ジャンゴ　繋がれざる者』のオープニングは直接的には『続・荒野の用心棒』にもとづくが、映像と音響で南部と西部を混淆させる戦略は『捜索者』に近い。タランティーノが近年、フォード嫌いを公言し、このアメリカ映画の先達を激しく批判していることを思えば、これは皮肉である。(11)

タランティーノにおける西部と南部。この問題を考える上で、ぜひ触れておきたいことがある。この映画監督の名前の由来である。監督の母コニーは彼を妊娠中、あるテレビ西部劇に夢中だった。『ガンスモーク』（一九五五―七五年）である。コニーのお気に入りは、バート・レイノルズ演じる白人と先住民の混血のキャラクター、クイント・アスパー。もっとも、息子にはクイントより、もう少しあらたまった名前をつけたいと考えていた。そんな折に彼女が読んだのが、ウィリアム・フォークナーの南部小説『響きと怒り』（一九二九年）。その登場人物の（クイントならぬ）クエンティン・コンプソンの名が息子にあたえられた。[12] このようにクエンティン・タランティーノは、テレビ西部劇と南部モダニズム小説の交差点で生まれた。その男がのちに監督作『ジャンゴ　繋がれざる者』で西部と南部を交差させるのは必然のなりゆきと言えようか。

もうひとつ興味深いエピソードを紹介しよう。先住民の血をひくとされるアメリカの白人の著名人は多い。クエンティン・タランティーノと、『ガンスモーク』でクイント役を演じたレイノルズは、ともにチェロキー族の血をひくとされる。名優レイノルズは惜しくも近年亡くなった。二〇一八年九月六日のことである。八二歳だった。心臓発作を起こす直前、レイノルズは出演予定だったある映画——主人公のモデルのひとりはレイノルズとされる——の台詞を練習していた。その映画こそは『ワンス・アポン・ア・タイム・イン・ハリウッド』にほかならない。タランティーノの人生のはじまりには、レイノルズのテレビドラマ『ガンスモーク』があった。レイノルズの人生のフィナーレには、タランティーノの映画『ワンス・アポン・ア・タイム・イン・ハリウッド』があった。

ザウアークラウト

タランティーノの好物はスパゲッティだけではない。彼はザウアークラウトも好んでいる。つまり、イタリア西部劇よりもさきに成功した西ドイツ西部劇の影響も見られる。ドイツの作家カール・マイの西部小説にもとづく一連の映画シリーズである（前章で触れたとおり、第一作は『シルバーレイクの待伏せ』〔ハラルト・ラインル監督、一九六二年〕）。

マイの小説ではドイツ人とインディアンが友情を結ぶ。これが『ジャンゴ　繋がれざる者』のドイツ人と黒人の友情のもとになった。インディアンから黒人へ。タランティーノの前作『イングロリアス・バスターズ』（二〇〇九年）にその伏線がある。劇中でおこなわれるカードゲームのなかに、マイが描いたインディアンのヴィネトゥと、アフリカからアメリカに連れてこられた黒人奴隷（とその象徴たるキング・コング）への言及が見られるのだ。マイは、西部小説を書きはじめた時点では一度もアメリカをおとずれたことがなかった。その彼が自作の模範としたのは、ジェイムズ・フェニモア・クーパーの「レザーストッキング物語」シリーズ（一八二三―四一年）である。クーパーの小説では白人とインディアンが友情を結ぶ。議論を整理するとこうなる。クーパーの小説のアメリカ人とインディアンのコンビが、マイの手でドイツ人とインディアンのコンビに変換され、さらにそれがタランティーノの手によって、ドイツ人と黒人のコンビに変換されたのだ。

また、『ジャンゴ　繋がれざる者』には、ドイツの叙事詩『ニーベルンゲンの歌』への言及がある。この両作品の照応関係を分析する論考は多い[13]。じつのところ、ギリシャ悲劇であれ、シェイクスピア演劇であれ、ドストエフスキー文学であれ、世界文学は何でも西部劇になりうる（じっさいこのすべてが混淆してできた西部劇がアンソニー・マン監督の『復讐の荒野』〔一九五〇年〕である）。『ニーベルンゲンの歌』も海をこえて西部劇になったのである。『ニーベルンゲンの歌』といえば、サイレント時代にこれを大作映画にしたフリッツ・ラングが思い浮かぶ。ラングがカール・マイ小説の大ファンであったことも興味深い。[14] ラング自身と西部劇の関係を補足しておこう。ラングは『ニーベルンゲン』二部作（一九二四年）よりもまえに西部劇的なシーンをふくむ冒険映画『蜘蛛』二部作（一九一九―二〇年）を撮り、アメリカに渡ってからは最初の作品『激怒』（一九三六年）で米先住民に再三言及し、さらにその後は三本の西部劇を監督した[15]（『地獄への逆襲』〔一九四〇年〕、『西部魂』〔一九四一年〕、『無頼の谷』〔一九五二年〕）。ラングは次のような言葉をのこしている。「西部劇はたんにアメリカの物語というだけではない。アメリカにとってそれはヨーロッパ人にとっての『ニーベルンゲンの歌』のようなものだ」（Endter 330）。別の言い方をすれば、西部劇は神話をもっていなかったアメリカが独自に築いた神話である。タランティーノは『ジャンゴ　繋がれざる者』でドイツ神話に言及しながら奴隷制を描き、西部劇と呼ばれるアメリカ神話を撃った。[16]

レッドロックへの最後の駅馬車

タランティーノのもう一本の西部劇『ヘイトフル・エイト』に話を進めよう。ここでもタランティーノは駅馬車という西部劇の神話的乗り物に、奴隷制という爆弾を持ち込んだ。フォードの古典西部劇『駅馬車』（一九三九年）では、善良な心の白人脱獄犯（ジョン・ウェイン）が駅馬車を停止させ、それに乗り込むが、『ヘイトフル・エイト』では、北軍の制服を着た黒人の賞金稼ぎウォーレン（サミュエル・L・ジャクソン）が駅馬車を停止させ、それに乗り込む。時代設定は南北戦争後の一八七〇年代。[17] ウォーレンが乗り込むまえに、その駅馬車を借りきっていた男がいる。白人の賞金稼ぎルース（カート・ラッセル）である。彼もまた北部の人間である。ルースは賞金首のデイジー（ジェニファー・ジェイソン・リー）を連れていた。旅の途中で、さらに別の男が駅馬車に乗り込む。マニックス（ウォルトン・ゴギンズ）である。南軍側のゲリラをひきいた人物の息子である。

このあと、駅馬車のなかで南北をめぐる口論が勃発する（それが避けがたいものであることは、上記の登場人物の略述から明らかだろう）。これは『駅馬車』に似ている。フォード西部劇では、元北軍の医者（トーマス・ミッチェル）と、元南軍の賭博師（ジョン・キャラダイン。『キル・ビル』二部作［クエンティン・タランティーノ監督、二〇〇三—〇四年］でビルを演じたデイヴィッド・キャラダインの父）が口論になる。『駅馬車』の時代設定は一八八〇年代と推測される。南北戦争の終結から約二〇年がたつが、まだ南北の対立がつづいている。ただし、『駅馬車』には黒人奴隷への言及はないし、黒人もいっさい登場しない。『ヘイトフル・エイト』では黒人自身が南北戦争を語るのが特徴である。

だが、『駅馬車』には黒人こそ登場しないが、南部と人種差別の結びつきは見られる。元南軍の賭博師は駅馬車がアパッチ族の襲撃を受けたとき、彼が慕う貴婦人（ルイーズ・プラット）に拳銃をむける。インディアンに囚われた女性には、おそろしい運命が待ち受けている。その運命を回避するために、最後の銃弾を彼女のためにのこしておく。[18] そのような人種差別（と女性崇拝という名の女性差別）に根ざした行為である。後年の『捜索者』では、あろうことかジョン・ウェイン演じる元南軍の主人公が自分の姪（ナタリー・ウッド）——コマンチ族にさらわれ、族長と結婚した——を殺害しようとする。先述のとおり、西部劇で南部出身の人物が登場するさい、南部紳士的な女性への献身などが強調されることはあっても、奴隷制や人種差別への言及はまれである。しかし、フォードの西部劇は違う。南部と人種差別の結びつきが強調される。

『ヘイトフル・エイト』についてさらに考察を進めよう。タイトルの『ヘイトフル・エイト』は、これまた有名な西部劇『荒野の七人』（ジョン・スタージェス監督、一九六〇年）の原題 *The Magnificent Seven* をもじったものである。なぜセヴンではなくエイトなのか。それは登場人物が八人である以前に、本作がタランティーノの第八長編だからである。思い返せば、『荒野の七人』はアメリカ人がメキシコでヒーローになる物語だった。『ヘイトフル・エイト』はこれとはまったく異なる。それはアメリカ人とメキシコ人、さらにイギリス人がひとつの店のなかで殺し合う物語である。タランティーノが参照したであろう作品としてよく言及されるのは、ジョン・カーペンター監督の『遊星からの物体X』（一九八二年）、『そして誰もいなくなった』（一九三九年）をはじめとするアガサ・クリスティの推理小説、ユージン・オニールの戯曲『氷屋来たる』（一九四六年）など。『ヘイトフル・エイト』はこうした作品が西部劇と合体している点でも注目に値する。

だが、本章の文脈上、もっとも重要と思われるのは、映画の最後のシーンで、はからずもエスキモー・ジョー的な現象が生じることだ。つまり〈白〉と〈黒〉と〈赤〉の交差が見られるのである。この場合、ひとりの人間ではなく、ひとつの空間（店）においてである。それはおもに三名の人物によって実現される。ひとりは白人保安官のマニックスである。もうひとりは黒人賞金稼ぎのウォーレンである。のこるひとり、つまり〈赤〉の人物は誰か。それは白人犯罪者だが、血で顔が真っ赤に染まった（いわばレッドフェイスの）デイジーである［図5-3］。女の顔を血で染め上げる[19]、そのインスピレーション源は、タランティーノが愛好する映画『キャリー』（ブライアン・デ・パルマ監督、一九七六年）だろう。『キャリー』の原作小説はスティーヴン・キングのデビュー長編である（刊行は一九七四年）。ちなみに、キングはある箇所で、血で顔が赤く染まったキャリーを戦闘化粧をしたインディアンにたとえている[20]（キング二一九）。

さらに付言しよう。マニックスとウォーレンは、「首吊り人」ことルースの意思を尊重し、この「赤い女」デイジーを縛り首にする。ふたりがそのあとにリンカーンの手紙（贋物）を読むのは、一九世紀アメリカ史を考えると不気味である[21]。ここでふりかえりたいのは、南北戦争中の一八六二年に起きたダコタ戦争のことである。約束された食料の支給を受けられず、飢餓状態となったサンティ・スー族が、ミネソタの入植者にたいして蜂起し、多数の殺害をおこなった。その後、軍と戦闘になる。このダコタ戦争ののち、粗雑きわまる裁判によって、部族の三〇三名が死刑判決を受けた。ときの大統領はリンカーン。元弁護士の彼は裁判記録をみずから精査し、そのうちじつに二六五名の恩赦を命じたが、のこりの三八名はロープに吊るされた[22]。アメリカ史上最大の集団処刑である。一八六二年のクリスマスの翌日だった。

図 5-3 『ヘイトフル・エイト』

劇中で《きよしこの夜》が演奏され、リンカーンの手紙が読まれる西部劇『ヘイトフル・エイト』は、ダコタ族の一斉処刑から約一五〇年後のクリスマスに全米公開された。デイジーが処刑される最終章のタイトルは「黒い男　白い地獄」。ふりかえれば、第一章のタイトルは「レッドロックへの最後の駅馬車」だった。

（1）のこりの二名のセルジオはセルジオ・レオーネとセルジオ・ソリーマである。

（2）もっとも、ジュゼッペ・コリッツィらのスパゲッティ・ウェスタンの黒人表象を肯定的に評価する論者もいる。ブロートン（Broughton）の第六章を参照されたい。

（3）この節の黒人カウボーイと兵士の記述にあたっては、パインズ（Pines）と鶴谷（二三五―二四五）を参照した。ここで鶴谷が述べるとおり、カウボーイは多様な人種と国籍（日本人もふくまれる）から構成されていた。『ヘイトフル・エイト』ではウォーレンが先住民との戦いで軍功をあげたことが語られる。劇中でウォーレンが先住民の毛布を膝にかけた元南軍の将軍（ブルース・ダーン）を殺すのも示唆的である。

（4）公民権運動の高まりを受け、一九六〇年代になって、ようやくハリウッド西部劇でも黒人の登場人物の存在感が増した。『バファロー大隊』（ジョン・フォード監督、一九六〇年）、『砦の29人』（ラルフ・ネルソン監督、一九六六年）、『100挺のライフル』（トム・グリース監督、一九六九年）、さらにはシドニー・ポワチエが主演だけでなく監督もつとめた『ブラック・ライダー』（一九七二年）などが具体例である。西部劇と黒人というと、この時代の西部劇に目がむきがちだが、一九〇〇年代から四〇年代末の黒人劇場専用映画や、七〇年代のブラックスプロイテーション映画のなかにも西部劇があったことを強調しておきたい。前者の例としては『ハーレムから来た二丁拳銃の男（*Two Gun Man from Harlem*）』（リチャード・C・カーン監督、一九三八年）、後者の例としては『ブラック・サンダー』（マーティン・ゴールドマン監督、一九七二年）がある。この点についてもパインズ（Pines）を参照されたい。

（5）ただし、映画のなかのインディアンを黒人の代役と見なすことが、米先住民問題の軽視につながるという批判もある。ニール（Neale 8-28）を参照されたい。

（6）レイノルズは『さすらいのガンマン』ののちに、別のジョーを演じた。白人と先住民の混血のヤキ・ジョー・エレラである。作品はハリウッド西部劇だがスペインで撮影された『100挺のライフル』である。

（7）『捜索者』の音楽の歴史的背景についてはカリナック（Kalinak 158-160）を参照されたい。

（8）字幕では二年まえと表記されている。

（9）もっとも『続・荒野の用心棒』にもほどなくして南部のイメージが登場する。KKKを思わせる白頭巾ならぬ赤頭巾を被った元南軍の人種差別主義者たちである。

（10）『ジャンゴ　繋がれざる者』における西部的な要素と南部的な要素の混淆についてはパケ＝デーリス（Paquet-Deyris）を参照されたい。

（11）タランティーノ自身の発言についてはゲイツ（Gates 188）を参照されたい。タランティーノはフォード映画の白人中心主義を批判したが、かなり一面的な内容である。この点を指摘し、フォードを擁護したのが、ジョーンズ（Jones）である。

（12）『響きと怒り』にはクエンティン・コンプソンという同名の伯父と姪が登場するが、コニーにインスピレーションをあたえたのは姪のほうである。コニーは自分の子が男でも女でもクエンティンと名付けるつもりだったと述べている（Dawson 17）。このコニーの発言にも触れつつ、フォークナーとタランティーノを比較したのが大地（二〇二一―一五九）である。

（13）たとえばヴェーバー（Weber）を参照されたい。

（14）ヘルマン・ヘッセからアルベルト・アインシュタインまでマイ小説の愛好家は広範囲にわたる。アドルフ・ヒトラーもそのひとりであるのは有名である。『カリフォルニアの帝王（*Der Kaiser von Kalifornien*）』（ルイス・トレンカー監督、一九三六年）など、ナチ政権下でも娯楽西部劇が製作されたことを付言しておこう。それらはナチ西部劇と呼ばれることもある。
（15）ラングと西部劇の関係についてはワーグナー（Wagner）を参照されたい。
（16）『ジャンゴ　繋がれざる者』におけるドイツ的なものを奴隷制度の対抗言説として仔細に読み解いたのが髙村である。
（17）脚本では六年後または八年後または一二年後と記されている。
（18）『駅馬車』にこれに関する説明はいっさいないが、「最後の銃弾」は西部劇の約束事のひとつであるから、当時の観客は瞬時にその意味を理解したはずである。
（19）『ワンス・アポン・ア・タイム・イン・ハリウッド』でもタランティーノは、ひとりのヒッピーの顔を血で染めている。
（20）別の箇所ではブラックフェイスにもたとえている（キング二二三）。
（21）基本的にはサディズムと女性嫌悪が濃厚なシーンだが、宙に浮くデイジーに天使のイメージがあたえられる点などを指摘し、そこにアイロニーを読み取るのがムーディー（Moodie 234）である。
（22）ダコタ戦争の舞台となったミネソタの世論は、三〇三名全員の処刑を求めるものが圧倒的多数だった。そのなかで二六五名に恩赦を出したリンカーンの決断を人道主義的なものとして評価するむきが多い。もっとも、リンカーン自身が途中で死刑の基準を変更し、結果として人数が増加したことや、戦争後にミネソタの先住民に強制移住が課されたことに、リンカーンの妥協や限界を見る論者もいる。リンカーンとダコタ戦争に関する諸言説については、マンシュ（Mansch）が参考になる。

第6章 探偵ホームズは先住民

足跡をめぐる米英豪文学・映画史

足跡を読む

アメリカの脚本家テイラー・シェリダンは、二〇一五年以降の三年間に、フロンティア三部作と呼ばれる現代西部劇を立てつづけに発表した。『ボーダーライン』（ドゥニ・ヴィルヌーヴ監督、二〇一五年）、『最後の追跡』（デイヴィッド・マッケンジー監督、二〇一六年）、『ウインド・リバー』（テイラー・シェリダン監督、二〇一七年）である。

三作目の『ウインド・リバー』はシェリダン自身の初監督作でもある。これは苛烈な現代西部の物語で、舞台はワイオミング州の先住民保留地ウインド・リバー。雪山で若い先住民女性の遺体が発見される。物語は彼女の死の謎をめぐって展開し、そのなかで先住民女性への性暴力の実態が明かされる。ここ一〇年ほどで製作された広義のウェスタンのなかでも、とくに注目すべき一作である。先住民への暴力は過去のものではなく、現在もつづいている。そのことを痛烈な形で描く作品である。も

図 6-1 『ウインド・リバー』

図 6-2 『ウインド・リバー』

っとも、事件の謎を解くのは白人であり、先住民はあくまで脇役にすぎない。この点から、これもまた古くからある白人の救世主型の映画、つまり白人が非白人を救出するたぐいの映画にすぎないという批判もある。

ところで、『ウインド・リバー』には次のような描写がある。ジェレミー・レナー演じる野生生物局の職員が、義父の先住民男性(アペサナクワット)と一緒に、動物の足跡を観察し分析する。上の図はそのふたりであり〔図6-1〕、下はピューマの足跡である〔図6-2〕。その後、主人公は単独で雪山にむかい、そこで今度は人間の足跡を発見する。この足跡の追跡が女性の遺体発見につながり、事件の捜査も足跡や乗り物の跡を手がかりにおこなわれる。とはいえ、後半に息がつまるような展開がまっている映画である。じっさいに映画を見たことがある方でも、前半の足跡の描写を鮮明に覚えている方は少数かもしれない。もっとも、この描写はそれ自体、ある文学史的な伝統――いや、むしろ文学史的な足跡と言うべきか——にそった意義深いものである。それをたどるのが、本章におけるわたしたちのプロジェクトである。

荒野の探偵団

すでに本書で何度も言及しているジェイムズ・フェニモア・クーパーの『モヒカン族の最後』（一八二六年）を、ふたたび手にとる必要がある。この古典小説のある章では、猟師のホークアイ、モヒカン族のチンガチグックとアンカスの三人が、敵にさらわれた者を捜索中に、森のなかの足跡を細かく読み解く。クーパーはその様子を克明に描き出す。じっさいのところ、足跡の分析にこれほど語数を消費する小説もめずらしい。なにしろ章の前半部のほとんどが、足跡の描写についやされているのだ。その一部を抜き出してみよう。

「ほら、いいですか。黒い髪をした娘さん〔コーラ〕は、氷の国へ向かっています」と、アンカスはいい、北と南を指差した。どちら側にも、大きな足跡がはっきりとついていた。

「猟犬だって、これほどみごとに足跡を追いかけたことはあるまい」と、ホークアイはいい、すぐにアンカスが示した道の方へ突進した。「おれたちはついているぞ。すごくついているぞ。これなら、鼻をあげたままで後を追っていける。見ろ、ここによたよた歩いている三頭の馬の足跡がある。このヒューロンのやつは、白人の将軍みたいに旅をしている。こいつは、頭が狂って

るぞ！　よく見てみろ、車輪の跡がついている、チンガチグック」　（クーパー下巻七〇―七一）

先述の『ウインド・リバー』の足跡をめぐる描写の原型が、ここにある。二〇〇年近いときをこえて、伝統が受け継がれている。ただし、次のことに注意せねばならない。『モヒカン族の最後』では、白人（ホークアイ）と先住民（チンガチグックとアンカス）は一緒になって足跡を探し、分析する。分析は白人がすることが多いが、重要な発見は先住民がおこなう。一方、『ウインド・リバー』では、先住民が足跡に関与するのは最初のみであり、あとの仕事は白人にまかされる。先住民の追跡能力が白人に流用されていると述べれば、言いすぎだろうか。

さらに考察を進めよう。『モヒカン族の最後』にはじまる足跡の文化史には、じつはアメリカ一国にはおさまらない、国際的な広がりがある。その越境的な歴史を紐解いていこう。

第4章で指摘したとおり、クーパーは早くからヨーロッパの作家に影響をあたえた。そこでは述べなかったが、なかでもクーパーの足跡解読の描写は強い関心をあつめ、それを自作に取り入れる作家も登場した。代表例として、フランスのオノレ・ド・バルザックやエミール・ガボリオがいる。ガボリオは名探偵ルコックの生みの親であり、アメリカのエドガー・アラン・ポーとともに、アーサー・コナン・ドイルに多大な影響をあたえた。そこから生まれたのがイギリスの名探偵シャーロック・ホームズである。[1] 興味深いことに、ホームズは、ガボリオのルコック同様、足跡解読に長けた探偵である。長編第一作『緋色の研究』（一八八七年）でホームズは、「そもそも探偵学の分野で、この足跡を鑑定する技術ほど重要でありながら無視されているものはないんだよ」（ドイル　二〇七）と述べ、じっさいにその技術で難事件を解決に導く。ともあれ、重要なのは、ホームズの足跡の分析力のもとをたどると、ガボリオのルコックを経由して、クーパーの描くアメリカ先住民の姿が見えてくることだ。

イギリスの推理作家ドロシー・L・セイヤーズは一九二八年刊行の『探偵・ミステリー・恐怖短編小説傑作選』の序文のなかで、クーパーの世界ミステリ史上の功績をいち早く評価している。昨今のグローバル・ウェスタン論の先駆けがここにある。

〔…〕クーパーは、インディアンが忍耐強く巧みに足跡をたどって獲物に近づいたり、折れた小枝、こけむした木の幹、一枚の落ち葉ものがさず調べ上げるありさまを、東西両半球の少年たちの前にくりひろげて喜ばせた。少年の空想はもえ上がった。子供はみなアンカス酋長やチンガチグークになりたがった。小説家たちは創作の面でクーパーに追随したり模倣したりすることには甘んじないで、森林地帯の追跡者の物語を自分たちの国の環境に移植することによって、よりよい方法を見出した。

（セイアズ〔セイヤーズ〕五一―五二）

ここでふたたびドイルの『緋色の研究』を手にとり、名探偵ホームズがワトスンに足跡解読を披露する箇所を読んでみよう。

きみも知っているように、ぼくは頭の中をまったく白紙の状態にして、しかも歩いて、あの家に近づいていった。もちろん道路のところから調べ始めていたわけだがね、すでにきみにも話したように、馬車の轍を発見し、それが夜のあいだにできたものだと確認した。しかも、車輪の幅が狭いから、自家用車ではなく辻馬車であることもわかった。ロンドンの辻馬車は、ブルーム型の自家用馬車より車輪の幅がかなり狭い。
これが最初の収穫だった。それから庭の小道をゆっくり歩いていくと、運よくそこの土は足跡がはっきりと残る粘土質だった。きみにはただの踏み荒らされた泥道としか見えなかったかもしれないが、訓練を積んだぼくの目にはひとつひとつの足跡にいちいち意味があったんだ。

（ドイル 二〇七）

この一説を念頭において『モヒカン族の最後』を読みなおすと、いかにこのクーパーの小説が探偵小説を先取りしているかがわかる。じっさい『モヒカン族の最後』の三人の目にも、「ひとつひとつの足跡にいちいち意味があ」る。彼らは荒野の探偵団である。アンカスが川底についたモカシンの足跡を発見したあと、ホークアイはこう推理する。

〔…〕これはヒューロンの足跡じゃない。踵に体重がかかりすぎているし、爪先がかくばっている。フランス人の踊り子がひとり混ざっているみたいだ。これは、ハトが飛びたつときのような足だ。アンカス、駆けもどって、歌の先生の足の大きさをはかってきてくれ。向こうの岩の反対側の丘の斜面に、先生のはっきりとした足跡があるからな。

（クーパー 下巻七五）

ホークアイの予想どおり、川底の足跡と丘の斜面の足跡は大きさが一致する。このようにしてホークアイは見抜くのである。歌の教師デイヴィッドがモカシンをはかされ、先頭を歩かされ、その足跡の上をヒューロン族が注意深く歩いたということを。完璧な推理である。

クーパーの影

一方、同じアメリカの作家でありながら、クーパーのことを毛嫌いした作家がいる。マーク・トウェインである。トウェインは抱腹絶倒のエッセイ「フェニモア・クーパーの文学的犯罪」（一八九五年）で、クーパーの文学を徹底的にこき下ろした。

クーパーの芸術にはいくつかの欠陥がある。『鹿殺し』のある箇所で、それも三分の二ページという限られたスペースのなかで、文学という芸術に対して犯しうる一一五の罪のうち一一四をクーパーは犯している。記録破りと言うほかない。

（トウェイン「フェニモア・クーパーの文学的犯罪」一八八一）

このあとトウェインは、「冒険物語の芸術を統制している規則」を一九も列挙し、クーパーは『鹿殺し』で一八に違反したと述べ、その逐一を指摘していく。そのひとつひとつがおもしろいのだが、総じて言えば、トウェインがここでおこなっているのは、リアリズムの視点からのクーパーのご都合主義批判――現実的に考えて、そんなことはありえないという批判――である。『モヒカン族の最後』の追跡の場面についても、やはりご都合主義的な展開を批判している。なお、以下の文でトウェインがチンガチグックの名前を読みまちがえているのは、わざとである（そもそも足跡を発見するのは、チンガチグックではなく、アンカス）。

たとえば、彼の描く鋭敏なるインディアンの達人の一人 Chingachgook（シカゴ、と読むのだと思う）が森の中である人物を追っていて、その人物の足跡を見失う。どうやらその足跡は、もはや取り返しようもなく失われたらしい。あなたも私も、それをどうやって見つけたらいいか、いくら考えてもわかるまい。しかしシカゴは違う。シカゴが立ち往生していたのはほんの一瞬にすぎない。シカゴが小川の流れを動かすことによって、元の川底の泥に、件の人物の鹿革靴の足跡が現れるのである。川の流れも、普通なら足跡を洗い流していたところだろうが、ここではそうしなかった。そう、自然の永久の法則すらも、森で生きる手練れをめぐる精緻なペテンをクーパーがかます際には譲歩を余儀なくされるのである。

（トウェイン「フェニモア・クーパーの文学的犯罪」一八七）

ただし、ここでも注意が必要である。竹内康浩が言及するように、じつはトウェインは「足跡に取り憑かれた」（竹内 四八）作家であり、自作で頻繁に足跡とその追跡を描いた。[2] さらに、トウェインはもともとクーパーの熱心な読者であり、作品にクーパーの影が頻繁に見られることも指摘されている。[3] トウェインの足跡への関心も、彼が批判したクーパーに由来する可能性は十分にある。
さらに、である。トウェインは後年、アメリカではなくオーストラリアの先住民アボリジニに言及し、その追跡能力を褒めたたえた。一八九七年刊行の南半球旅行記『赤道に沿って』から注目すべき一節を引こう。

アボリジニの追跡能力は白人とか有色人種とかにかかわらず、他の人々があまり持ち合わせていない特殊技術である。追跡という作業において、彼らは鋭い洞察力、賢明さ、観察の細かさと正確さをあますところなく発揮するのだ。（トウェイン『赤道に沿って』下巻一六六）

トウェインは「洞察力」や「賢明さ」といった単語を使っている。つまり、アボリジニの追跡能力をたんなる身体能力ではなく、一種の知性として評価している。そればかりではない。「追跡という作業」という表現もある。原語は detective-work である。これは行方不明の人間や動物を探し当てる（detect）ことをさすが、detective という単語は当然ながら探偵という職業も想起させる。この単語に導かれるようにして、トウェインはさらにこう述べる。

いったい、どうして牛の足跡の違いがわかるのか？ 違いがあることは確かだ。そうでなければ、この追跡者はつきとめることができなかっただろう。しかし、その違いははっきりしない、ほんのかすかなもので、普通の人どころか、シャーロック・ホームズにだって、見分けがつかないだろう。白人たちから知性という等級ではいちばん下に位置づけられてしまった人々のひとりには、その見分けがつくのである。

（トウェイン『赤道に沿って』下巻一六六）

このようにトウェインは『赤道に沿って』で、アボリジニを一種の探偵として評価した。あの伝説のホームズにも勝る探偵として[4]。そこで次に考えてみたいのは、じっさいにアボリジニを探偵として描く文学作品のことである。

先住民探偵の誕生

トウェイン自身がのこした探偵物語に、『二連発探偵物語』（一九〇二年）がある。ドイルの『緋色の研究』のパロディ作品で、舞台はアメリカ西部である。アーチーという探偵が、ホームズと推理対決をして勝利をおさめる。注目すべきことに、アーチーは白人だが、すぐれた追跡能力をもつ。『赤道に沿って』の記述をふまえれば、トウェインがアーチーを描くさい、その頭のなかにオーストラリアのアボリジニがいたというのは、ごく簡単な推理である[5]。

その後、一九二〇年代末になって、アボリジニの血をひく主人公が探偵の役割をはたす小説シリーズが生まれた。アーサー・アップフィールドの手になる「ナポレオン・ボナパルト警部」シリーズだ。第一作は『バラキー牧場の謎（*The Barrakee Mystery*）』（一九二九年）。このあと最終作『フローム湖の怪物（*The Lake Frome Monster*）』（一九六六年）まで、ボナパルト警部（通称ボニー）が登場する長編小説は全部で二九作発表された。アップフィールドは一八九〇年にイギリスに生まれ、一九一一年にオーストラリアに移住した(6)。さまざまな職を転々としたのち、作家となった。ボナパルト警部のモデルになったのは、アップフィールドと親交のあったレオン・ウッドという人物である。ボナパルト警部と同様、アボリジニの母と白人の父をもつ男であり、トラッカーとしてクイーンズランド州警察に雇われていた。トラッカーとは、追跡能力に長けたアボリジニをさす。アップフィールドはあるときこのトラッカーのレオンと本の交換をした(彼らは読書の趣味を共有していた)。そのなかの一冊がナポレオン・ボナパルトの伝記だった。このとき、アップフィールドに霊感がおとずれ、レオンをモデルに、ナポレオン・ボナパルトという名の警部を主人公とする小説が胚胎した(アップフィールドはこれ以前にも探偵小説を書いていたが、主人公は白人だった[Browne 31-32])。

さて、すでに見たように、一九世紀ミステリ小説では、ルコックやホームズといった探偵が、足跡解読によって難事件を解決した。この白人探偵たちの能力は、おおもとをたどると、クーパーの小説のアメリカ先住民に行きつく。その意味で先住民探偵はいつ誕生してもおかしくなかった。それがアメリカではなくオーストラリアの先住民の探偵として、ようやく二〇世紀の前半に実現したのである。

まだ話は終わらない。ここで先住民探偵の歴史はふたたび海をこえる。アップフィールドの小説を少年時代にオクラホマで読み、深く感銘を受けた人物がいる。彼はのちに作家になり、アップフィールドを手本に、しかし物語の舞台はアメリカ西部に変えて、先住民を主人公とする探偵小説を生み出した。トニイ・ヒラーマンである。その代表作が、ナバホ族警察のジョー・リープホーンとジム・チーが活躍する「ナバホ」シリーズである。第一作は『祟り』(一九七〇年)。ヒラーマン自身の手によって全部で一八作が刊行され、二〇〇八年に彼が逝去したのちは、娘のアン・ヒラーマンがシリーズを書き継いでいる。アップフィールドに受けた影響を述べた文章のなかで、ヒラーマンが次のように記しているのがおもしろい。「私の描いたナバホ族警察のジム・チーが、部族の風習の理解を生かして謎を解くとき、また保留地の小峡谷の底にのこされた証拠を読み取るとき、チーは〔アップフィールドの描いた〕ボニーが五〇年まえにつけた足跡の上を歩いているのだ」（Hillerman 29, 傍点引用者）。それでは、アップフィールドやヒラーマンが創出した先住民探偵たちは、足跡解読に長けているのだろうか。答えは当然イエスである。まずはアップフィールドの『ボニーと砂に消えた男』（一九三一年）の一節を読もう。「他人の足跡をつけていく業にかけては彼〔ボニー〕の右に出る者はなかったが、そのために自分の足跡を隠すやり方もそれに劣らずうまくなっていたのだ」（アップフィールド三四）。次にヒラーマンの『死者の舞踏場』（一九七三年）の一説を読もう。「リープホーンの知る限りでは、追跡者として彼より有能な者はいないはずであった。ズニや白人の及ぶところではないのである」[7]（ヒラーマン二〇五）。

オーストラリア西部劇の傑作

しばらく文学を中心に話を進めてきたが、本章の最後にオーストラリアのトラッカーを描く映画に触れておきたい。ミステリの要素が強いわけではないが、本章の文脈上、言及しないわけにはいかない作品である。オーストラリアの監督ロルフ・デ・ヒーアの一作で、タイトルはその名もずばり『トラッカー（*The Tracker*）』（二〇〇二年）である。

まず確認しておくと、オーストラリアの荒野は、世界的に見て西部劇に類する映画を撮るのに最適の場所のひとつである。じっさい、映画史初期から多くのオーストラリア西部劇が生み出されてきた。よく知られる近年の映画としては、『プロポジション　血の誓約』（ジョン・ヒルコート監督、二〇〇五年）がある。一九七〇年代にはデニス・ホッパー主演の『デニス・ホッパーのマッド・ドッグ・モーガン／賞金首』（フィリップ・モーラ監督、一九七六年）も製作された。その歴史上、オーストラリア西部劇では次の二種類のキャラクターが重要な役割をはたしてきた。第一に、無法者。第二に、ほかでもないアボリジニのトラッカーである（Eisenberg 203）。トラッカーの存在こそはオーストラリア西部劇をアメリカ西部劇とは異なるものにしていると言ってよい。

『トラッカー』は、トラッカーを描くオーストラリア西部劇のなかで、いやそれにかぎらずこのジャンル全体のなかで、最高傑作と呼びうるすぐれた作品である（日本では残念ながら劇場公開もソフト化もされていない）。舞台は一九二二年のオーストラリア。物語は、白人女性の殺人容疑がかかったアボリジニを、白人の男たちがトラッカーを連れて捜索するというものである。トラッカーを演じるのは、二〇二一年に逝去した名優デイヴィッド・ガルピリル。彼はオーストラリア映画のなかで、くりかえしトラッカー的なペルソナを演じ、荒野で迷う白人を導いてきた。俳優デビュー作であるニコラス・ローグ監督の『美しき冒険旅行』（一九七一年）や先述の『デニス・ホッパーのマッド・ドッグ・モーガン／賞金首』もその例である（Eisenberg 210-211）。『トラッカー』の映画冒頭、馬に乗った三人の男の前方を、ガルピリル演じるトラッカーが虫を払いのけながら歩く。このアボリジニは、一行のリーダー（ゲイリー・スウィート）に道化のように明るく、また従順にふるまっているが、腹の底では何かをたくらんでいるようにも見える。

しだいに明らかになるように、この荒野で一行の命運を握っているのは、トラッカーである。彼は夜に勝手に一行のもとを離れたことを責められ、旅の途中で鎖につながれる。しかしこの鎖につながれた男の知恵と能力がなければ、白人の三人は荒野で死も同然である。あるシーンでトラッカーは「石がひとつなくなっています」と言う。白人のひとり（デイモン・ガモー）はその意味がわからず、「ここには数えきれないほど石があるぞ」と答える。そこにはたしかに数えきれないほど石がある［図6-3］。するとトラッカーは大地の一か所を指差し、「見てください。この石はもとはここにありました。でも蹴とばされたんです。二時間ほどまえに」と言う［図6-4］。トラッカーには、白人にはわからな

図 6-3　『トラッカー』

図 6-4　『トラッカー』

い大地のサインを読むことができる。いったいどちらが従者なのだろうか。このように、白人と先住民の主従関係の揺らぎが精密に描かれるところが、『トラッカー』の最大のポイントである。白人の一行のなかで不和が生じるにつれて、徐々にトラッカーの真意も明らかになっていく。また、映画の随所に、アボリジニの虐殺を描いた絵画――画家ピーター・コードがアボリジニの美術に影響を受けて描いたもの――が挿入されることによって、この小さな物語にアボリジニ全体の差別の歴史が結びつけられるのも特徴である(8)(Hamilton 74-75)。

本書の第12章では、ケリー・ライカート監督のアメリカ西部劇『ミークス・カットオフ』(二〇一〇年)を論じる。この映画でも白人と先住民のガイドの緊張関係がテーマとなっている。『トラッカー』のほうが公開年がさきであり、製作国は異なるが、ライカートがこのオーストラリア西部劇を参照した可能性もある。少なくとも、『トラッカー』と『ミークス・カットオフ』の比較は有益である。本章でその一端を明らかにしたように、複数の国のフロンティアと、それにもとづく物語を視野に入れることで、はじめて見えてくることがある。グローバル・ウェスタンの歴史には、まだ発見すべき足跡が多くのこされている。

(1) 二〇〇一年刊行の『シャーロック・ホームズ大事典』には、笹野史隆の「足跡(解読の先輩バルザック)」と「足跡(解読の歴史)」の二項目があり、『ホメーロスの諸神讃歌』以降の世界文学史における足跡解読の歴史がたどられており、大変有益である。

（2）一方で、トウェインによる足跡の物語には独自の特徴があることを、竹内は鋭く指摘している。すなわち、「なぜか足跡が犯人逮捕に結びつかない」（竹内 四八）のである。クーパーやガボリオ、ドイルの小説とは違って、足跡は事件解決に結びつくのではなく、「不思議なほど事件の核心を迂回し続ける」（竹内 四八）。

（3）トウェインとクーパーの関係については若林に詳しい。この論考では、トウェインがトム・ソーヤー連作小説によって、国民的叙事文学であるクーパーの「レザーストッキング物語」シリーズを継承しようと試みた可能性が指摘されている。結局、この試みは失敗に終わるが、その無念が「フェニモア・クーパーの文学的犯罪」には反映されているという（若林 二四）。

（4）基本的にマイノリティに比較的寛容だったことで知られるトウェインだが、アメリカ先住民にたいしては、当時の基準で考えても差別的な言説を多くのこしている。『赤道に沿って』の記述には、トウェインの先住民観の変化がうかがえる。ただし、中垣恒太郎が指摘するように、トウェインがオーストラリア先住民を語るさいに、当然意識していたであろうアメリカの先住民のことが、ほとんど議論の表面に出てこないという点は、この時点でのトウェインの限界を物語る（中垣 一三九）。この意味でも、トウェインの描く足跡は「不思議なほど事件の核心を迂回し続ける」（竹内 四八）と言えるかもしれない。

（5）ラスムッセンもトウェインが『二連発探偵物語』で示した追跡能力への関心が、『赤道に沿って』で記したアボリジニに由来するであろうことを指摘している（Rasmussen 106）。

（6）より正確に言えば、アーサーを厄介者と見なす父親によって移住させられた。

（7）ヒラーマンの「ナバホ」シリーズにつづく先住民ミステリ小説としては、トーマス・ペリーの「ジェイン・ホワイトフィールド」シリーズなどがある。また、先住民自身の手になるミステリ小説については、二〇二〇年に『ストランド・マガジン』のウェブサイトに投稿された記事で、ミステリ作家のデイヴィッド・ヘスカ・ワンブリ・ワイデンが紹介しており、参考になる。ここではリンダ・ホーガンの『悪霊

（*Mean Spirit*）』（一九九〇年）からマーシー・R・レンドンの『少女行方不明（*Girl Gone Missing*）』（二〇一九年）まで七つの代表的小説があげられている（Weiden）。

（8）アボリジニの視点から差別問題を描く、より近年のオーストラリア西部劇が『スウィート・カントリー』（ウォリック・ソーントン監督、二〇一七年）である。監督のソーントン自身がアボリジニである。『トラッカー』と『スウィート・カントリー』を比較した論考に、ロシュ（Roche）がある。また、先住民差別の歴史をあつかったオセアニアの重要な西部劇として、ニュージーランドの『復讐 utu』（ジョフ・マーフィ監督、一九八三年）もあげておきたい。

コラム②

初期西部劇と先住民

かつてリサーチのためにワシントンDCに滞在したとき、ふと立ち寄ったスミソニアン・アメリカ美術館で、ラファエル・モンタネス・オルティスの映像作品『カウボーイと「インディアン」の映画（*Cowboy and "Indian" Film*）』（一九五七―五八年）を見た。

オルティスは破壊をテーマとする作品で有名なヒスパニック系のアーティストである。『カウボーイと「インディアン」の映画』でオルティスが破壊したのは、インディアンの襲撃シーンをふくむ西部劇『ウィンチェスター銃'73』（アンソニー・マン監督、一九五〇年）である。つまり、この西部劇のプリントを切り刻んで再構成したのが『カウボーイと「インディアン」の映画』である。一部のショットは上下反転した状態で提示される。西部劇は〈白人＝善〉〈インディアン＝悪〉という図式を用いてきた。この図式は現実の歴史では逆さまではなかったか。だとすれば、西部劇は上下反転した状態で上映するのが適切である。オルティスの作品の基底にあるのはこのような発想だろう（彼自身、先住民の血をひくアーティストである）。

一方、じっさいに物語中で旧来の白人とインディアンの関係を逆転させた有名な西部劇に、一九九〇年公開の『ダンス・ウィズ・ウルブズ』（ケヴィン・コスナー監督）がある。ここでは〈インディアン＝善〉〈白人＝悪〉である（ただし、主人公は先住民に味方する白人である。そしてこれを異星人に味方する地球人に変換すると、『アバター』［ジェイムズ・キャメロン監督、二〇〇九年］になる）。もっとも、序章でも触れたように、ニューシネマの時代にすでに白人の悪行を糾弾する西部劇は作られたし（『ソルジャー・ブルー』［ラルフ・ネルソン監督、一九七〇年］）、その先駆となる作品は一九五〇年代にもあった（『折れた矢』［デルマー・デイヴィス監督、一九五〇年］や『流血の谷』［アンソニー・マン監督、一九五〇年］）。こうした作品は親インディアン西部劇と呼ばれることがある。それは旧来の西部劇の価値基準や歴史記述の見なおしをはかる修正主義西部劇の一部を形成する。

歴史をさらにさかのぼることもできる。映画史初期には、先住民の視点からの西部劇が多く作られたのだ。ついでに述べると、最初期の西部劇はアメリカ西部ではなく東部で撮影された。そもそも当時は映画産業の中心地が東部ニューヨークだった。ハリウッドが誕生するのは一九一〇年代なかばのことである。それ以前は東部の森林地帯で撮影された西部劇が多かった（ただし、『ブラッドハウンドに追われて　またはクリップル・クリークのリンチ（*Tracked by Bloodhounds; or, A Lynching at Cripple Creek*）』［ハリー・バックウォルター監督、一九〇四年］のように、早い段階で西部で撮影されたものもある）。こうした東部で撮られた西部劇を、イースタン・ウェスタン（東部西部劇）と呼ぶ論者もいる（Simmon 12-18）。イースタン・ウェスタンは、中央アジアやコーカサスを舞台とする冷戦期の西部劇（ソ連の『砂漠の白い太陽』［ウラジミール・モトゥイリ監督、一九七〇年］など）や、より広くアジアの西部劇（タイの『怪盗ブラック・タイガー』［ウィシット・サーサナティヤン監督、二〇〇〇年］など）の呼称として用いられることもあるが、アメリカにもイースタン・ウェスタンがあったのだ。というよりも、アメリカの西部劇の歴史はイースタン・ウェスタンからはじまったのである。

こうしたイースタン・ウェスタンを中心に、一九一〇年代前半までのアメリカ西部劇では、しばしば先住民が好意的に描かれた。D・W・グリフィス監督の『赤い膚の男と子供（*The Redman and the Child*）』（一九〇八年）が好例である。出自については諸説あるが、最初の先住民監督と呼ばれるジェイムズ・ヤング・ディアが活躍したのも、一九一〇年前後である。また、『ハイアワサ』（エドガー・ルイス監督、一九一三年）が最初の例と言われるが、全員が先住民キャストの西部劇も作られた。

ただし、これらの映画の根底にあるのは先住民への敬意というよりは、先住民を「消えゆく民」として白人が勝手に回顧する感情だったことは、急いで強調せねばならない。映画が誕生する以前から、文学で描かれる先住民にはふたつの類型があった。ひとつは「血に飢えた悪魔」、もうひとつは「消えゆく高貴な自然人」である（余田 一七―一八）。上述の映画『ハイアワサ』の原作にあたるヘンリー・ワズワース・ロングフェローの詩『ハイアワサの歌』（一八五五年）は前者の一例である。映画史初期には「血に飢えた悪魔」だけでなく、「消えゆく高貴な自然人」を描く西部劇も多かった。一九一〇年代前半、初期から古典期へとシフトするなかで、映画産業はあらゆる意味で規格化・標準化が進んだ。そのなかで先住民の描き方も「血の飢えた悪魔」への統一が進んだ。ただし、サイレント末期まで「消えゆく高貴な自然人」の描写ものこった。ゼイン・グレイ原作、ジョージ・B・サイツ監督『滅び行く民族』（一九二五年）が代表例である。付言すると、映画史初期には「西部劇（western）」というジャンルの総称もまだ存在せず、「西部のコメディ、カウボーイもの、インディアン・ロマンス、軍隊もの、フロンティア・ドラマ」(Verhoeff 689) など雑多な呼称が用いられていた。英語の western が「西の」を意味する形容詞ではなく、特定のジャンルをさす名詞としてはじめて使用されたのは一九一〇年ごろであり、その用法が定着したのは二〇年代以降のことである (Neale 39-41)。

西部劇の標準化に関連して、もうひとつ触れておこう。先述のオルティスの作品のタイトルにもその単語が入っているが、西部劇と聞いてまず思い浮かぶのはカウボーイである。西部の物語の登場人物としては、ほかにも猟師、スカウト、騎兵、金鉱掘りなどがいるが、映画の世界ではカウボーイが徐々に特権化されていった。二〇一五年の映画『レヴェナント:蘇えりし者』(アレハンドロ・ゴンサレス・イニャリトゥ監督) が開拓時代の米西部の物語でありながら、われわれの知っている西部劇と大きく違って見えるとすれば、それは猟師の物語だからである。ちなみに、カウボーイはその最盛期(一八六〇年代なかば以降の約二〇年間) には嫌われ者だった。彼らは乱暴狼藉を働く労働者と見なされていた。

カウボーイをアメリカの理想的な男性像に変身させたのは、ダイム・ノヴェル (一九世紀に流行した安価な読み物であり、西部劇の源流である) の力が大きい。また、じっさいに豊かな西部経験をもち、カウボーイのペルソナで人気をえた大統領セオドア・ローズヴェルトの影響も大きい。カウボーイを主人公とするオーエン・ウィスターの小説『ヴァージニアン』(一九〇二年) は、ウィスターの友人でもあったローズヴェルトにささげられている。なお、西部劇の世界においては、カウボーイはその本来の仕事よりも銃の腕前が徐々に強調されていき、一九五〇年代ごろにはガンファイターという存在に変化していった。

《第Ⅲ部》時の流れに逆らって

第7章 大いなる西部の小さな時計

『曠原の志士』『黄色いリボン』、そして懐中時計

時計を握りしめても、時はとまらないぞ(1)

銀時計を贈る

ジョン・フォード監督の『黄色いリボン』（一九四九年）には、モニュメント・バレーの息をのむような風景がつまっている〔図8-1〕。アメリカ最良の風景画を見たければ、美術館などに行かずに『黄色いリボン』を見ればよい。本作はフォードがこの地で撮影した一連の西部劇のなかで、最初のカラー映画である。

他方で、時計の使い方がさえた映画でもある。『黄色いリボン』で誰もが記憶しているのは、涙と笑いを誘うあのシーンだろう。ジョン・ウェイン演じる騎兵隊の大尉が、退役する日の朝、部下の隊員たちから銀時計を贈られるシーンである。まず構図がすばらしい。背景に、ミトンと呼ばれる特

図 7-1　『黄色いリボン』

徴的な形状をした岩石がそびえている。この岩石を手本とするように、騎兵隊員たちがその前景でピンと背筋をのばす。ミトンは、その名が示すように、細長い一部がほかの部分からわかれた形状をしている。大尉が部下とむきあう様子は、このミトンの形状とみごとな相似形をなす。そして、まさに連隊の「親指」として働いてきた大尉に、部下たちがなけなしの金をあつめて買った銀時計を贈る〔図7-1〕。シーンが感傷に傾きすぎないように、フォードがここで持ち出す別の小道具が眼鏡である。大尉は、老眼のため、銀時計に刻まれたメッセージを直接読むことができない。少し気まずそうに、上着の内側から眼鏡を取り出し、図のようにそれをかけて時計に目をやる。

　西部劇は風の吹きすさぶ荒野のドラマである。しかし同時に、チクタクと時を刻む時計のドラマでもある。それが大時計であれ、柱時計であれ、懐中時計であれ、西部劇にはこの時をはかる装置がよく登場する。映画のテーマや物語の展開上、時計が重要な役割をはたすことも少なくない。本章はほかの章とは異なり、古典期の西部劇をあつかうことが多いが、それらをそこに登場する時計、さらには主人公と時間のつき合い方という視点から読みなおしたい。

決闘とランドラッシュ

おそらく西部劇と時計と聞いて、多くの方が想像するのは、決闘シーンにこの小道具が活用される例だろう。たしかに決闘シーンには時計が頻出する。生死をわける対決のサスペンスを高めるもの、それが時計である。『ならず者』（ハワード・ヒューズ監督、一九四三年）では、ビリー・ザ・キッド（ジャック・ビューテル）が、鳩時計の最後の鳴き声を合図に銃を抜くことを提案する。『夕陽のガンマン』（セルジオ・レオーネ監督、一九六五年）はこの伝統を引き継いでいる。ここでは三人の男の決闘の合図として、懐中時計のオルゴールが用いられる。

ところで、西部劇の決闘にふさわしい時刻はいつか。オーエン・ウィスターの西部小説『ヴァージニアン』（一九〇二年）は日没直後の決闘を描いた。それを正午に変えたのが、『真昼の決闘』（フレッド・ジンネマン監督、一九五二年）である。原題はシンプルに *High Noon*、つまり「真昼」である。ただし、厳密に言うと、『真昼の決闘』では正午に決闘がはじまるわけではない。保安官が立ちむかうことになる悪党一味のリーダーが、正午の列車で町に到着するのである。とはいえ、正午は二本の針（長針と短針）が重なりあう点で、たしかに決闘に適している。『クイック&デッド』（サム・ライミ監督、一九九五年）では正午に町の早撃ち大会がスタートする。(2)

文化史的には、一九世紀は時計が一気に普及した時期である。したがって、西部劇に時計が頻繁に登場するのは当然である。それが決闘シーンで活用されてきたのも、ごく自然のなりゆきである。歴史的に見ると、時計が普及した原因はいくつかある。そのひとつとして鉄道の発達があげられる。時間の標準化をうながしたのも鉄道の発達である（町や都市によって時間が異なるようでは、鉄道の円滑な運行など無理な相談である）。[3]『真昼の決闘』や『決断の3時10分』（デルマー・デイヴィス監督、一九五七年）など、タイトルに時刻をふくむ西部劇に列車が登場するのは偶然ではない。

　決闘シーン以外で時計が登場するシーンをもうひとつあげよう。ランドラッシュのシーンである。ランドラッシュとは何か。それは簡単に言えば、土地の早い者勝ち競争である（別名ランドラン）。一八八九年以降、六年間で計五回、オクラホマで実施された。土地の希望者が馬や馬車に乗ってスタートラインに並び、一斉にスタートを切る［図7-2］。土地を購入するのではない。レースで獲得するのである。西部開拓史の終盤を飾るこの一大イヴェントは、『曠原の志士』（キング・バゴット監督、一九二五年）、『三悪人』（ジョン・フォード監督、一九二六年）、『シマロン』（ウェズリー・ラッグルズ監督、一九三一年［カバー図版］）とそのリメイク『シマロン』（アンソニー・マン監督、一九六〇年）、さらに『遥かなる大地へ』（ロン・ハワード監督、一九九二年）などの西部劇で描かれてきた。[4]土地は先住民から奪ったものという負の側面も、リメイク版の『シマロン』以後は多少は反映されるようになった。

　ランドラッシュのシーンにはかならず時計が登場する。しかも秒針つきの時計である。スタートの号砲を定刻どおりに鳴らすために、騎兵隊の兵士が懐中時計で時刻を細かく確認するのだ。ランドラッシュはスピードを競うイヴェントである。だからこそ、その開始にさいして時間管理が徹底されねばならない。帝国主義ならぬ定刻主義が肝要である。『遥かなる大地へ』ではルールを守らず、勝手にスタートを切った男が騎兵隊に撃ち殺される。ランドラッシュは空間だけでなく、時間をめぐるイヴェントでもあった。

その意味で、時間と映画史をテーマとするファンタジー映画『ヒューゴの不思議な発明』（マーティン・スコセッシ監督、二〇一一年）に、おそらくそれと気づいたひとはごくひと握りだろうが、ほんの一瞬、ランドラッシュのショットが登場するのは興味深い。主人公のヒューゴ少年（エイサ・バターフィールド）が映画アカデミーの図書室で映画史の本を開くとき、数々の有名なサイレント映画のショットに混ざって、古い西部劇のランドラッシュのショットがインサートされるのである［図7-2］。これは先述のサイレント西部劇『曠原の志士』のショットである。『ヒューゴの不思議な発明』を監督したスコセッシは、ランドラッシュと時計のつながりを意識していたにちがいない。

図 7-2　『ヒューゴの不思議な発明』

時計とのつき合い方

以上、西部劇に時計が登場する例をいくつか見た。ここでもう少し議論の照準を絞ることにしたい。西部劇における時間の問題を論じるにあたっては、ガンマンが銃を抜くのに何秒かかるだとか、決闘シーンがどの程度の長さのショットで構成されているだとか、ジャンルを年代的観点からどのように定義するだとか、さまざまな切り口が考えられる。そのどれもが重要であるが、ここではあえて別の問題をとりあげたい。

それは西部劇のヒーローが時計――または時計が均質に刻む時間――とどうつき合うか、という問題である。前節で記したことにも関係するが、一九世紀には時計が普及したことによって、時間意識は徐々におおらかなものから厳密なものに移行した。(5) 現在、わたしたちは日々、時計を気にしながら生きている。そうした生活がはじまったのが一九世紀である。では西部劇のヒーローも時間にひれ伏すのだろうか。時計の下僕として生きるのだろうか。

そうではないだろう。むろん、西部劇をふまえたロード・ムーヴィー『イージー・ライダー』(デニス・ホッパー監督、一九六九年)のバイカー(ピーター・フォンダ)のように、腕時計を投げ捨て、時間から完全に自由になろうとする必要はない。いやむしろ、西部劇のヒーローが文明秩序の守りびとである以上、時間の積極的な違反者になるのは好ましくない。他方で、時間に縛られすぎというのも、ヒーローらしくない。彼にはおおらかで自由な一面も忘れないでいてもらいたい。

前節で触れたサイレント西部劇『曠原の志士』は、この問題を考える上でじつに示唆的な作品である。見逃してはならないのは、ウィリアム・S・ハート演じる主人公が、ランドラッシュに遅刻することである。もっとも、別に時間にいいかげんなわけではない。無実の罪で逮捕されたために、出発が遅れたのである。しかし、とてつもないスピードで馬を駆り、まわりを追い抜いていく。すでに述べたように、ランドラッシュは厳密な時間管理にもとづくイヴェントである。『曠原の志士』の主人公は、本人の意思はともかく、こうした時間秩序から少し外れている。そしてそれこそが、彼を西部劇のヒーローたらしめている。

さらに注目すべきことに、『曠原の志士』には針のない懐中時計が登場する〔図7-3〕。主人公の相棒（ルシアン・リトルフィールド）が、自分を格好よく見せようと、女性のまえで懐中時計を取り出すのだが、その時計は壊れていて針が欠けている。この針のない懐中時計は、観客の笑いを誘うための小道具として使われている（そこに蝿がとまる描写もある）。しかし、これをたんなる笑いの一要素としてではなく、西部劇らしい時間意識のあらわれと見ることもできる。西部劇では、時間秩序と完全に無縁ではないにせよ、少しそれと距離をおくくらいが望ましいのである。

図7-3　『曠原の志士』

後年の西部劇『拳銃王』（ヘンリー・キング監督、一九五〇年）で、ガンマン（グレゴリー・ペック）は「三五歳になるのに時計すらもっていない」と嘆いた。だが、西部劇の主人公はそれくらいでもかまわないのだ。その意味で言うと、『真昼の決闘』の保安官（ゲイリー・クーパー）は、決闘の時間が迫っているという事情はあるにせよ、時計を気にしすぎかもしれない。ハワード・ホークス監督が『真昼の決闘』を嫌ったのは有名だが、それはホークス自身が言うように、保安官がまわりに助けを請うからというだけでなく（ホークス／マクブライド 二四九）、この男が時計を気にしすぎるからではあるまいか。この映画には時計のショット、さらには保安官がそれを見るショットが数多く登場する〔図7-4〕。ちなみにホークスが嫌ったもう一本の西部劇は『決断の3時10分』。こちらも時計に囚われた男の物語である（リメイクの『3時10分、決断のとき』［ジェイムズ・マンゴールド監督、二〇〇七年］もふくめて個人的には秀作だと思うが）。そのためだろうか、ホークスが『真昼の決闘』に対抗して撮った『リオ・ブラボー』（一九五九年）では、時計が画面から周到に排除されている。保安官（ジョン・ウェイン）は寝坊もする（正確に言うと、彼の健康を気づかったヒロインがわざと起こさずにおく）。

図 7-4　『真昼の決闘』

以上の視点から見なおすと、その革新性がさらに明瞭になる西部劇がある。本章の冒頭でとりあげたジョン・フォード監督の『黄色いリボン』である。モニュメント・バレーの描写がすばらしい本作を、時間の観点から再読するとどうなるだろうか。また同時に、劇中のモニュメント・バレーの描写を、時間との関係から分析するとどうなるだろうか。

滅びと再生

まず再確認せねばならないのは、『黄色いリボン』の主人公（ジョン・ウェイン）は騎兵隊の大尉だということである。当然ながら時間的な厳密さが求められる職業である。大尉の最初の台詞をご記憶だろうか。「五時四一分だ」。部下のひとり（ヴィクター・マクラグレン）が報告した時刻を一分訂正する台詞である。

だからこそ眼鏡、または視力をめぐる演出がものを言う。大尉が銀時計の文字を読むために眼鏡を取り出すことはすでに述べた。フォードは同様に、映画の終盤、この主人公を時計の針から少しばかり遠ざける。日中はともかく、夜になると大尉は、老眼ゆえに銀時計の針を読めない様子である。重要な時刻を一緒に確認する目的もあろうが、大尉は結局部下に時計の針を読ませる。この時計の針との精妙な距離の取り方は、ジャンル論的に意義深い。『黄色いリボン』の大尉は、騎兵隊のリーダーらしく正確な時間秩序を身につけた男だが、そこから少しはみ出す側面もあわせもっている。そのことが彼の人物像にふくらみをあたえている。

もっとも、それだけのことであれば、この映画を大きくとりあげる必要はない。重要なのは、このシーンに読み取った時間的特徴が、『黄色いリボン』の映画全体にもあてはまることだ。まず確認すると、『黄色いリボン』には、年号や月日、時刻への言及がきわめて多い。そのことによって必然的に意識されるのは、時の流れである。そもそも『黄色いリボン』は死や退役といった、さまざまな水準での「終わり」を描く映画である。一方で、ここが肝要なのだが、時間の直線的な流れを抜け出すような、終わりというものを宙づりにするような側面もある。

映画の序盤と終盤から象徴的なシーンをあげよう。まずは序盤のシーン。墓地をおとずれた大尉が、亡くなって久しい妻に、彼女がまだ生きているかのように話しかける。すると、その「会話」にこたえるように、墓の表面に女性の人影があらわれる。一瞬大尉の妻がよみがえったのかと見まがう。その影の主はすぐに別の女性だと明らかになるのだが、過去と現在が時をこえて折り重なるような演出は観客に強い印象をのこす。さらに終盤のあるシーンでは、退役をむかえ、民間人としてカリフォルニアに旅立った大尉が、新たな辞令によって呼びもどされる。そのようにして、退役という終わりすらも新たなはじまりに繰りもどされる。劇中で少佐夫人（ミルドレッド・ナトウィック）はこんなことを言う。「さよならという言葉は騎兵隊では使わない」。この言葉を借りて言えば、『黄色いリボン』は「さよなら」を宙づりにする映画である。そもそも映画全体が、回帰的な運動――砦からの出立とそこへの帰還――を特徴とすることも言い添えておこう。

ここで映画の舞台であるモニュメント・バレーにあらためて目をむけたい。映画史をふりかえると、モニュメント・バレーを最初に描いた西部劇は、『滅び行く民族』（ジョージ・B・サイツ監督、一九二五年）である。その冒頭の字幕のなかでは、移ろいゆく人間と、朽ちない岩石のコントラストが強調されていた（「人間は来ては去るが、雄大な舞台はのこる」）。言いかえれば、人間と岩石は対立的に描かれた。『黄色いリボン』はこれとは違うヴィジョンを提示する。このフォード西部劇では、人間がモニュメント・バレーの不朽の岩石に囲まれることによって、時間による滅びから少しだけ守られているかのようである。

『黄色いリボン』の岩石砂漠は、こう言ってよければ外部から独立した小宇宙である。完璧に無時間の世界ではないが、そこには独自の時間が流れている。「さよなら」を宙づりにする時間が。蓮實重彦は、フォードが閉ざされた世界をくりかえし描いたことを考察するなかで、モニュメント・バレーについてもこう述べている。すなわちそれは「文字通りの峡谷にすぎず、雲の白さをきわだたせる仰角撮影や、距離感を印象づける俯瞰撮影の効果的な使用にもかかわらず、所詮は比較的大きな窪地にすぎない」（蓮實『ジョン・フォード論』一九六）。このもとになった論考「ジョン・フォード、または翻える白さの変容」には、これとほぼ同じ一文に加えて、次のような記述がある。「彼ら（フォード映画の人間たち）は、その窪地で、世界の残りの部分から保護されていると思う」（蓮實「ジョン・フォード、または翻える白さの変容」二二）。フォードのモニュメント・バレーはまさに独立した小宇宙である。わたしは『黄色いリボン』にこの傾向を強く感じる。なるほど、カンザスシティやセントルイスなど、外部の世界への言及があることはある。だが、映画を見ても、この岩石砂漠のむこうにそうした地があるとは、にわかには信じがたい。フォードのほかの騎兵隊映画とは違って、東部から来たという設定の人物はいても、その人物が砦に到着するシーンがないことも、そうした印象を強めている（映画冒頭に登場する主計官は例外であるが、到着時にはすでに死亡している）。モニュメント・バレーを描くフォードのカラー映画のなかでも、本作はとくに厚い灰色の雲に空が覆われたシーンが多く、舞台がさながらドームに包まれたように見えることも、これに関与しているかもしれない。

この隔絶された世界で、「さよなら」は先送りにされる。少しだけではあっても。有限と無限、滅びと再生の精妙なバランスが、フィルムに幸福とも寂寥ともつかない独特の味わいをもたらしている。

西部劇における空間の重要性は言うまでもない。その一方で――またはそれとあわせて――時間への着目も忘れてはならない。大いなる西部の小さな時計。それをめぐるリサーチがはじまりの時をつげたということを述べて、本章を締めくくろう。

（1）『3時10分、決断のとき』のラッセル・クロウの台詞。

（2）『ウエスタン』（セルジオ・レオーネ監督、一九六八年）には正午に関係する気のきいた演出がある。ヘンリー・フォンダ演じるガンマンが、雑貨店の看板の背後に身を隠した男に銃で命をねらわれる。その看板には時計の絵が描かれている。時計の針はまだ描かれていないが、銃身の影がその盤面のⅫという数字の少し右に落ちる。つまり、影が時計の針と化す。「早いもんだ。もう一二時すぎだ」。チャールズ・ブロンソン演じる別のガンマンが、狙撃手の存在を知らせるためにそう述べると、フォンダ演じるガンマンはすぐさま時計のほうにふりむき、男を撃ち殺す。

（3）とはいえ、国土の広いアメリカでは鉄道と時間の問題は、他国にも増して困難だった。四つのタイムゾーンが標準時として定められたのは、一八八三年のことである。この点についてはウォルマー（三四三）を参照されたい。

（4）『三悪人』の舞台は一八七七年のダコタ準州だが、ここで描かれるランドラッシュは、後年のオクラホマのランドラッシュにもとづくものである。

（5）ただし、マイケル・オマリーは、前工業化時代の生活を牧歌的なものととらえる見方に反対している。その当時、時間は神に属するものであり、ひとびとは懸命に労働に励むことによって、神のものである時間への敬意を示した（オマリー 一二六―一二七）。同時にオマリーは、工業化以後の時計がかならずしも産業的な時間意識を反映しているわけではないとも述べている。時計にはしばしば自然の風景が描かれ、時間が自然と関連づけられた（オマリー 四九）。なお、一九三〇年代のB級西部劇には一九世紀と二〇世紀を混合するでたらめな時代描写が見られるが、これを農業時間と産業時間の葛藤との関連で読み解いたのが、シモン（Simmon 178-182）である。

コラム③

ジョン・フォードの西部劇発言をめぐって

グレン・フランクルの著作『捜索者――西部劇の金字塔とアメリカ神話の創生』(原著刊行は二〇一三年)は、ジョン・フォード監督の『捜索者』(一九五六年)とアラン・ルメイの原作小説『捜索者』(一九五四年)の物語のもとになった史実(シンシア・アン・パーカーの誘拐事件とその後)を丁寧に掘り起こした画期的な一冊である。一方、非常に細かいことではあるが、この本のプロローグに気になる記述がある。フォードのよく知られた発言「わたしの名はジョン・フォード。西部劇を撮っている男だ」を引用した上で、フランクルは「西部劇は彼〔フォード〕の存在の核心とむすびついていたのである」(フランクル 一四)と述べている。

フォードは西部劇以外にも多くのジャンルを監督した。しかし、本人がいちばん重要と考えていたのはやはり西部劇である。フランクル以外の多くの論者も、フォードの発言をこのような趣旨で引用してきた。『ジョン・フォードは西部劇を撮った――サウンド期に伝説を映画にすること』というタイトルのフォード西部劇の研究書すら存在する(Studlar and Bernstein)。だが、この発言はこのような単純な見方のみでとらえられるべきではない。

まずは基本的なことだが、発言の文脈をふりかえろう。ときは一九五〇年。ハリウッドでは赤狩り推進派のセシル・B・デミルが、ジョゼフ・L・マンキーウィッツを共産主義者と見なし攻撃していた。フォードはマンキーウィッツを擁護するために、ディレクターズ・ギルドの会合で短い演説をおこなう。問題の発言はその冒頭でなされたものである。この発言のあと、フォードはデミルの映画監督としての功績を称賛し、その上でしかし、デミルのことは大嫌いだと述べ、マンキーウィッツに信任投票し、あとは家に帰って寝ようと出席者にうながした（ボグダノビッチ 三二―三四、McBride 479-484）。

ここまではよく知られた事実である。重要なのは、この文脈をふまえた上で、フォードの発言のレトリック上の効果を考察することである。赤狩り、すなわち左翼系知識人の排斥運動の推進者と対決するさいに、理知的に批判を試みるのは危険である。フォードは別の道を選んだ。すなわち、まずは西部劇の監督を名乗ることによって、自分を民衆の側、反知性・反権威の側においてみせる。そのようにして、あらかじめ反論を封じた上で、知よりも情に訴える形で、事態の収束をうながしたのである（ジョゼフ・マクブライドによると、フォードは後日デミルに謝罪の手紙を送ったようだが［McBride 483］）。

補足すると、フォードはこの時点ですでに『男の敵』（一九三五年）、『怒りの葡萄』（一九四〇年）、『わが谷は緑なりき』（一九四一年）という文学的香りのただよう三本の監督作で三度のアカデミー監督賞を受賞し、さらに海軍でも軍功をあげていた。それだけの実績と地位があったからこそ、大衆娯楽の西部劇と自己を重ねる発言はインパクトをのこしたのである。じっさい、この発言を直接聞いた映画監督のダグラス・サークは、『怒りの葡萄』の巨匠が西部劇の監督と名乗ったことにおどろいたと述懐している（McBride 416）。こうした効果もまたフォードのねらいどおりだっただろう。この発言の真のおもしろさは、一見野性味あふれるものに見えながら、それがじつは高度な知性に裏づけられている可能性にある。

誤解のないように言えば、フォード自身が西部劇を重視していなかったとか、フォードの西部劇がジャンル史上重要でないと述べたいのではない。フォードのすぐれた作品群をぬきに、西部劇の歴史を語ることは不可能である。しかし、これも強調しておきたいのだが、フォードがそのような西部劇を生み出せたのは、彼が生粋の西部の男だったからではない。日本で刊行されたある映画の書籍で、フォードの出身がオレゴン州と記されているのを見たことがある。たしかにフォードはポートランドで育ったが、それはオレゴン州ではなくメイン州、つまり西海岸ではなく東海岸のポートランドである（生まれはそのすぐ近くのケープ・エリザベス）。フォードといえば西部という連想に由来する勘違いだろう。じっさいにはこの西部劇の巨匠は、米本土でいちばん東の州で生まれ、大西洋を見ながら育ったのである（フォードにかぎらず、西部に関係する文化人で東部出身の者は少なくない）。西部に移り住んだのは、さきにハリウッドで成功をおさめた兄フランシスを追ってのことだった。海軍の経歴については すでに触れたが、それ以外の観点から見ても、フォードは砂漠の男というよりも海の男であり、この点も作品に反映されている（海洋映画も多く手がけているし、フォードの描くモニュメント・バレーはときに多島海のような印象をあたえる）。

メイン州は一八二〇年のミズーリ協定のさい、自由州と奴隷州の均衡をはかるために、マサチューセッツ州から分離してできた北部の州である。地理的にはニューイングランドのいちばん北に位置する。一方、フォードの妻メアリー・マクブライド・スミスは南部ノースカロライナ州の出身である。メアリーの一家は南部の大変な名家であり、フォードはその出自に疎外感を覚えつつ魅了されてもいた（McBride 122-125）。フォードの西部劇には南部のテーマがひそんでいることが多い。そこには妻の出自も関係しているだろう。フォードのアイルランド系という出自も、それ自体で考察するだけでなく、南部への関心と結びつけてとらえる必要がある。イギリスとアイルランドの関係を南北戦争後の北部と南部の関係にあてはめると、フォードは南部に共感を抱くことになる。一方で、南部の人種差別的な側面については、フォード自身、ニューイングランドでＷＡＳＰ（アングロ・サクソン系白人プロテスタント）の差別を受ける側であったから、簡単に見過ごせるものではなかった。

フォードの西部劇は複雑・精妙である。それゆえにわたしたちを魅了しつづける。それはこの「西部劇の巨匠」の内部に、東と西、北と南という複数の方位（それはアメリカに限定されない）、さらには陸と海の両方の視点が折り重なっているからである。

第8章

荒野のムーンウォーク

『バック・トゥ・ザ・フューチャーPART3』の時間旅行

三つの西部

前章では古典西部劇における時間の問題をとりあげた。本章では時間旅行SF映画『バック・トゥ・ザ・フューチャーPART3』（ロバート・ゼメキス監督、一九九〇年）の描く西部について論じる。だが、そのまえに西部文化史において重要でありながら、見過ごされがちな問題に触れておきたい。それは西部劇衰退以後の、ジャンルのイメージの類型化という問題である。

前章でも言及したモニュメント・バレーは、アメリカ西部の象徴的風景として知られる［図8-1］。この岩石砂漠の絶景をじっと眺めていただきたい。そうすると、かつてこの地を駆け抜けたカウボーイや騎兵隊の姿が目に浮かんでくるだろう。だが、これは映画によって作られた記憶である。じっさいのモニュメント・バレーは一九世紀の西部開拓とはほぼ無縁であり、二〇世紀に入るまで白人の足跡が刻まれることはまれだった。一九三九年公開の『駅馬車』以後のジョン・フォード映画でくりか

図8-1　モニュメント・バレー（2015年、著者撮影）

えし描かれるうちに、大衆の記憶のなかで、現実の西部開拓と結びついていった。同時に強調すべきは、一九六〇年代までに製作された西部劇のうち、この地で撮影された作品は全体のわずか一パーセントにも満たないことだ（フォードとの結びつきが強いため、同時代のほかの監督は撮影を避ける傾向にあった）。にもかかわらず、西部を描く近年の映像作品（映画だけでなくコマーシャルなどもふくむ）にはこの岩石砂漠が判で押したように登場する。これは西部劇の創造した西部のイメージが、ジャンルの衰退後、いかに狭まってしまったかを物語っている。フォードがモニュメント・バレーをいかに映画的に活用したかについては多くの論考があるが（前章でもひとつの解釈を提示した）、今日の映像文化におけるモニュメント・バレーは、たんなる西部劇や米西部の記号と化している。

乱暴を承知で言うと、西部には三種類がある。第一に、現実の西部である。第二に、西部劇が描いた西部である。第三に、第二の西部（西部劇が描いた西部）がさらに定型化した西部である。しばしば西部劇が描いた西部は、現実の西部から都合のよい部分を取り出し（または捏造し）、それを美化したものだと言われる。つまり、第一の西部と第二の西部の差異が問題視される。しかし、第二の西部と第三の西部の差異も強調せねばならない。一九〇三年公開の『大列車強盗』（エドウィン・S・ポーター監督）以降、何千という数の西部劇が作られた。そのなかには、かなりのヴァリエーションがある。ところが、西部劇を見る機会が減ったいま、ジャンルのイメージはかぎりなく単純化されてしまった。

西部劇が描いた西部の定型化。それへの関与を否定できない一本が『バック・トゥ・ザ・フューチャーPART3』である。本作は「バック・トゥ・ザ・フューチャー」シリーズの最終作である。主人公のマーティ（マイケル・J・フォックス）は、一八八五年にタイム・トラヴェルし、そこでドク（クリストファー・ロイド）とともに、西部劇さながらの冒険をくりひろげる。映画の序盤、マーティが一九五五年から一八八五年に移動する場所として選ばれたのは、ほかでもないモニュメント・バレーである。それは西部劇の世界へのわかりやすい入り口としてのみ使われている。一方、西部劇のヒーロー像として参照されるのは、クリント・イーストウッドである。[1] マーティは偽名として「クリント・イーストウッド」を名乗り（酒場でタネン［トーマス・F・ウィルソン］に「なんて馬鹿な名前だ」と言われるのが可笑しい）、映画の中盤ではセルジオ・レオーネ監督のスパゲッティ・ウェスタン『荒野の用心棒』（一九六四年）のイーストウッドにそっくりの格好をする。レオーネの西部劇も「バック・トゥ・ザ・フューチャー」シリーズの製作時にはすでに「教科書」になっていた。

『荒野の用心棒』はシリーズ第一作『バック・トゥ・ザ・フューチャー』（ロバート・ゼメキス監督、一九八五年）でも参照されている。映画の終盤、ドクがテロリストの銃弾から身を守るために、防弾チョッキを着ていたことが明らかになる。これは『荒野の用心棒』で、イーストウッドが鉄の板をポンチョの下に忍ばせ、敵の銃弾から身を守ったことにちなむ演出である。第二作『バック・トゥ・ザ・フューチャーPART2』（ロバート・ゼメキス監督、一九八九年）では、映画自身がこの引用元を明らかにする。悪役のビフ（トーマス・F・ウィルソン）が『荒野の用心棒』の問題のシーンをテレビで見るのである。ビフは「防弾チョッキか！」と感嘆するが、これははからずも第一作のドクへの賛辞になっている。そしてまた第三作の一九世紀の決闘シーンで、ビフの祖先が痛い目にあう伏線にもなっているのだが、彼はここではそれを知る由もない。

ともあれ、モニュメント・バレーやイーストウッドは、それ以前から西部劇を連想させる便利な記号であったかもしれないが、『バック・トゥ・ザ・フューチャーPART3』はそれを強化した一本である(2)。もっとも、そのことをふまえつつも、本章で論じたいのはこのSF映画の別の側面である。

古典の学習成果

「バック・トゥ・ザ・フューチャー」シリーズの論考は数多くあるが、第三作に焦点をあてたものはあまりない。その稀少な例として、ジョン・エクスショーの論文「わが魂をヒルバレーに埋めよ、またはリバティ・バランスをKOした少年」がある。これ以降の議論を進めるにあたって、まずはこの論文の内容を紹介しよう。

エクスショーは一九六〇年代以降の西部劇ジャンルの歴史をふりかえりつつ、第三作に見られる過去の西部劇への言及を掘り起こす。マーティがヒルバレーに到着するシーンのカメラワークは『ウエスタン』（セルジオ・レオーネ監督、一九六八年）に由来する、ドクが酔い覚ましのために飲む特製ドリンクは『エル・ドラド』（ハワード・ホークス監督、一九六六年）に由来する、等々。こうした指摘の末に導かれる結論は悲観的である。『バック・トゥ・ザ・フューチャーＰＡＲＴ３』がいかに頻繁に過去の西部劇に言及しようとも、あくまで表面的な水準にとどまっている。そこにはジャンルが描いてきた西部神話へのいかなる洞察も、批評もない。簡単にまとめれば、エクスショーはそのように主張する（Exshaw 103-106）。

一方で、エクスショーが第三作に関して、ひかえめにではあるが評価する部分がある。映画の終盤、マーティがビフの祖先ビュフォード・タネンとの銃の決闘を避け、逃げようとする点である。このマーティの試みは失敗に終わり、結局敵を拳で倒すことになる。とはいえ、主人公が銃の決闘を回避しようとする点で、第三作は西部劇ジャンルの慣習を転覆している。これがエクスショーの指摘である（Exshaw 101-102）。ただし、エクスショーは論文後半では議論を修正し、同じシーンをジャンルの論理から外れるものとして批判している（Exshaw 106）。

たしかに『バック・トゥ・ザ・フューチャーＰＡＲＴ３』は西部劇というよりも、脚本のふたり

（ロバート・ゼメキスと、彼と共同で脚本を書いたボブ・ゲイル）が西部劇について勉強した成果を、コメディ・タッチで披露した映画というのが正しい。[3] また、すでに述べたように、この映画自体が西部や西部劇のイメージを類型化した側面も否定できない。だが、エクスショーの議論それ自体も表面的であることを指摘せねば公正を欠く。第一に、この議論は西部劇のジャンル論として徹底さを欠いている。第二に、タイム・トラヴェル映画を西部劇ジャンルの枠内だけで論じることに無理がある。わたしたちはもう少し柔軟なジャンル論的視座から、『バック・トゥ・ザ・フューチャーＰＡＲＴ３』を論じてみよう。そのなかでタイム・トラヴェルものならではの本作のおもしろさが浮き彫りなるはずである。

ピースメイカーのゆくえ

まずは西部劇ジャンルの内部で『バック・トゥ・ザ・フューチャーＰＡＲＴ３』を考察しよう。エクスショーはマーティが銃の決闘を回避しようとした点に注目し、それがジャンルの慣習を転覆すると論じた。だが、もしこの観点から銃や決闘の描き方に注目するとしても、さらに議論を深める余地がある。まず、古典期の西部劇にすら、稀少ではあるが、主人公が戦いのまえに銃を捨ててしまう例がある。しかもコメディではなく、シリアスな西部劇においてである。『拳銃無宿』（ジェイムズ・エドワード・グラント監督、一九四七年）では、ジョン・ウェインがクエーカー教徒のヒロインに感化されて決闘の直前に銃を捨てる。『西部の四人』（アルフレッド・Ｅ・グリーン監督、一九四八年）では、ジョエル・マクリーが銃弾の弾薬を取り出し、病人の治療のために（つまり、人殺しではなく人助けのために）使う。[4]

また、西部劇における決闘の原型を築いたのは、オーエン・ウィスターの西部小説『ヴァージニアン』（一九〇二年）である。『ヴァージニアン』は『バック・トゥ・ザ・フューチャーPART3』の最大の参照項である。マーティはタネンに挑発され、自分の名誉を守るために決闘に挑もうとする。この枠組み自体が『ヴァージニアン』に由来する。また、決闘の時間が朝食後に設定されるのは、マーティ自身が作中で言及する『真昼の決闘』（フレッド・ジンネマン監督、一九五二年）だけでなく、日没まえの決闘を描く『ヴァージニアン』を意識し、それを裏返したものだろう。ドクは東部からやってきた教師のクララ（メアリー・スティーンバージェン）と恋に落ちる。無数の西部劇で描かれてきた展開だが、その原型のひとつもやはり『ヴァージニアン』にある。たしかにエクスショーも論考中で『ヴァージニアン』（ただし、ウィスターの小説ではなく、一九二九年の映画版）に触れている。しかし、タネンの「笑え」という台詞が、『ヴァージニアン』の主人公の有名な台詞と一致することを指摘するのみである（Exshaw 100）。じっさいには『バック・トゥ・ザ・フューチャーPART3』における『ヴァージニアン』の参照はより大がかりなものである。だからこそ、決闘シーンの例外的描写（対決の回避）が意味をもつのである。

加えて、銃と帽子をめぐる演出もジャンル論的に見逃せない。マーティはタネンを殴り倒したあと、銃（ピースメイカー）を彼の祖先のシェイマス（マイケル・J・フォックスの二役）に渡す。するとシェイマスは銃を帽子に交換するという。シェイマスはマーティに帽子を貸した恩義があり、これはそれにまつわる冗談である。同時に、史上初の西部劇『大列車強盗』の伝統をふまえると、この発言のジャンル論的な意味づけも可能になる。『大列車強盗』には次のようなシーンがある。洒落たシルクハットを被った男が西部のダンスホールに入ると、カウボーイハットの男たちが彼を銃でからかう。足下に銃弾を放ち、無理やり踊らせるのである〔図8-2〕。以後、多くの西部劇で再演されてきた光景であり、後述するように、『バック・トゥ・ザ・フューチャーPART3』にもその一例がある。『大列車強盗』では、このあとのシーンで、カウボーイハットの男たちが列車強盗と銃撃戦をくりひろげ、勝利をおさめる。『大列車強盗』で高い価値がおかれているのは、明らかに洒落た帽子よりも銃である。西部劇ジャンルでは基本的には銃が問題を解決する。銃をなくすのにも銃が必要である。丸腰で秩序を守ることを信条とする『砂塵』（ジョージ・マーシャル監督、一九三九年）の保安官（ジェイムズ・スチュワート）も最後には銃を手にとった。一方、『バック・トゥ・ザ・フューチャーPART3』では主人公マーティの銃が一度も火をふくことがない（射撃の遊び以外では）。さらに、その銃が帽子と交換されることが示唆される（付言すれば、シェイマスが好むのは、カウボーイハットよりはシルクハットに形の近い山高帽である）。このように銃と帽子をめぐるジャンルの演出史をふまえた考察も必要である。

図8-2 『大列車強盗』

西部でビート・イット

エクスショーの論文にはさらに根本的な問題がある。『バック・トゥ・ザ・フューチャーPART3』を西部劇ジャンルの枠内だけで論じた点である。それは木に竹を接ぐような行為に思われる。本作はもともとタイム・トラヴェルもののSF映画である。さらに、シリーズをとおして、西部劇のみならず、バディ映画、ティーン映画、サスペンス映画など、多様なジャンルが混淆している。『バック・トゥ・ザ・フューチャーPART3』が描く決闘の回避も、西部劇以外の要素が西部劇に結びついて生じたものであり、その点を確認しておくべきだろう。

その要素とは、一挙に列挙してしまえば、『理由なき反抗』（ニコラス・レイ監督、一九五五年）と、ベンジャミン・フランクリンと、スラップスティック・コメディと、マイケル・ジャクソンである。ふりかえると、シリーズ第二作でマーティにある性格上の欠点が加えられた。彼は臆病と呼ばれると逆上し、衝動的な行動に走る。この性格ゆえに、将来を棒にふることが第二作で示される。第三作でもマーティは何度か臆病と呼ばれ、理性を失いかける。しかし、最終的にはその声に負けることなく自分を制御し、決闘から逃げ出す。周知のとおり、臆病と言われると逆上するという設定は、『理由なき反抗』に由来する（映画の公開年は「バック・トゥ・ザ・フューチャー」シリーズの第一作でマーティが旅する一九五五年）。『バック・トゥ・ザ・フューチャーPART3』のエピローグで描かれる自動車レースも『理由なき反抗』を意識したものである。

『理由なき反抗』の自動車レースでは痛ましい事故がおこるが、『バック・トゥ・ザ・フューチャー PART3』のマーティは自分をたくみに制御し、予定されていた事故を避ける。その結果、彼の未来が明るい方向に書き換わる。こうした二度にわたる「決闘」の回避とセルフ・コントロールの実現の背後に、一八世紀を代表する知識人ベンジャミン・フランクリンの姿が見える。フランクリンはシリーズ第一作にじっさいに姿を見せる。一九八五年のシーンと一九五五年のシーンの両方で、フランクリンの肖像画がドクの部屋に飾られているのだ。上の図は一九八五年のシーンで、中央に写っているのがフランクリンの肖像画である〔図8-3〕。第一作では雷が物語の展開の鍵となるが、これは避雷針の発明者で、雷の実験で知られるフランクリンと関係がある。また、第一作の有名な台詞に「何ごともなせばなる」があるが、誰もが努力次第で成功可能だというアメリカン・ドリームの思想は、フランクリンがその源泉である。そしてその成功のために、自己をコントロールする必要があるというのは、彼が『フランクリン自伝』で説いた教えである（その信条である一三徳のひとつに「平静」がある〔フランクリン 一九二二〕）。「バック・トゥ・ザ・フューチャー」シリーズの全体にフランクリンの思想が強く作用している。[5] 第三作も例外ではない（『理由なき反抗』で繊細かつ克明に描かれた青春期の痛みが、フランクリン的な実利主義によっ

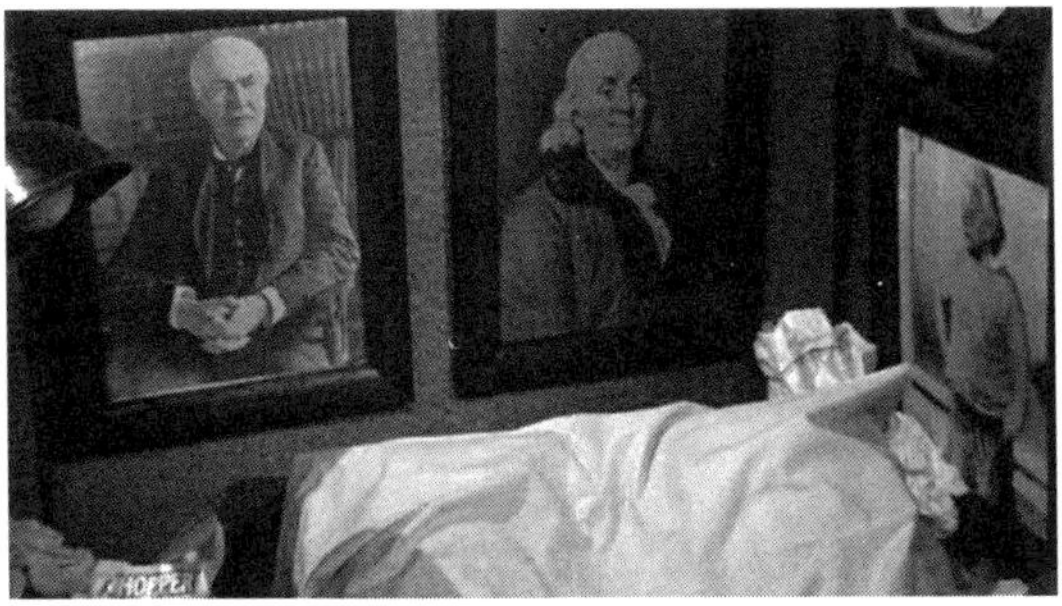

図 8-3 『バック・トゥ・ザ・フューチャー』

てかき消されたというのも事実だが）。

　また、マーティが戦うのをやめて逃げるのは、彼がスラップスティック・コメディ（ドタバタ喜劇）的な人物であることとも関係する。スラップスティック・コメディはサイレント映画期に流行したジャンルで、体を張ったアクション満載のギャグを特色とする。劇中でマーティが見せる数々のアクション（機知と敏捷さによって、自分よりも強い男の裏をかき、逃走に成功する）は、スラップスティック・コメディのそれに近い。「バック・トゥ・ザ・フューチャー」シリーズがこのジャンルと関係をもつことは、第一作の時計台のシーンからも明らかである。周知のとおり、これはスラップスティック・コメディの代表作『ロイドの要心無用』（フレッド・C・ニューメイヤー／サム・テイラー監督、一九二三年）にヒントをえたシーンだからである。第一作のオープニングでは、ご丁寧にも『ロイドの要心無用』のワンシーンを描いたイラスト（ハロルド・ロイドが大時計の針にぶら下がる姿）が提示される。

　マーティはいわば西部劇の世界に紛れ込んだスラップスティック・コメディ俳優である。さらに一点、つけ加えるべきことがある。マーティが敵前逃亡を試みる背景に、キング・オブ・ポップの存在も認められる。代表曲《今夜はビート・イット》（一九八三年）で、暴力に暴力であらがうのではなく、逃走せよ（beat it）と歌ったマイケル・ジャクソンの精神が、マーティに宿っている。[6] シリーズ第二作の未来（二〇一五年）が舞台のシーンで、マーティがグリフ（ビフの孫だが、演じるのはもちろんトーマス・F・ウィルソン）から逃げる直前にカフェで流れている曲は、まさにその《今夜はビート・イット》である。

図 8-4 『バック・トゥ・ザ・フューチャー PART3』

さきに『大列車強盗』のダンスホールのシーンに触れたが、『バック・トゥ・ザ・フューチャーPART3』には明らかにこの系譜につらなるシーンがある。タネンが酒場でマーティの足下に銃弾を放ち、無理やり踊らせるのである。興味深いのは、マーティがここで一九世紀の時点では未知のステップを踏み、それによって痰壺をタネンにむけて飛ばし、勝利をおさめることである。この二〇世紀から来た男が披露するのは、マイケル・ジャクソンの有名なダンスの動き、ムーンウォークにほかならない〔図8-4〕。ある見方をすれば、これもシリーズに関してしばしば批判される黒人文化の盗用の一例であろう。(7) だが、視点を変えれば、ここでは白人中心のジャンル、西部劇の起源をマイケル・ジャクソンが変容させたとも言える。

フロンティア・マシン

さて、先述の『大列車強盗』との関連でさらに言うと、『バック・トゥ・ザ・フューチャーPART3』には列車強盗のシーンもある。『大列車強盗』以外の列車強盗を描く西部劇の代表例として、『地獄への道』（ヘンリー・キング監督、一九三九年）がある。『バック・トゥ・ザ・フューチャーPART3』の列車強盗のシーンは、『地獄への道』のシーンを模倣しながら、そこに笑いを加えたものである。『地獄への道』では列車強盗が運転手に「列車強盗だ」とつげるが、『バック・トゥ・ザ・フューチャーPART3』ではマーティとドクは運転手に「科学の実験だ」と伝える。事実、これは科学の実験である。ドクの改造したデロリアンは、時速八八マイルに達しないとタイムマシンとして起動しない。しかし、一八八五年の世界ではガソリンは手に入らない。そこでドクは機関車にデロリアンを押させ、速度の条件をクリアする手段を思いついたのだ。

このあと予期せぬ事態がつづき、手に汗握る展開となるが、最終的にはタイム・トラヴェルは成功する。最先端の科学的光景が一九世紀の西部の大地に出現する。ここで観客が目にするのは――これこそタイム・トラヴェルものの妙味だが――二〇世紀の科学のフロンティアと一九世紀の西部のフロンティアの遭遇である。少し歴史を復習しよう。西部のフロンティアは一九世紀末に消滅したと言われる。つまり、開拓可能な土地はほぼ失われたということである。もっとも、フロンティアの歴史はここで終わりではない。西部のフロンティアは空や宇宙のフロンティアに置き換えられ、冒険はつづけられた。さらに、アメリカは一九世紀に西部がもたらしたのと同様の、またはそれ以上の豊かさを保証するものとして、科学やテクノロジーのフロンティアを開拓してきた。核や原子力すらもアメリカにとってはフロンティアの一部である（じっさい核開発の関係者がフロンティアの開拓者になぞらえられてきた歴史がある）。

ここで「バック・トゥ・ザ・フューチャー」シリーズに登場するデロリアンとは何か再考しよう。それは自動車を改造したタイムマシンなのだが、同時にフロンティア・マシンと呼びたい誘惑に駆られる。なぜなら、この乗り物はそれ自体テクノロジーのフロンティアであり、同時に、シリーズをとおして、空とも（第一作のエンディング以降は、空を飛ぶ）、原子力とも（タイムマシンの燃料はもともとプルトニウムである）、西部とも（第三作では馬にひかれて、あるいは機関車に押されて、西部の大地を駆け抜ける）、宇宙とも（第一作で農家の家族にエイリアンの乗り物とまちがえられる）関係するのだから。その意味で、第三作でデロリアンが一九世紀の西部に行くのは、フロンティアの故郷帰り、または聖地巡礼に等しい。シリーズが最後に西部劇にたどりつくのには意味があるのだ。(8)

第11章で論じるとおり、ピクサーの「トイ・ストーリー」シリーズ（一九九五年―）もフロンティアの変遷をたくみに活用しており、そこが醍醐味になっている。いやむしろ、「バック・トゥ・ザ・フューチャー」シリーズがなければ、「トイ・ストーリー」シリーズはなかったと言うべきかもしれない。「未来は白紙だ」とは『バック・トゥ・ザ・フューチャーPART3』の有名な台詞だが、このシリーズがのこした白紙に新たな絵を描いたのが「トイ・ストーリー」シリーズとも言える。いずれにせよ、両シリーズの関係性を考察する上でも、フロンティアはこの上なく重要なキーワードである。だがそれにしても、いまはまだ疑問を記すにとどめるが、おもちゃが主人公のアニメーション（「トイ・ストーリー」シリーズ）は、いったいフロンティアといかなる関係を結んできたというのか。

（1）モニュメント・バレーと結びつきが強いスターは、フォードと一緒にこの地で多くの西部劇を作ったジョン・ウェインだが、イーストウッドも監督・主演作『アイガー・サンクション』（一九七五年）の一部をモニュメント・バレーで撮影している。

付言すると、『バック・トゥ・ザ・フューチャーPART3』では、マーティが一八八五年にタイム・トラヴェルすると、そこに馬に乗ったアメリカ先住民があらわれ、マーティはあわててデロリアンで逃げる。旧来の西部劇における「インディアンから逃げる駅馬車」が、ここでは「インディアンから逃げる自動車」に置き換えられている。もっとも、先住民はマーティを襲っているわけではない。マーティは勝手に逃げているだけである。彼が洞窟に身を隠し、安堵すると、その直後に今度は騎兵隊があらわれる。先住民は誰かを追いかけていたのではなく、騎兵隊に追われていたのだ。旧来の西部劇では、まず先住民が理由もなく（と見える）白人を襲撃し、その結果として騎兵隊に追われる（修正主義西部劇では、先住民が白人を襲撃せざるをえない理由はそれに先立つ白人の悪行にあったのだ、という描写が加わる）。『バック・トゥ・ザ・フューチャーPART3』では事態の全貌は不明であるが、好意的に見れば、これは先住民は白人を理由なく襲うものだという先入観に見なおしを迫るシーンである。もっとも、ここで描かれる先住民の姿は、旧来のハリウッド西部劇に登場するインディアンのステレオタイプそのもの。それは本作が描くモニュメント・バレーと同様に、どこまでも記号的な存在である。

（2）序章で述べたように、一九七〇年代・八〇年代は西部劇の製作本数が非常に少なく、ジャンルにとってまさに冬の時代だった。それゆえ七〇年代から八〇年代初頭に生まれた世代のなかには、『バック・トゥ・ザ・フューチャーPART3』（主としてティーンをターゲットとする映画であった）がはじめて見た西部劇（的作品）というひとがいても、不思議ではない。本作はコアな西部劇ファンの話題にのぼることは皆無に近い映画だが、逆に西部劇に無関心な層も多く見ている西部劇（的作品）であるという事実は、強調してもよいように思う。言いかえれば、西部劇ファンと、そうでないひとの抱く西部のイメージのギャップを考える上で、興味深い事例である。

（3）リチャード・スロトキンは、『シルバラード』（ローレンス・カスダン監督、一九八五年）に代表される一九八〇年代から九〇年代の西部劇を「フィルムスクールのエクササイズ」と評し、この時代に西部劇は「生きた伝統」ではなく「アカデミックな伝統」、つまり映画製作の現場で学ぶものではなく、映画史の知識として学習し模倣するものになったと述べている（Slotkin）。

（4）主人公が戦いのあとに銃を捨てる例としては、『幌馬車』（ジョン・フォード監督、一九五〇年）や『男の出発』（ディック・リチャーズ監督、一九七二年）がある。なお『拳銃無宿』では主人公のかわりにほかの男が銃で敵を倒す。したがって、これも結局は銃で問題を解決する映画であるのは事実である。

（5）巽孝之はフランクリンの歴史改変的想像力を論じるなかで、その現代における影響の実例として「バック・トゥ・ザ・フューチャー」シリーズに言及している（巽　一三八）。付言すると、『バック・トゥ・ザ・フューチャーPART2』では墓石に刻まれた文字が物語の展開に応じて変化する（つまり未来が書き換えられる）。この墓石は、直接的には『素晴らしき哉、人生！』（フランク・キャプラ監督、一九四六年）の墓石を意識したものだろうが、これもフランクリンとの関連でとらえると興味深い。巽が指摘するように、フランクリンは二二歳のときに自分の墓碑銘を考案し、そこで自分自身を本にたとえ、作者がそれを修正すると予告したからである（巽『ニュー・アメリカニズム』一三七）。

（6）マイケル・ジャクソン自身は歌詞の意味を次のように説明している。「この曲は子供たちに、利口になるんだ、トラブルは避けたほうがいい、と訴えているのです。僕は、誰かに顔を蹴られた時に、もう片方の頬を差し出せと言っているのではなく、壁まで追いつめられて、逃げ場がない時以外は、暴力沙汰になる前に逃げ出してしまおうと言っているだけなのです」（ジャクソン　二一〇）。

（7）とくに議論の的となってきたのは、シリーズ第一作でマーティがチャック・ベリーの《ジョニー・B・グッド》（一九五八年）を演奏するシーンである。劇中ではまるでマーティがベリーにこの曲を教えたかのような描写がなされる（このシーンの舞台である一九五五年時点では、ベリーはまだ《ジョニー・B・グッド》を作曲していない）。これは白人にとって都合のよいロックンロールの起源の書き換えである。このシーンをめぐる批判としては、たとえばエルセサー／バックランド（三二三―三二五）を参照されたい。

（8）石岡良治は「バック・トゥ・ザ・フューチャー」シリーズは「広く消費社会と文化の関係について歴史的に考えていくためのマトリクスとして使える」と述べている（石岡 八二）。ここで「消費社会と文化の関係」について指摘されているのと同じことが、フロンティアにも言えるだろう。

第9章 恐竜と西部劇
『恐竜ガーティ』から『NOPE／ノープ』まで

恐竜、列車、馬

スティーヴン・スピルバーグ監督のSF映画『ジュラシック・パーク』（一九九三年）は大ヒットを記録してシリーズ化され、二〇二二年公開の第六作『ジュラシック・ワールド／新たなる支配者』（コリン・トレヴォロウ監督）で完結を見た。この第六作をご覧になった方は、映画の序盤に、明らかに西部劇を意識したシーンがあったことをご記憶だろう。『マグニフィセント・セブン』（アントワーン・フークア監督、二〇一六年）でも主役をつとめたクリス・プラットが、シエラネヴァダ山脈の雪原のなか、馬に乗ってパラサウロロフスを追いかけるシーンである。恐竜映画にも西部劇がある。

本章も前章と同様、時間を超越するウェスタン論である。ここで主役となるのは、古代生物の恐竜である。同時に、西部劇ではおなじみの馬と列車も重要な役割をはたす。これらの三項がアメリカ西部と、またそれぞれがどう関係するのかを調査する。ただし、そのまえに予備考察が必要である。ま

図 9-1　『ラ・シオタ駅への列車の到着』

ずは馬と列車と恐竜が、映画史上、重要な被写体であることを論じておきたい。

一二〇年をこす映画史のはじまりに、ふたつの乗り物がある。列車と馬である。加藤幹郎の列車映画論を参照しながら、この映画史的事実を確認しよう（加藤『映画とは何か』一二七―一八一、『列車映画史特別講義』）。映画、すなわちモーション・ピクチャーは運動を描くことに長けたメディアである。そこに絵画や写真といった先行メディアとの大きな違いがある。この特性を最大限に際立たせるために、映画史初期に幾度となく被写体に選ばれたのが、当時最速の乗り物であった列車である。最古の映画のひとつ『ラ・シオタ駅への列車の到着』（オーギュスト・リュミエール／ルイ・リュミエール監督、一八九六年）は、画面の奥から手前へと滑り込む列車のモーションによって、当時の観客を心底おどろかせた［図 9-1］。

映画史初期の作品には、列車のみならず馬も頻繁に姿を見せる。当時は世界中の大都市で、馬車や馬車鉄道が現役の乗り物として活躍中だった。同時代の都市生活をスクリーンに映せば、おのずとそこに馬が描かれた。さらに重要なことに、馬は映画の発明そのものに大きく寄与した。エドワード・マイブリッジは映画の発明に先立つ一八七八年、疾駆する馬を連続写真におさめることに成功した［図 9-2］。人間の眼では把握できない馬の高速モーション。それが一連の写真によってみごとに解析された。ここから現実世界のモーションを再現する映画の発明まで、あとほんの一歩である。

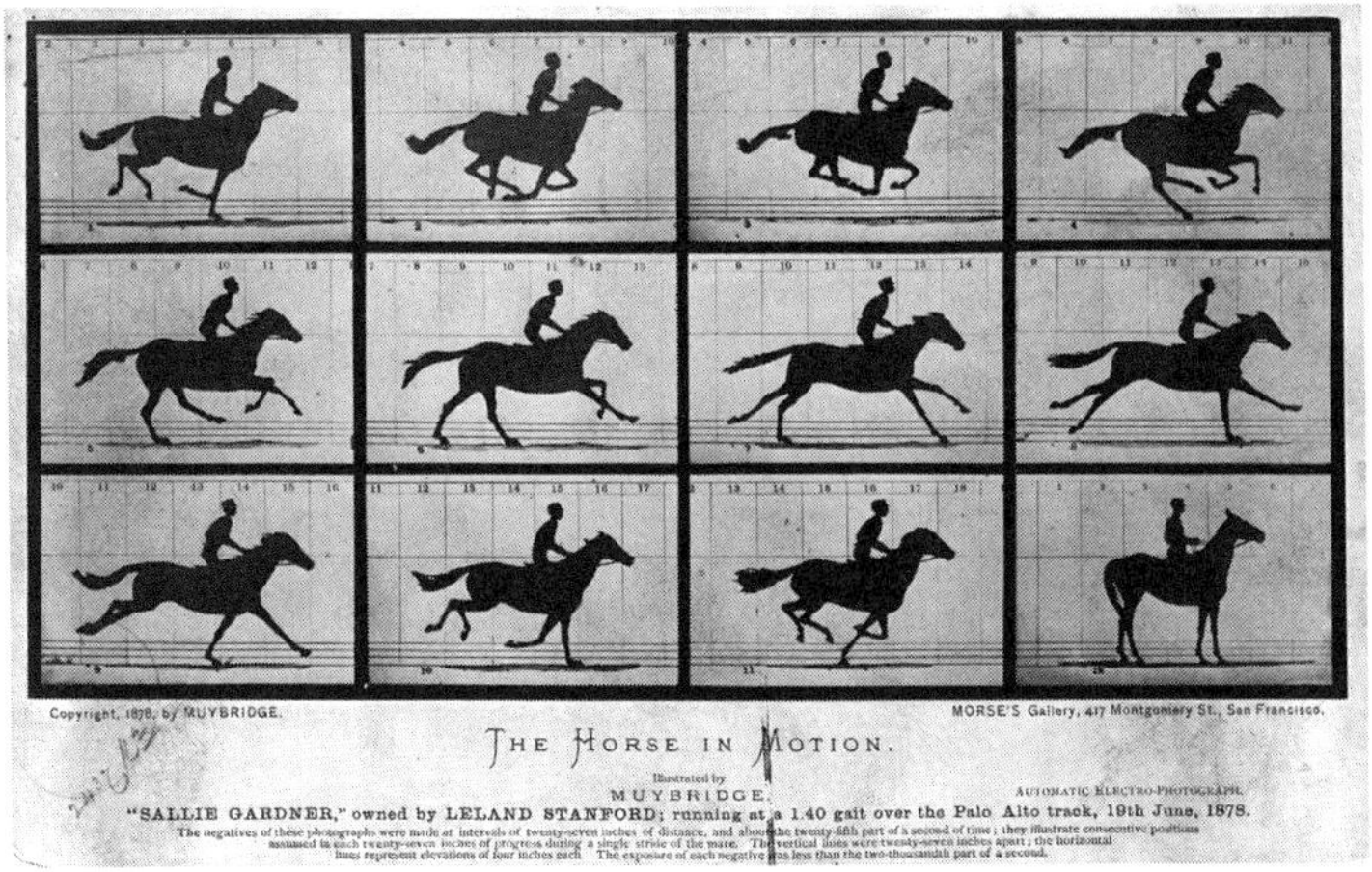

図 9-2 「動く馬」

このように、映画は列車と馬とともにはじまった。もっとも、伝統的な理解によると、映画は大きくふたつに分類できる。実写映画とアニメーションである。映画は列車と馬とともにはじまった、というのは実写映画の話である。ではアニメーションは何とともにはじまったのか。恐竜という答えがわたしの脳裏に浮かぶ。正確を期すと、もっとも適切な答えは人間の手であろう。今井隆介が論じるように、漫画アニメーションはライトニング・スケッチに起源をもつ。それは観客のまえで瞬く間にイラストを描き、その内容を変化させる舞台パフォーマンスである。映画史初期には、ライトニング・スケッチをそのまま撮影した映画も製作され、漫画アニメーションはここから派生する形で成立した。それゆえ初期の作品では、アニメーションのパートのまえに実写のパートがあり、まずは人間の手が絵を描く。こうした導入のあとに、アニメーションのパートがはじまる（今井 六八—七八）。

とはいえ、ここで注目したいのは、絵を描く人間の手ではなく、その手が、あるとき恐竜を描いたことである。恐竜ガーティを。初期アニメーションの代表作『恐竜ガーティ』(一九一四年)に登場する、あの愛くるしい恐竜である〔図9-3〕。監督は漫画アニメーションの父ウィンザー・マッケイ。だが、なぜマッケイは恐竜を描いたのか。また、なぜこの恐竜映画はアニメーション史上の重要作なのか。この点に関しては、細馬宏通の研究が参考になる。重要なのは、実写映画とアニメーションの差異である。簡単に言うと、マッケイが恐竜を選んだのは、この生物がもはやこの世にいないからである。そうしたものを描くことに、現実世界をそのまま写しとる実写映画にはない、アニメーションの強みがある。マッケイはそのように考えたのである(細馬 七九―八二)。実写映画は絵画や写真との差別化のために列車を写した。一方、アニメーションは実写映画との差別化のために恐竜を描いた。そのように整理してもよいだろう。現代では、デジタル化の進展によって、実写映画がアニメーションに近づいたと言われる。(1) じっさい、コンピュータで絵画のように描かれた映像が、実写映像に継ぎ目なく組み込まれるようになった。この傾向を推し進めた作品が、恐竜を描く実写映画だったのは偶然ではない。それがCGの恐竜と生身の俳優を共演させた『ジュラシック・パーク』である。実写映画がアニメーションに接近するとき、それは恐竜に接近するのである。

図9-3 『恐竜ガーティ』

このように、スクリーンに登場する恐竜や列車、馬について議論することは、映像の本質について議論することにつながる。とりわけ恐竜について考察することは、実写映画とアニメーションの関係性という重要問題を考察することにつながる。もちろん、この点はすでに先行研究でも明らかである。本章はそこにある視点を加えることによって、映像文化史の新たな地平を切り開くことにしたい。その視点とは、アメリカ西部文化史の視点にほかならない。じっさい、あまり注目されないことだが、アメリカ西部はもともと恐竜と関係が深く、さらに恐竜と列車や馬が共演しやすい空間である。こうした点に関心をむけることによって、従来とは異なる映像文化史の風景が見えてくるだろう。そのための第一歩として、映画に関係するあるテーマパークのアトラクションに乗車する必要がある。

ウエスタンリバー鉄道とディズニーランド鉄道

東京ディズニーランドにウエスタンリバー鉄道というアトラクションがある。蒸気機関車（本当に蒸気で動く）で、パークの西半分をめぐるものである。この鉄道は空間だけでなく時間も移動する。熱帯ジャングル（アドベンチャーランド）を通過後、列車は開拓時代のアメリカ西部（ウエスタンランド）に突入する。

このアトラクションには、白人（あるいはＷＡＳＰ）中心の歴史観が見られる。一九世紀当時、先住民にとって鉄道は、大地を荒らす悪しき鉄の塊であり、襲撃の対象であった。ところが、ウエスタンリバー鉄道では、先住民は、鉄路や機関車に敵意をむけない。むしろ手をふって乗客を歓迎する（ように設計されている。彼ら彼女たちは機械人形である）。また、一九世紀の過酷な鉄道建設の現場で汗を流したのは、アイルランド系、中国系、日系などの移民労働者であった。しかし、ウエスタンリバー鉄道に、そうした移民が姿を見せることはない。それはくしくも（かつて移民労働者の供給地であった）日本に作られた西部の鉄道のアトラクションだが、移民の存在はあっさりと素通りされてしまう。

一方、このアトラクションには、西部の歴史書でまれにしか言及されないものが登場する。本章で注目したいのはまさにその点だ。ウエスタンリバー鉄道には車内アナウンスがある。旅の後半、次のような説明が聞こえてくる。「恐竜の骨が見えますよね。あの骨はまだこの山がゴールドラッシュでにぎわっていたころ、鉱山鉄道の建設中に偶然出てきたものなんです」。このようにして恐竜の骨が登場するのである。そして、この鉄道旅行の最後に、意外なタイム・トラヴェルがまっている。「それではこれからさらに時間をさかのぼり、みなさんをある特別なところにご案内することにしましょう」。このアナウンスに導かれ、列車が岩山の内部に入ると、乗客の眼前に原始世界のジオラマが姿をあらわす。その太古の大地に偉容を見せるのは、機械じかけの恐竜たちである。

東京ディズニーランドは、カリフォルニアのディズニーランドの日本版である。アトラクションの多くも本家のパークを模したものである。ウエスタンリバー鉄道のもとになったのはディズニーランド鉄道だが、この鉄道にも恐竜が登場するのだろうか。じつのところ、恐竜の化石発掘に関する言及はいっさいない。また、終盤で列車が岩山の内部に突入するのは、日本版のアトラクションと同じだが、そこでまず乗客が目にするのは、現代のグランドキャニオンのジオラマである。恐竜の姿は見えない。しかし、この直後、岩山の内部でタイム・トラヴェルがおこなわれる。英語のアナウンスを日本語に訳してみよう。「いまご覧になったのが、今日私たちの知るグランドキャニオンです。でもグランドキャニオンはずっとこうだったわけではありません。さあ、これから時間をさかのぼってみましょう。うんとさかのぼりますよ。あのすばらしい原始世界の時代まで。そこは恐竜の世界です」。列車は機械じかけの恐竜たちが跋扈する原始世界のジオラマに移動する。このように、ディズニーランド鉄道にも恐竜は登場する。また、その舞台がグランドキャニオンとして設定されており、恐竜が西部という土地に結びつけられている。(2)

西部、恐竜、鉄道。奇妙な組み合わせに映るだろうか。だが、ここには歴史的な必然性がひそむ。まず、一九世紀の西部では、開拓と恐竜の化石発掘がほぼ同時に進んだ。(3)西部の大地は、東部の大地と比較して化石がのこりやすい性質をもつ。なるほど、恐竜の化石の組織的発掘がおこなわれるには、まずは恐竜なる存在が学界で認められる必要がある。これが実現したのは一八二〇年代、つまりアメリカで西漸運動が本格化するまえだった。一八七〇年代初頭には、西部ワイオミング州のコモ断崖地域で多数の化石が発掘された。これをきっかけに古生物学者エドワード・ドリンカー・コープとオスニエル・チャールズ・マーシュのあいだで、熾烈な化石発掘競争が勃発。「化石戦争」、または「大いなる恐竜ラッシュ」と呼ばれる。この発掘競争のさなか、マーシュはある有名な恐竜の属名を設けた。ブロントサウルスである。マッケイの『恐竜ガーティ』に登場するガーティのモデルはブロントサウルスである。映画前半の実写パートで描かれるとおり、マッケイはブロントサウルスの骨格標本に着想をえて、ガーティを生み出したのだ。(4)

以上、西部と恐竜の歴史的関係について記した。ここに鉄道を加えることを忘れてはならない。鉄道建設と化石発掘は密接な関係がある。鉄道は水平に延び広がるが、その建設のためには大地を掘り起こさねばならない。重要なのは、そのさいに偶然化石が発掘される事例が少なくないことだ。一九世紀後半の西部は鉄道建設の主要舞台。急ピッチで線路の工事が進められ、そのなかでときに恐竜の骨が日の目を見た。コープとマーシュの化石戦争の発端となった骨も、ユニオン・パシフィック鉄道の労働者が偶然発見したものだった(5)(ノレルほか 三二五—三二六)。ここでいま一度、ウエスタンリバー鉄道の車内アナウンスに耳を傾けよう。「恐竜の骨が見えますよね。あの骨はまだこの山がゴールドラッシュでにぎわっていたころ、鉱山鉄道の建設中に偶然出てきたものなんです」。このアナウンスはさほど知られていない西部の鉄道建設と化石発掘の関係に触れている点で興味をひく。くりかえすが、アメリカ版アトラクションには化石発掘の話は出てこない。これは日本版アトラクション独自の趣向である(6)。

鉄道と恐竜の歴史的関係。それをさらに深く掘り下げよう。ニューヨークのアメリカ自然史博物館(以下、自然史博物館と記す)は恐竜の化石展示で有名である。『恐竜ガーティ』に登場するブロントサウルスの骨格標本も、自然史博物館の展示物である。一九世紀末、自然史博物館の調査隊は、先述のコモ断崖地域に隣接するメディスン・ボウの背斜で、大量の恐竜の化石を発掘した(ノレルほか 三二六—三二八)。メディスン・ボウは、オーエン・ウィスターの西部小説『ヴァージニアン』(一九〇二年)の舞台としても有名である。恐竜の化石の有名な採掘地にして、カウボーイが活躍する古典小説の舞台、それがメディスン・ボウだ。『ヴァージニアン』では語り手が列車でメディスン・ボウにやってくる(ヴィクター・フレミング監督による一九二九年の同名の映画版では、別の登場人物のモリーが列車でやってくる)。ここで歴史的事実として強調したいのは、現実世界では、恐竜が列車でメディスン・ボウから移動したことである。発掘された化石は、ユニオン・パシフィック鉄道でニューヨークまで運搬されたのである（ノレルほか三一八）。そしてニューヨークに到着後、恐竜の化石は映画のフィルムを編集するように組み立てられ、自然史博物館に展示され、来場者の古生物学への関心を掻き立てた。

自然史博物館の化石を観賞するだけでなく、アニメーションの力で生きた恐竜として復活させたのが、ウィンザー・マッケイであり、その作品が『恐竜ガーティ』である。ここでもう一点確認したいことがある。この魅力的な恐竜を描くニューヨーク産のフィルムが、いかにして各地に運搬されたか、である。それは当時のほかのフィルムと同様に、鉄路も使って各地に運ばれたであろう。ガーティは列車に乗って旅をしたのである。(7) このように一九世紀後半から二〇世紀にかけて、恐竜は鉄道建設とともに発見され、さらに列車で西へ東へ旅をした。あるときは化石として、あるときはアニメーションのキャラクターとして。西部劇によく登場する表現を借りれば、「生死を問わず（Dead or alive）」。

ニューヨーク世界博覧会

前節において、ディズニーランド鉄道に原始世界のジオラマがあり、そこに機械じかけの恐竜が登場すると述べた。そのときは触れなかったのだが、原始世界（とグランドキャニオン）のジオラマは、アトラクションに当初から設置されていたものではない。後年増設されたものである。より厳密に言えば、ある場所から移設されたものである。その場所とはいったいどこだろうか。

図9-4　サンタフェ＆ディズニーランド鉄道のポスター（出典：DeGaetano 26）

答えはニューヨークである。ディズニーランド鉄道の恐竜は最初からそこにいたのではなく、さながら一九世紀の開拓者のように、東部（ニューヨーク）から西部（カリフォルニア）に移住してきたのだ。一九六四年から六五年にかけて、ニューヨークでは世界博覧会が開催された。ウォルト・ディズニーは、自身のひきいるWEDエンタプライズとともに、合計四つものパヴィリオンにアトラクションを提供した(8)。そのアトラクションのひとつに恐竜がいた。フォード館の魔法のスカイウェイである。これはライド型のアトラクションである。乗客はレール上を自動走行するフォード車に乗り、原始時代から近未来へのタイム・トラヴェルを楽しむ。恐竜が登場するのは、その原始時代のセクションであった。

博覧会の終了後、各館のアトラクションはウォルトの当初からの計画どおり、カリフォルニアのディズニーランドに移設された。そのなかでもっとも有名なのは、ペプシ館のイッツ・ア・スモール・ワールドである。魔法のスカイウェイは、フォード社との交渉が不首尾に終わり、その全体がディズニーランドに移設されることはなかった。しかし、幸いにも恐竜の一群は既存のアトラクション、ディズニーランド鉄道に組み込まれ、間一髪、絶滅をまぬかれた。かくしてこの生物たちは、自動車の時間旅行アトラクションに別れをつげ、列車の時間旅行アトラクションに新たな生息地をえた。[9]右の図は、恐竜が移設された当初のディズニーランド鉄道（当時はサンタフェ&ディズニーランド鉄道という名称）のポスターである〔図9-4〕。恐竜の背後に列車が走っているのが見える。

以上のように、ディズニーランド鉄道の恐竜はニューヨーク世界博覧会からやってきた。もっとも、その起源をさらに深く探ることもできる。ここで思い出すべきは、ディズニーの一九四〇年のクラシック音楽映画『ファンタジア』（ベン・シャープスティーンほか監督）である。有名な《春の祭典》のパートでは、地球の誕生から恐竜の絶滅までが重厚なトーンで描かれる。恐竜関係の描写のなかでも、ハイライトをなすのは、ティラノサウルスとステゴサウルスの一騎打ちである。この名シーンがそっくりそのまま魔法のスカイウェイとディズニーランド鉄道に継承された（さらには日本のウエスタンリバー鉄道にも）。原始時代のセクションで乗客が目にするのは、まさにそのティラノサウルスとステゴサウルスの一騎打ちである。前掲のポスターに描かれているのもその戦いである。アトラクションでティラノサウルスとステゴサウルスが対峙するポーズも、『ファンタジア』に見られるものとまったく同じである。[10]名だたる科学者の協力をえて完成した《春の祭典》のパートは、学校の生物の授業で教材として使われるほどの出来栄えだった。それまで子どもの娯楽と軽視されていたアニメーションに、芸術的・科学的価値が加わった。最初期の重要作に『恐竜ガーティ』をもつアニメーションの歴史が、恐竜が登場する名場面をふくむ『ファンタジア』をもって、ひとつの頂点に到達したのだ。

話を少しだけニューヨーク世界博覧会にもどそう。この博覧会には、じつはフォード館以外の場所にも恐竜がいた。シンクレア石油会社――ブロントサウルスのロゴで有名である――のダイノランドである。ここでは合計九体の実物大の恐竜模型が展示された。この会社は一九三三年のシカゴ万博以来、恐竜の展示によってたびたび博覧会に脅威ならぬ驚異をもたらしてきたが、ニューヨーク世界博覧会はその集大成と呼ぶべきものだった。ところで、ディズニーと密接な関係にあるピクサーの映画には、恐竜のロゴをもつ架空の会社が二社登場する（名前はいずれもダイナコ）[11]。このモデルがシンクレア石油会社であることはうたがいない。ピクサーと恐竜の関係はこれにとどまらない。長編第一作の『トイ・ストーリー』（ジョン・ラセター監督、一九九五年）には、恐竜のおもちゃ、レックスが登場する。ティラノサウルスだが臆病というキャラクターであり、「トイ・ストーリー」シリーズの名脇役として知られる。ピクサーはさらに二〇一五年に恐竜を主人公とする長編映画を世に送り出した。次節ではその恐竜映画――舞台はアメリカ西部――を探査するとしよう。

『アーロと少年』

前節で論じた『ファンタジア』は恐竜の歴史をその誕生から終焉まで描く。そこでは恐竜の絶滅の原因は気候変動とされている。もっとも、現在では気候変動説よりも隕石衝突説のほうが有力である。『ファンタジア』から六〇年後、ディズニーは長編恐竜アニメーション『ダイナソー』（エリック・レイトン／ラルフ・ゾンダッグ監督、二〇〇〇年）を公開した。ここでは隕石衝突にはじまる恐竜たちの苦難が語られる。新たな生息地を求めて大移動する恐竜を活写する本作は、いわば恐竜ロード・ムーヴィーだ。

隕石衝突説にひとひねりを加えた映画もある。それがピクサー映画『アーロと少年』（ピーター・ソーン監督、二〇一五年）である。もし恐竜を絶滅させた巨大隕石が地球に衝突せずに、すぐそばを通過しただけだったならば、恐竜はその後いかなる歴史を歩んだだろうか。『アーロと少年』はこの現実とは別の歴史を夢見る長編アニメーションである。絶滅をまぬかれた恐竜はおどろくような進化をとげ、言語をあやつるばかりか、耕作までいとなむ。物語の主軸をなすのは、アパトサウルスのアーロと、彼が出会う人間の少年との交流である。

『アーロと少年』の舞台はアメリカ西部である。絵コンテの段階では、恐竜の西部劇として作られる計画もあった。酒場や保安官などが出てくる恐竜映画である。(12) 結局この案は取り下げられた。もしそのまま製作が進んでいれば、『アーロと少年』はアニメーション映画『ランゴ』（ゴア・ヴァービンスキー監督、二〇一一年）――カメレオンが主人公の爬虫類コメディ西部劇――の二番煎じとなっていたにちがいない。とはいえ、西部劇の要素が完全に消え去ったわけではない。完成した映画には、恐竜を使って往年の西部劇の再現を試みたシーンがある。本作では恐竜が畑を耕すとさきに述べたが、これはアパトサウルスである。このほかに、じつは牧畜を生業とする恐竜もいる。ティラノサウルスである。つまり、草食恐竜は農民、肉食恐竜はカウボーイである。映画が突然、西部劇の風情を醸し出すのは、物語のなかば、ティラノサウルスの親子が登場してからのことである。親子の職業はカウボーイであり、ロング・ドライヴ中に行方不明になった牛を探している。やがて牛はヴェロキラプトルに盗まれたことが判明する。牛が発見された大草原で、カウボーイ（ティラノサウルス）と牛泥棒（ヴェロキラプトル）の戦闘がはじまる。ここですぐれて西部劇的な光景が生じる。『赤い河』（ハワー

図9-5　『アーロと少年』

ド・ホークス監督、一九四八年）などの古典西部劇で描かれた、スタンピードと呼ばれる牛の暴走がはじまるのだ。

かくして草原に現出する西部劇的光景。だが、ここでさらに注目したいことがある。草原に駆けつけるときのティラノサウルスの走り方だ［図9-5］。ティラノサウルスの走り方は趾行《しこう》であったと言われる。踵を浮かせてつま先立ちで駆けるスタイルである。一九四〇年の『ファンタジア』のティラノサウルスは、恐怖映画のモンスターのような不器用な動きで走る。一方、一九九三年の『ジュラシック・パーク』のティラノサウルスは、上半身を下げ、頭と尻尾でバランスをとり、趾行のスタイルで走る（そして人間の乗ったジープを追いかけるのだから怖い）。重要なのは、『アーロと少年』のティラノサウルスの走り方は、このいずれとも完全に異なることだ。上半身は起きたままである。何よりも走るときのリズムが違う。わかりやすく記すと、『ジュラシック・パーク』のティラノサウルスは、ダッダッダッダッというリズムで両足を交互に地面につける。一方、『アーロと少年』のティラノサウルスは、ダダッ、ダダッというリズムである。なぜこのような描写になったのか。そこには明確な理由がある。このティラノサウルスが走る姿は、人間のカウボーイが馬に乗って走る姿を意識したものだからである。つまり、ティラノサウルスの上半身は手綱を握ったカウボーイの姿を、一方の下半身は疾駆する馬の後ろ脚の動きを模している(13)。本作のティラノサウルスは職業上のみならず、外見上・運動上もカウボーイである。

ひとつのキャラクターのうちに、人間と馬が結合している。これを恐竜ケンタウロスと呼ぶこともできる。しかし、ここで結合しているのは人間と馬だけではない。実写映画とアニメーションの結合も見いだせる。『アーロと少年』はアニメーションだが、ティラノサウルスの下半身の動きは現実の馬の動きを参照したものである。これに加えて、実写映画の歴史とアニメーションの歴史の結合すらもここには見いだせる。本章の冒頭で述べたことを思い出そう。実写映画の歴史のはじまりには馬が、アニメーションの歴史のはじまりには恐竜がいた。馬のように疾駆する恐竜。この映像のうちに、実写映画とアニメーションの双方の起源の結合を見いだせるのである(14)。そしてこの結合が実現した場所が、馬とも恐竜とも縁の深い西部の大地であることは、あらためて強調してよいだろう。

『原始怪獣ドラゴドン』と『恐竜グワンジ』

恐竜と西部。ここまで見たように、そのあいだには歴史的な関連がある。一方で、恐竜と西部はこの歴史とは関係なく、より単純に相性がよい。そのことも述べておきたい。アメリカは（ステレオタイプ的な見方であることを承知で言えば）何かにつけて大きいことを肯定しがちな国である。だからこそ、恐竜と大西部はいずれもあこがれの的でありつづけている。それらは単独でも価値があるが、合体すればさらに強い魅力を発揮する。

恐竜とカウボーイも、いくつかの点で相性がよい。第一に、いずれも歴史の浅い国家アメリカが誇ることのできる歴史的存在である。第二に、恐竜（とくにティラノサウルス）とカウボーイはともに屈強であり、男らしさの点で輝きを放つ。男らしくあること。これもまたほかの国にも増してアメリカで重視されてきた価値である。それだからであろうか、恐竜とカウボーイはいずれも少年のおもちゃとして人気がある。「トイ・ストーリー」シリーズのアンディ少年も、恐竜とカウボーイのおもちゃの両方をもっている。レックスとウッディである。アンディの空想遊びのなかでは、このティラノサウルスとカウボーイが時空をこえて共演をはたす[15]。これがアンディ少年だけの嗜好でないことは、インターネットで恐竜とカウボーイをキーワードに検索すると、両者を組み合わせた楽しいイラストが多数表示されることからも明らかだ（カウボーイの恰好をした恐竜、恐竜に乗ったカウボーイなど）。アメリカ文化のキャラクターを組み合わせた代表例としては、カウボーイと宇宙飛行士があげられる。一方で、カウボーイと恐竜もそれに勝るとも劣らない魅力をもっている。『アーロと少年』でティラノサウルウスがカウボーイとして描かれる背景には、このようなアメリカ的大衆意識がある。

恐竜と西部。二〇世紀の後半には、恐竜が登場する実写西部劇も作られた。ダイナソー・ウェスタンとも呼ばれるそれらの映画は、概略だけ聞けば、奇をてらっただけの作品と映るかもしれない。しかし、じつは映画史上の重要人物がその製作に関わっていたことを強調しておきたい。

まずは映画のタイトルを明かそう。『原始怪獣ドラゴドン』（エドワード・ナッソー／イスマエル・ロドリゲス監督、一九五六年）と『恐竜グワンジ』（ジム・オコノリー監督、一九六九年）である[16]。いずれも実写映画だが、恐竜はストップモーション・アニメーションで描かれ、実写映像に合成された。『原始怪獣ドラゴドン』は構成上、非常に特異な映画である。映画全体の約四分の三は、ごくオーソドックスな西部劇である。途中から見はじめた観客がいれば、まずまちがいなく、当時のよくある西部劇の一作と勘違いするだろう。ところが、クライマックスにいたって、突然、西部劇の世界に一匹の恐竜（アロサウルス）が姿を見せ、カウボーイがそれをむかえ撃つ。一方、『恐竜グワンジ』は物語の早い段階から複数の恐竜が登場する。ただし、西部劇を意識して作られている点は『原始怪獣ドラゴドン』と同じである。

次に各ダイナソー・ウェスタンに携わった映画史上の重要人物を見よう。『原始怪獣ドラゴドン』の原案を執筆したのはウィリス・H・オブライエン。オブライエンは、『ロスト・ワールド』（ハリー・O・ホイト監督、一九二五年）や『キング・コング』（メリアン・C・クーパー／アーネスト・B・シュードサック監督、一九三三年）などの仕事で知られるストップモーション・アニメーションの先駆者である。残念ながらプロデューサーの意向により、オブライエンは『原始怪獣ドラゴドン』の製作から外され、作中のアニメーションを手がけることはなかった。『原始怪獣ドラゴドン』はオブライエンにとって思い入れのある企画だっただけに、これは大変不幸な出来事だった。というのは、彼の実人生はカウボーイと恐竜の両方に関係していたからである。映画界に入るまえ、オブライエンはさまざまな職を転々としたが、そのひとつがカウボーイであった（Rickitt 182）。さらに、あるときは西部で古生物学者のガイドとして、恐竜の化石発掘作業に協力した（Block 71）。ダイナソー・ウェスタン『原始怪獣ドラゴドン』を生み出したのは、このようにカウボーイとも恐竜とも関係のある人物だったのだ。

次に後年のダイナソー・ウェスタン『恐竜グワンジ』で、ストップモーションを担当した人物にも言及したい。レイ・ハリーハウゼンである。じっさいのところ、『恐竜グワンジ』は『原始怪獣ドラゴドン』以前にオブライエンが構想しながら、頓挫した映画プロジェクトであった。それをオブライエンの弟子であり、特撮映画史上最大の巨匠となったハリーハウゼンが蘇生させ、完成に導いた。作品全体の評価はかならずしも芳しくないが、巨大生物の描写には目を見張るものがある。恐竜映画の忘れがたい一作であり、「ジュラシック・パーク」シリーズにもその影響が見られる。

さらに目をひくのは、『恐竜グワンジ』に馬が登場することである。西部劇として作られている以上、馬が登場するのは至極当然と思われるかもしれない。ここで言っているのは実写の馬ではなく、アニメーションの馬である。絶滅したとされる恐竜がじつは生きのこっていた。これが本作の基本設定であるが、じっさいには恐竜に加えて、エオヒップス、つまり馬の最古の祖先も登場する（大きさは犬くらいだと言われる）。この絶滅動物がハリーハウゼンの卓越したアニメーションによって新たな命をえた。劇中でエオヒップスは本物の人間は言うにおよばず、本物の馬ともみごとに共演する。とくにすばらしいのは次の瞬間である。エオヒップスが一頭の馬に近づ

図 9-6　『恐竜グワンジ』

き、戯れにその鼻に触れる〔図9-6〕。さながら親にいたずらをする子どものように。すると馬はくすぐったそうに頭部を左右にブルブルとふる。このようにして、馬の祖先と現代の馬の奇跡的な世代間交流がごく自然につむがれる。むろん、この交流はわたしたちの生きる現実世界で起こったことではない。馬が撮影された現場にはエオヒップスはいなかった（あとから合成で加えられた）。馬が頭部を左右にふる映像が撮れたのも偶然にすぎない(17)。しかし、その偶然の一瞬を活用して非在と実在——絶滅した動物とその子孫——の交流を実現させた点に、ハリーハウゼンの天賦の才がある。元来、実写映画はアニメーションに比して偶然が入り込む余地が大きい形式である。アニメーション作家がその偶然を最大限活用し、すぐれて創造的な瞬間をもたらした例がここにあるのだ。

『トイ・ストーリー3』

恐竜と列車と馬。その映画史上の重要性を確認した上で、この三項について、西部文化史の視点を交えて論じてきた。この文脈で、前著『荒野のオデュッセイア』の第二章で詳述したある映画のワンシーンをあらためて論じたい。『トイ・ストーリー3』（リー・アンクリッチ監督、二〇一〇年）のオープニングである。アンディ少年の空想を描く本シーンでは、列車、馬、恐竜のすべてが登場する。舞台は案の定と言うべきか、西部である。

シーンのファースト・ショットは、列車がモニュメント・バレーを走るというもの。巨大岩石のそびえる砂漠を、鉄の乗り物が駆け抜けていく。アメリカではこうした岩石砂漠、さらにはそれと鉄道を組み合わせたイメージが好まれる。ヨーロッパにはない岩石砂漠の風景は、アメリカの独自性の証である。そこに鉄道が加わると、人間がテクノロジーで自然を征服した証にもなる。じつは現実のモニュメント・バレーには鉄道は存在しない（むしろ鉄道から非常に遠く離れている）。それにもかかわらず、映画ではそこに鉄道が描かれることがある。それほどまでに巨大岩石と鉄道の組み合わせの訴求力は強い(18)。

こうして幕をあけたシーンが全体として描くのは、保安官ウッディ――仲間に馬がいる――と列車強盗の戦いである。そのなかで自動車からレーザー・ビームまで、多様なテクノロジーが使われる。そのはてに、おそるべきテクノロジーが登場する。核兵器を模した爆弾である。無数のサルのおもちゃがキノコ雲を形成し、西部の空に立ちのぼる。この直後、わたしたちが目にした光景は少年の空想であったことが明かされる。しかし、ここで思い起こさねばならない。二〇世紀、西部の砂漠では数々の地上核実験が実施されたことを。さらには、核兵器の原料となるウランが採掘されたことを（モニュメント・バレーの一帯でもウランが採れた）。西部と核をめぐる歴史の、なかば意識的で、なかば無意識的な掘り起こしに、このシーンの大きなポイントがある。

さらに注目したいのは、このシーンの動物の使い方である。爆弾がなぜサルなのかは一考に値する。この着想の源は『ダック・アンド・カヴァー』（一九五二年）にある。核攻撃から身を守る術を説く短編民間防衛映画である。その冒頭のアニメーションで、カメが突然別の動物にダイナマイトで攻撃される。だが、この両生類は身をかがめて頭を隠し、怪我ひとつなくこれを乗り切る。当時のアメリカでは、核兵器が投下されても、身をかがめて頭を隠せば命を守れる、と説明されていた。重要なのは、このアニメーションのなかで、カメに核攻撃をしかける動物が、ほかでもないサルだということだ。核とサルの結びつき。ここに『トイ・ストーリー3』と『ダック・アンド・カヴァー』の共通点がある。これは偶然に見えるかもしれないが、そうではない。『トイ・ストーリー3』でキノコ雲が上がる箇所を構想したのは、シニア・クリエイティヴ・チームのブラッド・バード。[19] この人物が冷戦時代に強い関心をもつことは、監督作『Mr.インクレディブル』（二〇〇四年）や『トゥモローランド』（二〇一五年）からも明らかだ。さらに、バードはピクサー加入以前に監督した『アイアン・ジャイアント』（一九九九年）で、『ダック・アンド・カヴァー』を直接引用している。

ところで、サルはアジア人を嘲笑するさいに、しばしば引き合いに出される動物である。そのことを思えば、『ダック・アンド・カヴァー』や『トイ・ストーリー3』に描かれるのは、アメリカが被爆国の日本に復讐される姿だという読みも成り立つ。[20]『トイ・ストーリー3』の爆弾の被害者のひとりは、くしくもアメリカの象徴たるカウボーイである。

さらに指摘すべきは、サル爆弾の被害者に恐竜もいることだ。ティラノサウルス（レックス）が、カウボーイやカウガールや馬とともに、赤いキノコ雲に呑まれるのである。これをどのように理解すべきか。まず確認すると、大衆文化史上、恐竜や怪獣は核兵器と深い関係がある。『原子怪獣現わる』（ユージーン・ルーリー監督、一九五三年）と『ゴジラ』（本多猪四郎監督、一九五四年）はそれぞれ、一九五〇年代に米日で製作・公開されたSF映画であり、ともに太古の巨大生物が核実験で目をさます話である。現実世界では鉄道を作ると恐竜の骨が出たことはすでに述べた。一方、SF映画では核爆発が起こると怪獣があらわれるのだ。『トイ・ストーリー3』のオープニングでは恐竜と鉄道と核

兵器が一堂に会する。ティラノサウルスは鉄道付近の地中にひそんでおり、同時に核兵器を模した爆弾の被害を受ける。(21)

ティラノサウルスは、アメリカを連想させる恐竜である（カナダやメキシコでも発掘されたとはいえ）。『トイ・ストーリー3』では、ティラノサウルスが、やはりアメリカの象徴的存在のカウボーイとともに、サルの攻撃を受ける。もっとも、「トイ・ストーリー」シリーズのレックスは、日本とも縁がある。前作の『トイ・ストーリー2』（ジョン・ラセター監督、一九九九年）では、レックスがゴジラにたとえられた。このシリーズ第二作には当初、レックスが『ゴジラ』のパロディを演じるシーンが入る予定だった。結局このシーンは不採用となったが、本編にもゴジラへの言及はのこされている。たとえば映画中盤のシーン。体のむきを変えようとしたレックスが、迂闊にも尻尾でブロックの建物を壊してしまう。そのとき、ブタの貯金箱（ハム）が「おい、尻尾気ぃつけろよ、偽ゴジラ（Oh, why don't you watch where you're going, Godspilla?）」と述べる。原文に登場するGodspillaという単語はGodzilla（ゴジラ）とspill（まき散らす）をかけ合わせた軽妙な造語である。日本の怪獣ゴジラに見立てられるティラノサウルス。(22) このようなレックスの環太平洋的な描かれ方をふまえると、キノコ雲の光景にアメリカが日本に復讐される姿を見る先述の解釈には、多少の亀裂が生じるかもしれない。いや、このシーンでレックスが轟かせる咆哮は、アメリカ映画『ジュラシック・パーク』のティラノサウルスの咆哮をモデルとするから、やはりここでのレックスはアメリカの象徴ととらえるべきか。ともあれ、深読みをつづけるのはこれくらいにしよう。だが最後に、『トイ・ストーリー3』にかぎらず、ひとつ恐竜というキャラクターが加わることによって、作品の意味が複雑になるということは強調しておきたい。逆に言えば、その巨体でも支えきれないほどの多義性を担わされてきたのが、大衆文化における恐竜という存在なのである。(23)

まだ見ぬ古生物のために

著者が本章のもとになった論考を発表したのは二〇二二年初頭。この年の夏になって、ダイナソー・ウェスタンの末裔と呼ぶべき映画が公開された。本章を終えるまえに、その映画に触れないわけにはいかない。マイブリッジの「動く馬」が引用され、重要なモチーフとなっている映画である。ジョーダン・ピール監督のSF映画『NOPE/ノープ』である。この映画とアメリカ西部、また西部劇との関係はすこぶる明確である。舞台はカリフォルニアの牧場。主人公のOJ(ダニエル・カルーヤ)——マイブリッジの「動く馬」に撮影された黒人騎手の子孫という設定——は、この牧場で馬の調教をおこなっている。さらに映画には西部劇のテーマパークが登場するし、シドニー・ポワチエ監督・主演の有名な黒人西部劇『ブラック・ライダー』(一九七二年)への言及もある。本作は全体として、西部劇、さらには映画の歴史を、黒人の視点から読み替える野心作である。同時に、本章の文脈上注目すべきは、冒頭で触れた『ジュラシック・ワールド/新たなる支配者』は映画の一部のみダイナソー・ウェスタンだが、『NOPE/ノープ』は全体がダイナソー・ウェスタンの変種だということである。なるほど、本作は恐竜映画ではない。だが、そこにはおそるべき「人食い動物」が登場する。これにもっとも近いものは『ジョーズ』(スティーヴン・スピルバーグ監督、一九七五年)のサメだろう。しかし同時に、その生き物はとてつもなく巨大であり、人間をその頭上から襲うことから、スピルバーグの別の代表作『ジュラシック・パーク』の恐竜のことも容易に連想される。さらに、主人公がアメリカ西部で馬に乗ってその怪物と戦うのだから、これが『原始怪獣ドラゴドン』や『恐竜グワンジ』といったダイナソー・ウェスタンの変種でなくて何だろうか。

今後の考察のために、さらに三本の映画についてメモしておこう。製作年代はさまざまだが、いずれも西部と恐竜に関係のある映画である。

(1)『滅び行く民族』(ジョージ・B・サイツ監督、一九二五年)。すでに本書でも何度か言及しているが、モニュメント・バレーを最初に撮影した西部劇である。興味深いのは、映画の冒頭に恐竜が登場することである。もっともイラストとしてであるが。社会進化論における適者生存の概念を説明するインタータイトルに、二頭の恐竜が戦う様子が描かれている。一方で、永久不変を象徴するものとして、この直後に登場するのがモニュメント・バレーである。ひとまずここでは『トイ・ストーリー3』の八五年まえに、すでに恐竜とモニュメント・バレーが接近していたことだけ強調しておこう。

(2)『悪人の誕生』(テックス・エイヴリー監督、一九五五年)。奇才エイヴリーの手になる短編アニメーションで、紀元前一〇〇万年にテキサスに登場した最初の悪人を描く。彼の名はダイナソー・ダン。馬のかわりに恐竜を駆る。追跡隊もまた恐竜でこの悪人を追う。

(3)『ノマドランド』(クロエ・ジャオ監督、二〇二〇年)。このロード・ムーヴィーの中盤に、実物大のブロントサウルスの模型(サウスダコタ州の観光地ウォール・ドラッグ・ストアの名物)が登場する。また、その少しあとでは、主人公(フランシス・マクドーマンド)と会話を交わす青年が、自分のライターの飾りの石は恐竜の骨だと口にする。ロード・ムーヴィーの最大の巨匠ヴィム・ヴェンダースも恐竜に関心があり、自作に取り入れていることを言い添えておこう(24)。

さて、そろそろ発掘の手をとめることにしよう。だが、この作業は完全に終わったわけではない。新旧の映画に眠る西部の恐竜たちが、日の目を見ることを今か今かとまちつづけている。

(1) レフ・マノヴィッチが『ニューメディアの言語』(原著は二〇〇一年刊行)に記した一文「デジタル映画とは、多くの要素の一つとしてライヴ・アクションのフッテージを用いる、アニメーションの特殊なケースである」(マノヴィッチ 四一四)。この一文は原文ではイタリック、翻訳では太字だが、ここでは強調なしとした)は、以後多種多様な議論を呼ぶことになった。

(2) ディズニーランド鉄道はウエスタンリバー鉄道とは異なり、パークの西半分だけでなく全体を移動する。つまり、全体としては西部という場所ないしテーマに特化したアトラクションではない。ウォルト・ディズニーは模型鉄道の愛好家として知られており、自宅の庭にあった鉄道を拡張したいという彼の願望が、ディズニーランド建設の出発点になったという説もある(能登路 五四)。そのことを考えると、ディズニーランド鉄道は、パークのなかでもひときわ重要な歴史的意義をもつアトラクションと言える。ディズニーランド鉄道の歴史の詳細については、デガエターノ(DeGaetano)を参照されたい。

(3) 西部における恐竜関係の観光地を論じたのがフロスト/レイン(Frost and Laing 199-211)である。

(4) 細馬宏通もまた、現実に存在しないもののなかで、なぜマッケイが恐竜を選んだのかという疑問の答えとして、コープとマーシュの化石戦争をあげている。

(5) 巽孝之は、ユニオン・パシフィック鉄道の労働者に中国人が多かった事実と、他方における中国人恐怖の高まりをふまえ、鉄道建設中の化石発見に関して次のようなアイロニーを指摘している。すなわち、「恐ろしい竜として頭角を現しつつあった中国人をも含む労働者が、たまたま線路を建設中に、消え去ったはずの恐竜の化石を発掘したアイロニー」（巽 一二五）である。

（6）もっとも、ウエスタンリバー鉄道は序盤でアメリカ先住民を登場させ、終盤で恐竜の化石発掘に言及しながら、両者のあいだの逆説的関係に注意をはらうことはない。ふたたび巽の評言を引こう。「[…] こうした自然科学的発見の陰に隠れている本質的なパラドックスは、たとえば黒人奴隷という種を労働力として搾取するばかりか、インディアンという既存の種の存続を脅かすほどに北米を探検しなければ、古生物という種の起源は探究できないということ、つまり種の起源を探究するには、既存の種を絶滅へ追い込む危険が必ず伴うということだ」（巽 九五）。なお、恐竜と鉄道の歴史的関係については、一九世紀当時、鉄道が竜にたとえられたことも見逃せない。この点については岡田に詳しい。

（7）ただし、フィルムの運搬には危険がともなった。当時はナイトレート・フィルムが使われたため、簡単に火災が起こる可能性があった。このため旅客列車には（つまり乗客と一緒には）フィルムを載せてはならないと定めた州もあった（Waller 99）。映画史初期からフィルムには危険な被写体（恐竜など）が描かれてきたが、ある意味でいちばん危険だったのはフィルムそのものだった。

（8）ディズニーとニューヨーク世界博覧会の関係については、トマス（三一六―三二四）を参照されたい。

（9）ディズニーランド鉄道は過去から未来へと順番に時代を進むのではなく、未来のセクション（トゥモローランド）をへて太古のセクションに跳躍するという構成になっているから、そのぶん恐竜の登場がもたらすインパクトは増大したとも言える。恐竜が登場する別のテーマパークの時間旅行系アトラクションとしては、三つのユニバーサル・スタジオ（フロリダ、ハリウッド、ジャパン）にかつてあったバック・トゥ・ザ・フューチャー・ザ・ライドがあげられる。

（10）しばしば指摘されることだが、ティラノサウルスとステゴサウルスは生息年代が異なるから、これは現実にはありえない時空をこえた戦いである。もっとも、ディズニーランド鉄道がそもそも複数の時間軸を交差させる乗り物である以上、こうした時間の跳躍はある意味で正当化されている。

（11）『トイ・ストーリー』に登場するガソリンスタンドと、『カーズ』（ジョン・ラセター監督、二〇〇六年）に登場する石油会社である。いずれもダイナコと呼ばれる。会社のロゴとして使われる恐竜は異なる。前者は（シンクレア石油会社と同じ）ブロントサウルス、後者はティラノサウルスである。

（12）映画の音声解説（ブルーレイ特典）における監督のピーター・ソーンの発言による。なお、くしくも『アーロと少年』の公開と同じ年に、恐竜がカウボーイを演じるのではなく、カウボーイが恐竜と死闘を演じるテレビ映画が公開された。『ジュラシック・ハンターズ』（アリ・ノヴァク監督、二〇一五年）である。スピルバーグの『ジュラシック・パーク』の模倣映画であることを隠さない潔い邦題である（原題は *Cowboys vs. Dinosaurs*）。スピルバーグの映画とは異なり、カウボーイを前面に押し出した点に一応の特色がある。モンタナの地下世界にひそんでいた恐竜の生きのこりが、偶然外の世界に逃げ出して暴れまわるのだが、これにカウボーイハットを被った現代の西部の男たちが立ちむかうという物語である。

（13）映画の音声解説（ブルーレイ特典）におけるソーンと作画監督のマイケル・ヴェンチュリーニの発言による。

（14）実写映画寄りの視点に立てば、これは慶賀すべき映像ではないとも言える。『アーロと少年』公開の四年まえ、ハンガリーの巨匠タル・ベーラは『ニーチェの馬』（二〇一一年）で馬を使って映画（実写映画）の死を描いた。『ニーチェの馬』は最終的にあらゆるモーションを停止へと送り込む映画だが、その冒頭では映画史的にじつに象徴的なことに、疲弊した馬のモーションが描かれる。加藤の言葉を借りれば、「映画（史）はアイアン・ホースの運動ではじまり、ホースの非運動で終わる」（加藤『列車映画史特別講義』一二五）。一方、『アーロと少年』ではホースの運動が恐竜のアニメーションのなかに組み込まれて再現される。それは実写映画が死体のままよみがえった姿、いわばゾンビのようなものとも見なせる。

（15）『トイ・ストーリー・オブ・テラー！』（アンガス・マクレーン監督、二〇一三年）ではカウガールのジェシーが恐竜ならぬイグアナと格闘する。

（16）この二作の概要については、ベリー（Berry 37-42, 397-406）を参照されたい。

（17）『恐竜グワンジ』の製作経緯やエオヒップスの登場シーンについては、映画のDVDに収録されたメイキング映像に詳しい。

（18）『トイ・ストーリー3』以後に列車がモニュメント・バレーを走る映画としては『ローン・レンジャー』（ゴア・ヴァービンスキー監督、二〇一三年）がある。また、このヴァリエーションとして、『トランスフォーマー／ロストエイジ』（マイケル・ベイ監督、二〇一四年）がある。この映画では自動車に変身するロボット生命体がモニュメント・バレーを走りまわる。

（19）映画の音声解説（ブルーレイ特典）における監督のリー・アンクリッチの発言による。

（20）H・ブルース・フランクリンは、第二次世界大戦終結後のアメリカにおいて、国民が自己を核戦争の犠牲者として想像する傾向があったと指摘している（フランクリン 一八一）。

（21）ただし、ここでは核兵器の使用と恐竜の登場の順序が通常のSF映画と逆である。ティラノサウルスはカウガールの呼び声で地中から姿をあらわし、そのあとで核兵器を模した爆弾の被害にあう。

（22）ゴジラそのものも、アメリカによる空爆・原爆投下の暗喩と、日本軍兵士の亡霊という両義的な性質をもっている（吉見 二一六—二三四）。

（23）先史時代の恐竜に関して国籍を云々すること自体、きわめて人間中心主義的な考え方であるということは付言しておかねばならない。

（24）『ノマドランド』が描く地質学的時間については、川村を参照されたい。また、ヴィム・ヴェンダースの映画『パリ、テキサス』（一九八四年）や写真《恐竜と家族（*Dinosaur and Family*）》（一九八三年）おける恐竜については、コート（Court 160-172）を参照されたい。

《第Ⅳ部》オン・ザ・ロード

第10章

約束の地への不可能なドライヴ　ロード・ムーヴィー小史

以前はすべてが西部劇だと思っていました。でも今はすべてがロード・ムーヴィーだと考えています。(1)
——ケリー・ライカート

車上生活者と西部開拓者

二一世紀のロード・ムーヴィー『ノマドランド』(二〇二〇年)は、第九三回アカデミー賞でアジア人女性初となる監督賞(クロエ・ジャオ)、さらには作品賞と主演女優賞(フランシス・マクドーマンド)を受賞し、話題を呼んだ。

『ノマドランド』は現代アメリカの車上生活者の旅を描く。出演者の大半はじっさいの車上生活者である。映画のなかで主人公ファーン(マクドーマンド)の姉(メリッサ・スミス)はこんなことを言う。

ノマド〔ここでは現代の車上生活者をさす〕の生き方って、昔の開拓者と同じじゃないかって気がするの。ファーンの生き方はアメリカの伝統よ。すばらしいと思う。

図10-1　『イージー・ライダー』

一方、ロード・ムーヴィーの古典『イージー・ライダー』（デニス・ホッパー監督、一九六九年）は、バイカーの旅を描く。主人公の名は、ワイアット（ピーター・フォンダ）とビリー（デニス・ホッパー）。西部開拓時代の伝説の保安官ワイアット・アープとガンマンのビリー・ザ・キッドに由来する。『イージー・ライダー』のビリーは二〇世紀のバイカーだが、ファッションは西部劇風である（つば広帽にフリンジ・ジャケット〔図10-1〕）。ワイアット役のピーター・フォンダは、モニュメント・バレーで撮影された西部劇の古典『荒野の決闘』（ジョン・フォード監督、一九四六年）でワイアット・アープを演じたヘンリー・フォンダの息子である。『イージー・ライダー』の旅の序盤、ワイアットとビリーはモニュメント・バレーを通過する。

このように、ロード・ムーヴィーは基本的に現代の旅を描くが、同時に一九世紀の西部開拓史や西部劇ジャンルと、深いところでつながっている。厳密な統計をとるのはむつかしいが、多くのロード・ムーヴィーの移動方向が西であるのもこれに関係している。ロード・ムーヴィーをつらぬくのは、西部開拓時代——さらに言えば、海をこえてやってきたピューリタンの時代——からつづく、西への衝動である。西に行けば、何かすばらしいことがある、という期待がひとを旅へと駆り立てる。その意味で、『イージー・ライダー』が西向きではなく、あえて東向きの旅を描いたのは興味深い。それはまさに「アメリカをレビュー（再見＝再吟味）する旅」（杉野一八九、括弧内原文）である。

以下にお読みいただくのは、西部劇の隣接ジャンル、ロード・ムーヴィーのコンパクトな歴史である。本章のもとになったのは、アメリカ文学の研究書『アメリカン・ロードの物語学』（松本昇ほか編）に寄稿したコラムである（ほかの章に比べると、記述がやや概説的・入門的なのはそのためである）。このコラムの執筆中に、わたしの念頭にあったのは、加藤幹郎がかつてロード・ムーヴィーについて「映画用語のインフレーション」（加藤『日本映画論』三五）が起こっていると指摘したことだった。ロード・ムーヴィーは移動を描く映画とも定義できる。だとすれば無数の作品がそれにあてはまる。そこがロード・ムーヴィーのおもしろさであるが、同時にこの用語は安易に多くの映画に適用されてきたきらいがある。これでは用語の広大な適用範囲のなかで迷子になりかねない。狭義のロード・ムーヴィーと広義のロード・ムーヴィーの区別、あるいは先行するほかのジャンルとの関係性。そうした点も押さえなければ、このジャンルについて確固たる議論をおこなうことは困難である。本章はそうした思いに駆られてつづられた文章である。

ロード・ムーヴィーは世界的なジャンルである。アメリカ固有のジャンルと見なされてきた西部劇とは異なる（そのじつ西部劇も国際的なものであることは、本書の第Ⅱ部で明らかにしたとおりだが）。しかし、いやだからこそ、ここではあえてアメリカのロード・ムーヴィーにこだわり、そこに描かれる旅をアメリカの歴史や理念との関係から論じたい。本章はそのような方針のもと、ジャンルのガイドとなることをめざす。章の最後にはいくつかの作品をピックアップし、その見どころも紹介する。(2)

ジャンルの成立

ロード・ムーヴィーをジャンルとして成立させた重要作は、すでに触れた『イージー・ライダー』である。(3) 公開は一九六九年。旅を描くそれ以前のアメリカ映画は、多かれ少なかれ既成のジャンルに依存していた。だが、一九六九年というのは、遅すぎると言わねばならない。こうした映画はもっと早く登場すべきだった。文学の世界では、一九五七年にジャック・ケルアックのロード・ノヴェル『オン・ザ・ロード』が刊行されていた（ケルアックが原稿を書き上げたのは、さらにその六年まえ）。『オン・ザ・ロード』は『イージー・ライダー』と多くの共通点をもつ。延々とくりかえされる移動についての長い描写、スピードとセックスとドラッグによる恍惚の追求、アメリカの現況への不満と抵抗（ただし立ちむかうのではなく、背をむける形での抵抗）、にもかかわらず捨てきれないアメリカへの想いなどである。

移動の観点から見ると、二〇世紀は皮肉な時代だ。自動車の普及やハイウェイ・システムの整備によって、国民の移動の利便性は格段に向上した。その一方で、かつて夢見られた約束の地やフロンティアは、すでに失われて久しい。何らかの理想を求める旅は、理想が純粋なものであればあるほど、どこにもたどりつかない旅となる。そのようにして旅は終着点を失い、旅する行為自体が目的となる。何かと息苦しい五〇年代に、これをみごとに体現したのが『オン・ザ・ロード』の旅である。主人公サル・パラダイスは物質主義や体制順応主義に染まった第二次世界大戦後の社会から逃避する。その旅はしかし、解放感だけでなく焦燥感をともなうものだった(4)。

ともあれ、いま確認したいのは、『オン・ザ・ロード』的な旅が六〇年代にようやく映画になった背景である。『イージー・ライダー』はロード・ムーヴィーの先駆であり、同時にニューシネマを代表する作品である。というよりも、このふたつの事実は密接に関連している。六〇年代後半の映画史をふりかえろう。まず、それまで映画の内容を制限していた映画製作倫理規定(通称ヘイズ・コード)が解体され、セックス、ドラッグ、暴力の描写の幅が一気に広がった。さらに、ハリウッドのメジャー・スタジオが経営難となった結果、ようやくアメリカ映画を改革せんと意気込む若手に活躍の余地が生まれた。そのとき誕生したのがニューシネマである。基本的に製作は独立系、配給はメジャー。性や暴力の描写に加えて、低予算のロケーション撮影や実験的な映画技法の使用が特徴である。エンディングも、旧来のハリウッド映画の慣例からすればおどろくべきことに、陰惨なものやあいまいなものが多い。プロットの構成も従来とは大きく異なる。因果関係の鎖で緊密に縛られたものではなく、逆に相当にゆるやかで、気ままでさえあるものが好まれるのである。このように記すとわかるように、ニューシネマは本来的に『オン・ザ・ロード』的な旅の感覚、つまりは無軌道であてどない旅の感覚と相性がよい。

かくして狭い意味でのロード・ムーヴィーが成立するには、まずニューシネマが誕生せねばならなかった。そしてそのためには、旧態依然たるメジャー・スタジオが経営危機におちいる必要があった。そもそもロード・ムーヴィーの代名詞と言うべき茫漠たる風景のつらなりも、ある意味ではニューシネマの産物である。すでに述べたように、旧来のハリウッド映画は緊密で隙のないプロットの構成を好むから、風景をそれ自体として延々と描くことはまれだった。

『イージー・ライダー』以前

さて、以上の確認をすませたところで、ロード・ムーヴィーというジャンル成立以前に、旅や移動を描いた映画を論じていこう。(5) あまりに膨大な数の作品がそれにあてはまるので、ここではロード・ムーヴィーとの関連上、頻繁に言及される作品に議論を限定したい。

まずは西部劇から見ていきたい。西部開拓時代を描くジャンルであるから、当然ながら移動を描く作品は多い。西部劇が描く移動のなかでも、アメリカという国の成り立ちを考える上でとくに重要なのは、約束の地（オレゴンやカリフォルニア）をめざす幌馬車隊の移動である。この移動を描く古典映画に『幌馬車』（ジェイムズ・クルーズ監督、一九二三年）や第12章で論じる『ビッグ・トレイル』（ラオール・ウォルシュ監督、一九三〇年）がある。

少しだけ文化史の復習をしよう。アメリカ国民の移動指向の根源に、ピューリタンの「荒野への使命」という思想がある。宗教的自由を求めて海を渡ったピューリタンは、自分たちの営為を神からの使命と解釈した。この「荒野への使命」が一九世紀、領土拡張主義と結びついて「明白なる天命」となる。アメリカが西へ西へと領土を拡張することも、神からの使命なのである。『幌馬車』がまさにそうだが、かつての西部劇は「明白なる天命」に無批判だった。だが、やがては西部劇の内部でこうしたイデオロギーへの自己批判がはじまる。そしてたとえば、約束の地をめざす白人開拓者ではなく、居留地から故郷をめざすシャイアン族（「明白なる天命」ゆえに追放されたひとびと）を描く『シャイアン』（ジョン・フォード監督、一九六四年）のような作品が生まれる。六〇年代のことである。(6)

西部劇は成立期から衰退期まで一貫して移動を描きつづけた。一方、アメリカ映画全体が、移動のテーマに大いに注目した時期がある。一九二九年の暗黒の木曜日にはじまる約一〇年間の大恐慌時代、つまり職を探してアメリカの方々を渡り歩く労働者があふれた時代である。『仮面の米国』（マーヴィン・ルロイ監督、一九三二年）は、アメリカの法制度と刑務所制度を告発した社会派映画。移動とどう関係するかといえば、主人公はまず渡り労働者として、やがては逃走犯として旅をする。首尾よく進まぬ職探しのさなか、無実の罪で収監され、非人道的なあつかいを受けた彼は、脱獄し、逃走をつづけるのだ。渡り労働者と逃走犯の旅、さらには社会への批判と抵抗といえば、ジョン・スタインベック原作、ジョン・フォード監督の『怒りの葡萄』（一九四〇年）がある。主人公一家のめざす約束の地（カリフォルニア）が幻想にすぎないことを示す点で、『怒りの葡萄』は幌馬車ものの西部劇の陰画である。ただし映画版では、原作に加えられたいくつかの改変ゆえに、約束の地への幻滅の度合いはいくらか弱まっている。(7)

ニューシネマ『俺たちに明日はない』（アーサー・ペン監督、一九六七年）に描かれたアウトロー・

カップル、ボニーとクライドが活躍し、社会全体にただよう閉塞感を打ち破る英雄としてもてはやされたのも、不況下の三〇年代だ。ボニーとクライドが射殺された数年後には、ふたりの逃避行に着想をえた『暗黒街の弾痕』（フリッツ・ラング監督、一九三七年）が公開された。この珠玉の犯罪映画に、以後、『夜の人々』（ニコラス・レイ監督、一九四八年）、『拳銃魔』（ジョゼフ・H・ルイス監督、一九五〇年）、『俺たちに明日はない』、『地獄の逃避行』（テレンス・マリック監督、一九七三年）、『ナチュラル・ボーン・キラーズ』（オリヴァー・ストーン監督、一九九四年）、近年では『ゴッド・ブレス・アメリカ』（ボブキャット・ゴールドスウェイト監督、二〇一一年）、『ムーンライズ・キングダム』（ウェス・アンダーソン監督、二〇一二年）、『クイーン&スリム』（メリーナ・マッツーカス監督、二〇一九年）などがつらなり、アウトロー・カップルの逃避行ものの伝統が今日までつづいている。(8)

不況下のアメリカの旅を社会批判を交えずに描いた傑作映画がある。フランク・キャプラ監督の『或る夜の出来事』（一九三四年）である。裕福なヒロインのかりそめの貧乏旅行や、そこで生まれる新聞記者との階級差をこえた恋愛が描かれる。大恐慌は社会の流動化をもたらしたが、これはそれにもとづく現代のおとぎ話だ。『或る夜の出来事』はスクリューボール・コメディと呼ばれる恋愛コメディの第一作とされることが多い。キャプラは三〇年代から四〇年代初頭にかけて、社会批判のメッセージをふくむ人民喜劇（この点でスクリューボール・コメディとは区別される）でも人気を博した。(9)

そのすぐれた変種にして、旅をテーマとする点で注目すべき作品が、プレストン・スタージェス監督の『サリヴァンの旅』（一九四一年）である。主人公の映画監督が出かけた、かりそめのはずの貧乏旅行は、『仮面の米国』を思わせる不条理な状況——誤解にもとづく収監と苛酷な刑務作業——に行きつく。しかし、刑務所のなかで主人公が発見するのは、怒りや抵抗の声をあげることの必要性ではない。そうではなく、苦境のどん底で笑い声を響かせることの大切さ、そしてそのために映画が何をなしうるかである。そこにスタージェスならではのひねりがある。

『或る夜の出来事』や『サリヴァンの旅』の旅が、多少なりとも米国内の厳しい現実に触れるものだったとすれば、それとはいっさい無縁の海外の旅を描き、現実逃避に徹してみせたのが「珍道中」シリーズ（一九四〇―六二年）である。『シンガポール珍道中』（ヴィクター・シャーツィンガー監督、一九四〇年）にはじまる、このビング・クロスビー、ボブ・ホープ、ドロシー・ラムーア主演のコメディ・ミュージカルのシリーズは、戦後も製作がつづき、全部で七作品を数える。

対照的に、悪夢にはじまり悪夢に終わる国内の旅を描いたのが、戦後まもなく公開されたフィルム・ノワール『恐怖のまわり道』（エドガー・G・ウルマー監督、一九四五年）である。恋人に会うために、ニューヨークからカリフォルニアへとヒッチハイクでむかう道中、主人公のピアニストは運命の罠にかかり、破滅する。いや、映画を見るかぎりでは、彼は最初から逃れられない罠にかかった状態である。映画序盤から、フラッシュバックとヴォイスオーヴァーによって、彼が囚われの状況にあることが示されるのだ。さらに言えば、『恐怖のまわり道』は『仮面の米国』や『怒りの葡萄』と同様に、暗鬱で息苦しい旅の物語だが、これら二作とは異なり、そこから何らかの社会批判が引き出されることはない。社会への怒りの声ではなく、自分自身と観客にたいする嘆きの声、それが『恐怖のまわり道』を特徴づける。もとよりフィルム・ノワールとは、第二次世界大戦中および戦後に量産された、頽廃と暴力、孤独とパラノイアをめぐる特殊な犯罪映画である（加藤『映画ジャンル論』四二一

―四二三）。一般にその舞台は、閉ざされた都市の内部だが、なかには都市から飛び出すものもある。(10)しかしハイウェイも闇に閉ざされ、出口のない迷路と化して旅人を苦しめる。『恐怖のまわり道』はそのきわめつけの例である。フィルム・ノワールというジャンルについては、低予算のロケーション撮影を推進したという点でも、ロード・ムーヴィーの前史を語る上で見逃すことはできない。

『イージー・ライダー』との関連では、同じくピーター・フォンダ主演の『ワイルド・エンジェル』（ロジャー・コーマン監督、一九六六年）にはじまる、六〇年代後半のバイカー映画のブームも忘れてはならない。『ワイルド・エンジェル』のさらに先駆けと言えるのが、五〇年代の年少者犯罪ものを代表する一作であり、バイクと不良少年の結びつきを主題化した『乱暴者』（ラズロ・ベネディク監督、一九五三年）である。

『イージー・ライダー』以後

さて今度は『イージー・ライダー』以後のロード・ムーヴィーに目をむけ、その特質を論じることにしたい。アメリカン・ロード・ムーヴィー（ないしロード・ストーリー）の通史的研究であるレイダーマン（Laderman）やミルズ（Mills）を参照しつつ、七〇年代から九〇年代までの傾向を思い切って簡略化すると、次のようになる。(11)反抗の描写に変化が見られた七〇年代、保守化が進み家族のテーマが前景化した八〇年代、その反動として多様性が重視された九〇年代。以下、この流れで議論を進めていきたい。

ニューシネマは七〇年代なかばまでつづいたとされる。この時代に、『雨のなかの女』(フランシス・フォード・コッポラ監督、一九六九年)、『断絶』(モンテ・ヘルマン監督、一九七一年)、『バニシング・ポイント』(リチャード・C・サラフィアン監督、一九七一年)、『地獄の逃避行』など多くのロード・ムーヴィーが生まれた。ここに名をあげた諸作の特徴は、端的に言うと、終始『イージー・ライダー』のあの陰惨なエンディング——フォンダとホッパーが保守的な南部の白人に銃殺される——の影のなかにあることだろう。『イージー・ライダー』の道中に垣間見られた解放感が失われ、その結末の閉塞感と虚無感が映画全体を覆いつくすのである(Laderman 83)。『イージー・ライダー』には途中で旅に加わるジャック・ニコルソンが、バイクの上で腕を水平に広げ、鳥の羽ばたくまねをする忘れがたいシーンがある。しかし、その後のニューシネマ期のロード・ムーヴィーにあっては、旅人にそうした余裕や遊び心はほとんど見られない。旅人はどれだけ羽ばたこうと、籠のなかから出られないことを、ある種の諦念とともに最初から自覚しているようである。『恐怖のまわり道』の場合のように、運命の罠にかかっているわけではない。漠然とした、いわく言いがたい閉塞感と虚無感を抱きながら、どこにもたどりつけないことは承知の上で、ひたすら移動をつづけるのだ。その移動はときには自己を傷つけるかのような激しい調子をともなう(『断絶』や『バニシング・ポイント』の自己破壊的なドライヴ)。

ロード・ムーヴィーという名称をどの範囲まで適用するかはむつかしい問題である。ひとまず、ニューシネマ期の諸作を「狭義」のロード・ムーヴィーとして、これから述べる八〇年代のロード・ムーヴィーとは区別することが必要だろう。というのも、両者には根本のところで大きな相違が見られるからだ。約束の地が失われたアメリカでの、あてどない彷徨の旅。理由も目的も欠いた移動のための移動。待ち受けているのは堂々めぐりか、残酷な死か。(12) ニューシネマ期の諸作にこうした特徴があったとすれば、八〇年代のロード・ムーヴィーは、旅は究極的にはどこにもたどりつかないという事実を括弧にくくる。あるいは、純粋無垢なる自己の回復とか、理想のアメリカの追求といった過大な期待(ニューシネマ期のロード・ムーヴィーにただよう虚無感はこの裏返しであった)を旅に寄せない。ただし、そのかわりにある小さな期待を寄せる。車輪を転がすうちに、少なくとも人間関係は前進するだろうという期待だ。

じっさい、『シュア・シング』(ロブ・ライナー監督、一九八五年)、『大災難P.T.A.』(ジョン・ヒューズ監督、一九八七年)、『ミッドナイト・ラン』(マーティン・ブレスト監督、一九八八年)、『レインマン』(バリー・レヴィンソン監督、一九八八年)といった八〇年代のロード・ムーヴィーを特徴づけるのは、仲間や家族の誕生・再生といったテーマである。(13) むろんこれは政治の季節を通過したあとの、アメリカ社会とハリウッドの保守化とも連動している。ニューシネマ以後もハリウッドでは若手監督の起用はつづくが、一斉上映や大規模宣伝にもとづく新たな大作主義が生まれ、作品の内容も政治的に穏健なものに変化した。

すでに触れたとおり、ここで述べたような作品は、ニューシネマ期のロード・ムーヴィーとはひとまず区別すべきである。むしろ、ファミリー・メロドラマやスクリューボール・コメディなど、旧来のジャンルの伝統のなかで理解したほうがわかりやすいものもある。とくに精妙な例と言えるのが、アメリカ映画史を代表するミュージカル゠ファミリー・メロドラマ『オズの魔法使』(ヴィクター・フレミング監督、一九三九年）を、悪夢すれすれの倒錯的フェアリーテイル（おとぎ話）に変奏した『ワイルド・アット・ハート』（デイヴィッド・リンチ監督、一九九〇年）である。[14]

ここでロード・ムーヴィーというジャンルの発展に、またその名称の定着に、最大級の貢献をはたしたドイツ人の名をあげねばならない。ヴィム・ヴェンダースである。『イージー・ライダー』の影響下、ヴェンダースは七〇年代にドイツでいわゆる「ロード・ムーヴィー三部作」（『都会のアリス』［一九七四年］、『まわり道』［一九七五年］、『さすらい』［一九七六年］）を撮った。またロード・ムーヴィーズ・フィルムプロドゥクツィオーンという製作会社を設立し、八〇年代にはロード・ムーヴィー史上に燦然と輝く『パリ、テキサス』（一九八四年）をアメリカで撮った（第2章参照）。

『パリ、テキサス』が公開された年は、ジム・ジャームッシュが、やはりロード・ムーヴィー史上に名をのこす『ストレンジャー・ザン・パラダイス』（一九八四年）を世に問うたことでも銘記に値する。図式的な見方ではあるが、次のような整理が可能である。ヴェンダースの『パリ、テキサス』は、ニューシネマ期のロード・ムーヴィーの彷徨のテーマと、八〇年代のロード・ムーヴィーの家族のテーマを統合した。一方で、ジャームッシュの『ストレンジャー・ザン・パラダイス』は、彷徨のテーマを引き継ぎながらも、そこから焦りや切迫感、自己破壊的な衝動を根こそぎ取り除いた点が画期的だった。ジャームッシュ映画にあるのは、倦怠と退屈とすれ違いの反復――ニューヨークからクリーヴランドに旅しようとも、『イージー・ライダー』でフォンダとホッパーがたどりつけなかったフロリダに旅しようとも、主人公たちを取り巻く状況はまるで変化しない――、またそこから生まれる卓抜なるユーモアである。

九〇年代は、同時代のアイデンティティ・ポリティクスの傾向にそった、マイノリティを旅の主体とするロード・ムーヴィーが多数作られた。アメリカの現況を批判ないし拒絶する姿勢が、その対象を物質主義や体制順応主義から、白人男性中心主義や異性愛中心主義に拡大させて、ふたたび強まったとも言える（Mills 188）。女性、ゲイ、黒人、アメリカ先住民の旅をそれぞれ描いた『テルマ＆ルイーズ』（リドリー・スコット監督、一九九一年）、『マイ・プライベート・アイダホ』（ガス・ヴァン・サント監督、一九九一年）、『ゲット・オン・ザ・バス』（スパイク・リー監督、一九九六年）、『スモーク・シグナルズ』（クリス・エア監督、一九九八年）が代表例である。七三歳の男が時速八キロの芝刈り機で約五〇〇キロを旅する『ストレイト・ストーリー』（デイヴィッド・リンチ監督、一九九九年）も銘記すべき一作である。

二一世紀以後も、数多くのアメリカン・ロード・ムーヴィーが公開されてきた。その詳細な議論は別の機会に譲るとして、ここでは大まかな傾向だけ記しておこう。[15] まず、ロード・ムーヴィーのなかで家族のテーマが復権し、マイノリティの視点もこのテーマと重ねて描く例が出てきた。セクシュアル・マイノリティとその家族の関係を描く『トランスアメリカ』（ダンカン・タッカー監督、二〇〇五年）や『愛しのグランマ』（ポール・ワイツ監督、二〇一五年）が典型である。アカデミー作品賞を受賞した『グリーンブック』（ピーター・ファレリー監督、二〇一八年）はイタリア系白人と黒人の友情を描くが、クリスマスが重要な役割をはたすことからわかるとおり、やはり家族のテーマが映画の底流にある。『ザ・ピーナッツバター・ファルコン』（タイラー・ニルソン／マイケル・シュワルツ監督、二〇一九年）も、ダウン症の青年をふくむ登場人物たちが家族的関係を築く物語である。また、さきに一九九九年公開の『ストレイト・ストーリー』に言及したが、老いのテーマは二一世紀以降、ロード・ムーヴィーのなかで重要度を増している。先述の『愛しのグランマ』もその一例であり、さらにアレクサンダー・ペイン監督の二作品『アバウト・シュミット』(二〇〇二年)と『ネブラスカ ふたつの心をつなぐ旅』(二〇一三年)や、クリント・イーストウッド監督の『クライ・マッチョ』(二〇二一年)などもある。

二一世紀以降のさらに重要なテーマは、経済格差と貧困である。かつての大恐慌の時代と同様に、移動が職探しに結びつけられて描かれるケースが増えた。ただし、旅の主体は男性から女性へと確実にシフトしている。監督も女性が増加している。ケリー・ライカート監督、ミシェル・ウィリアムズ主演の『ウェンディ&ルーシー』(二〇〇八年)は、その代表作である(本作はこのあとの個別作品紹介でとりあげる)。本章の冒頭で触れたクロエ・ジャオ監督の『ノマドランド』も女性が主人公であり、さらに老いと金融危機がテーマとなっている。一方、やはり経済格差を背景としつつ、一八歳の若き女性の旅を描くのが、イギリス人監督のアンドレア・アーノルドの手になる『アメリカン・ハニー』(二〇一六年)。この映画の主人公は、ほかの若者と一緒にバンに乗って旅に出る。若者のバンの旅と聞くと、六〇年代のヒッピーの旅が思い出されるが、これは労働が目的の旅である。貧困生活から脱出しようと旅に出た主人公が仲間とおこなうのは、言葉たくみに雑誌を売りつけること。それはドキュメンタリー映画『セールスマン』(アルバート・メイズルスほか監督、一九六九年)や、『ペーパー・ムーン』(ピーター・ボグダノヴィッチ監督、一九七三年)で描かれた聖書の訪問販売も想起させる。(16)

個別作品紹介

ジャンルの歴史の素描が終わったところで、ここまで名をあげた作品のうちのいくつかに立ち寄り、その見どころをより詳しく紹介したい。ジャンルの枠組みの説明は終えているので、ここでは厳密さを捨て、作品を幅広く、またランダムに選ぶことにした。読者がより多様な作品の探求にむかうきっかけになれば幸いである。

『シンガポール珍道中』（一九四〇年）

全七作、抜群の興行収入を誇った「珍道中」シリーズの記念すべき第一作である。監督で作曲家でもあるヴィクター・シャーツィンガーが「わたしはお金をもらうべきじゃないな。やめ、はじめ、と言う以外にすることがないのだから」（Mielke 21）と述べるほど、主演のビング・クロスビーとボブ・ホープは勢いのある演技を見せた。

『シンガポール珍道中』に「珍道中」シリーズの基本パターンはほぼ出つくしている（Mielke ix）。エキゾチックな異国の地で、クロスビーとホープが数々の危難を協力して乗りこえる。そのさい、有名なパティケークのネタ――手のひらを打ち合わせる遊びによって、敵の気をそらす――が織り交ぜられる。一方で、ドロシー・ラムーアが演じるエキゾチックな美女をめぐって恋の鞘当てが展開される。ラムーアが心惹かれるのは基本的にクロスビーである（だが、これは最終的にどちらと結ばれるかとは別の話である)。以上の合間に、自己言及性に満ちた多数のギャグ――製作会社のパラマウントもその対象となる――と、五曲ほどのミュージカル・ナンバーが挿入される。

第二次世界大戦中には、逃避ものと呼ばれる、観客につかの間の息抜きをあたえる娯楽映画が多数作られた。南太平洋の架空の島を舞台に能天気なコメディを展開する『シンガポール珍道中』はとくに秀逸な例である。初期作品のいくつかで戦争を題材としたバッド・アボットとルー・コステロの「凸凹」シリーズとは違って、「珍道中」シリーズは最初から現実逃避に徹してみせた。もとより「珍道中」シリーズは旅をテーマとするとはいえ、主眼はあくまで旅先――アメリカ国外――のエキゾチックな光景を描写することにある。第一作『シンガポール珍道中』にこそ、親世代との対立や束縛からの逃避といったテーマがあるが、それもまたクロスビーとホープをエキゾチックな世界に旅立たせるための口実にすぎない。第二作以降はそうしたテーマ自体ほとんど見られなくなる。

こうした理由から「珍道中」シリーズは、原題すべてにロードがつき、本国ではロードものと総称されるにもかかわらず、ロード・ムーヴィー論では片隅に追いやられてきた感がある。もっとも、アメリカ映画史に脈々と継承されてきた、男ふたりの旅を描くコメディ映画の系譜のなかで、その存在がひときわ輝いている事実に変わりはない。

最後に「珍道中」シリーズがこの種の映画に内在する同性愛的含意に無自覚ではなかったことを述べておこう。『バリ島珍道中』(一九五二年)ではクロスビーとホープの「結婚」が描かれるし、『モロッコへの道』(一九四二年)にはこんな台詞もある。クロスビーがホープを奴隷として現地の男に売り飛ばしたさい、ホープは「なぜ男が男を買うんだ」と口にするのだ。一九九〇年代のゲイ・ロード・

ムーヴィー『マイ・プライベート・アイダホ』に、これに似た台詞がより明瞭な同性愛的文脈で出てくることを指摘する論者もいる（Lang 334）。

『ワイルド・エンジェル』（一九六六年）

悪名高きバイカー集団ヘルズ・エンジェルズを描くロジャー・コーマンの監督作。アメリカン・インターナショナル・ピクチャーズ（AIP）時代のコーマン渾身の一作である。本物のヘルズ・エンジェルズ約二〇名を使っての撮影は、警察の厳しい監視もあって困難をきわめたという（コーマン二〇六―二〇七）。また、コーマンは次のように言っている。「わたしは自由にバイクを乗りまわすヘルズ・エンジェルズを現代のカウボーイに見立てた」（コーマン二〇一）。

ヘルズ・エンジェルズのサンペドロ支部のリーダー、ヘヴンリー・ブルース（ピーター・フォンダ）が主人公。物語はブルースの相棒ルーザー（ブルース・ダーン）の病院からの奪還と死、さらには故郷で開かれる彼の葬儀を軸に進む。葬儀のシーンはあまりに強烈だ。教会の外には大型バイクの山。参列者はエンジェルズのメンバーたち。ルーザーの棺はナチスの真紅の旗に包まれ、棺のなかの死者はエンジェルズの服をまとい、ナチスの飛行帽を被っている。異様な雰囲気のなかではじまった葬儀は、牧師の説教に苛立ったブルースの物言いで中断され、エンジェルズの乱痴気騒ぎに変わる。ロード・ムーヴィーの基底をなす権威への反抗というテーマが爆発する瞬間である。

いま述べた葬儀のシーンで、「君たちは一体何がしたいんだね？」という牧師の問いかけに、ブルースは「自由になりたい。そして好きなことがしたい」と答える（プライマル・スクリームの名曲《ローデッド』［一九九〇年］に引用されたことでも有名なやりとり）。これはコーマン自身の気持ちを代弁する台詞ではなかったか。『ワイルド・エンジェル』製作時、みずからが抱いていたハリウッド・システムへの幻滅と怒りゆえに、アウトローのバイカーたちに惹かれたと、コーマンは自伝のなかで述懐している（コーマン 一九九）。臨場感を出すための手持ちカメラの使用など、形式的にもコーマンの「好きなこと」を追求した作品である。しかし同時に、ニューシネマ期の諸作やコーマンの次作『白昼の幻想』（一九六七年）と比べて、ハリウッド・スタイルからの逸脱がまだ穏やかに見えるのも事実である。それは逆に言うと、過激な内容にもかかわらず、意外と「見やすい」作品に仕上がっているということである。ロード・ムーヴィーの代名詞と言うべき茫漠たる風景ショットもまだ確立されていない。エンディングにただよう虚無感は、ニューシネマ期の諸作を確実に先取りしているのだが。

ところで、病院という拘束的空間からの身体の奪還というテーマは、二一世紀のロード・ムーヴィー『リトル・ミス・サンシャイン』（ジョナサン・デイトン／ヴァレリー・ファリス監督、二〇〇六年）と共通するものだが、その帰結がまるで異なるところが興味深い。病院からの生きた身体の搬出がその当人に死をもたらす『ワイルド・エンジェル』と、病院からの死体の搬出が家族再生のきっかけとなる『リトル・ミス・サンシャイン』。ちなみに後者で運び出されるのは、ブルース・ダーンと同世代のアラン・アーキンである。

『地獄の逃避行』（一九七三年）

『地獄の逃避行』は一九五〇年代末、ネブラスカ州の一〇代のカップルが引き起こした連続殺人事件、いわゆるスタークウェザー＝フューゲイト事件を描く。監督はテレンス・マリック。主役のカップルを演じたのは、マーティン・シーンとシシー・スペイセク。スペイセクの代表作は本作やホラー映画『キャリー』（ブライアン・デ・パルマ監督、一九七六年）であるが、ロード・ムーヴィーの文脈では『ハート・ビート』（ジョン・バイラム監督、一九八〇年）や『ストレイト・ストーリー』への出演も見逃せない。

女が男と出会い、魅せられ、旅に連れ出されるという展開は、これに先行する『俺たちに明日はない』と同じだが、男が女の家族を殺すのが旅の発端という点は異なる。ホリー（スペイセク）は現在一五歳。父（ウォーレン・オーツ）とふたりで故郷テキサスを離れ、サウスダコタで暮らしている。同じ町で清掃作業員として働く一〇歳年上のキット（シーン）と恋に落ちるが、ホリーの父はふたりの交際を認めようとしない。そこでキットはホリーを連れ出そうと家に侵入するが、ホリーの父とトラブルになり、銃を発砲してしまう。ホリーの父の死を確認したあと、家に火をつけ、車で逃走をはかるキット。ホリーも彼に同行する。「長い孤独より、私をありのまま愛してくれる人との一週間をとる」。こうして少なくとも五人の死者を出すことになる逃避行がはじまる。

『俺たちに明日はない』との比較でまず問題になるのは、アウトロー・カップル、とくにヒロインのホリーの一五歳という若さである（モデルになったキャリル・アン・フューゲイトの事件当時の年齢よりはひとつ上）。では、そのぶん旅する主体がエネルギーに満ちあふれているかといえば、むしろ事態は逆である。キットとホリーは、『俺たちに明日はない』のボニーとクライドの煮えたぎるような興奮とも、身を切るような焦燥感ともおよそ無縁である。変化にとぼしいふたりの表情に加えて、その印象を強めているのが、借りもののような言葉で構成された、また内容もどこか的外れな、ホリーのヴォイスオーヴァーの語りである（これは多くの『地獄の逃避行』論が言及してきたポイントである）。

一方で、監督のマリックがこう述べていることにも注意が必要である。「自分の感情を大っぴらに表現するには、十分に成熟していなければならない。この映画の登場人物にはそれが欠けている」（Michaels 111）。キットとホリーの一見感情を欠いたように映る言動は、声高な反権威の主張に傾きがちなロード・ナラティヴへの批判ともとれるが、それをマリックなりのイノセンスの表現と解するならば、そのじつ『地獄の逃避行』はロード・ナラティヴの本質（無垢なるものへのあこがれ）と深い水準でつながっている。

『ストレンジャー・ザン・パラダイス』（一九八四年）

ジム・ジャームッシュ監督の初期の名作。映画は三部構成である。第一部のタイトルは「新世界」。ハンガリー出身でニューヨーク在住のウィリー（ジョン・ルーリー）は、親戚のロッテおばさん（セシリア・スターク）の依頼で、従妹のエヴァ（エスター・バリント）を一〇日間預かることになる。故郷からの訪問者を煙たがり、仲間のエディ（リチャード・エドソン）がエヴァを競馬に連れて行こうと提案しても耳を貸さない。一方、エヴァもウィリーの慣れ親しんだアメリカ文化（TVディナーやフットボール）に価値を見いだせない。このあとふたりは徐々に歩み寄りながらもすれ違い、やがてエヴァがロッテおばさんの待つクリーヴランドに旅立つ日をむかえる。第二部以降はその一年後のウィリーとエディの旅を描く。すなわち、エヴァのいるクリーヴランドをおとずれる第二部「一年後」と、

図 10-2　『ストレンジャー・ザン・パラダイス』

エヴァを連れて三人でフロリダを旅する第三部「パラダイス」。

第二部でクリーヴランドに移動したエディは「新しいところに来たのに何もかも同じに見える」と言う。第三部でフロリダのモーテルに到着したエヴァは「見たことある感じ」と口にする。アメリカン・ドリームや新しい自己の発見。そうした枠組みから一定の距離をとろうとするジャームッシュの姿勢が、このどこに行ってもほとんど同じという秀逸なロード・ムーヴィーを生み出した。

後述するように、イギリス人監督のリドリー・スコットは、『テルマ&ルイーズ』で過剰なまでにアメリカ的な風景を描き、その神話性を再構築した。逆にそうした風景を文字どおり漂白し、神話性を剝奪するのがジャームッシュである。とくに注目に値するのは、しばしば言及されてきたエリー湖のシーンである。第二部でウィリーたちはエリー湖観光に出かけるのだが、ひどい吹雪のために目に映るのは白一色のみ［図10-2］。誇張でなく、本当に白一色のみである。作家マーガレット・フラーは一八四三年、当時まだ西部のフロンティアだったエリー湖をおとずれたさい、湖面の豊かな色彩に感銘を受けたと記しているが（フラー 二七）、『ストレンジャー・ザン・パダライス』の三人が見るのは、くりかえすが白一色である。ジャームッシュ映画の魅力は「オフビート」と形容されるユーモアだが、それはアメリカへの批評的視座と精妙に絡み合うとき、いっそう味わいを増すように思われる。

『テルマ&ルイーズ』（一九九一年）

リドリー・スコット監督による女性ロード・ムーヴィー。その製作は、スコットがある女性の書いた脚本に興味を抱いたことに端を発する。その女性はテキサス州生まれのカーリー・クーリ。初脚本となる本作でアカデミー賞受賞をはたし、『テルマ&ルイーズ』の「三番目の女性」とも呼ばれる（現在は映画監督としても活躍中）。

アーカンソーの小さな町に暮らすテルマ（ジーナ・デイヴィス）とルイーズ（スーザン・サランドン）は、六六年型サンダーバードに乗って、女だけの週末旅行に出る。テルマにとっては横暴な夫からのつかの間の逃避でもある。それが法の執行機関からの逃避に変わるのは、途中で立ち寄った酒場で、テルマを強姦しようとした男をルイーズが撃ち殺したときである。事件当夜の状況から、殺人罪に問われる可能性が高いと判断したルイーズは、テルマと一緒にメキシコへの逃亡をはかる。三人の男がこの旅のゆくえを大きく左右する。ルイーズの恋人のジミー（マイケル・マドセン）、ヒッチハイカーのJ・D（ブラッド・ピット）、そして刑事のハル（ハーヴェイ・カイテル）。

テルマが欲望を解放するたびに悪いことが起こるとか、妙にルイーズに同情的なハルの存在があざといとか（彼がいることで男性観客も安心してこの映画を見ることができる）、フェミニズム映画としての限界が指摘されることもある。だが、女性を主体とするロード・ムーヴィーの可能性を大きく開いた点は、過小評価するわけにはいかない。

移動の象徴性という観点から見ても、本作は独自の立ち位置を示している。旅の主体がおどろくべき「結末」を主体的に選びとる点は、『バニシング・ポイント』への連想を誘うが、旅それ自体のもつ意味合いは根本的に異なる。『バニシング・ポイント』のドライヴが、あらかじめ自己破壊にむけてセッティングされていたとすれば、『テルマ&ルイーズ』のドライヴは、自己の覚醒に重きがおかれたものである（「すっかり目覚めた気分」とは映画終盤のテルマの台詞）。その意味で、アーカンソーからメキシコをめざすふたりの旅が、ルイーズの「過去」がひそむテキサスを迂回するがゆえに、南向きではなく西向きの経路をとるという点も銘記に値する。西へ深く進むほど、眠っていた自己が目をさまし、ふたりは素顔をさらけ出していく。その素顔が胸を打つ。『イージー・ライダー』は東向きの旅を描くことで西への憧憬を温存したとも言えるが、だとすれば『テルマ&ルイーズ』はその憧憬にふたたび火をともした。そして道なき道を進むというテルマとルイーズの決断が、ジャンルの新たなロードの構築につながった。

イギリス人の監督作にもかかわらず――あるいはそうであるがゆえに――アメリカ人の監督作以上に神話化されたロードの風景描写も印象的である。左右に多数の電柱の並ぶ一本道などの「アメリカ的」風景はリドリー・スコット本人が苦労して探し出したものだという(17)。

『ウェンディ&ルーシー』（二〇〇八年）

ケリー・ライカートの長編第三作。これに先行する二本の監督作もロード・ムーヴィーであり、いずれもジャンルへの深い洞察をそなえた映画である。第一作『リバー・オブ・グラス』（一九九四年）はフランシス・フォード・コッポラのニューシネマ『雨のなかの女』と同様、女性が感じる家庭への違和を描く重要作である。第二作『オールド・ジョイ』（二〇〇六年）は男ふたりの小旅行の物語。湿潤と陰影と無数の音の重なりからなるオレゴンの森林風景のなかで、男たちの心の距離が、無限のニュアンスをこめて描かれる。

ここで紹介する長編第三作『ウェンディ&ルーシー』は、以後ライカート映画にくりかえし出演することになるミシェル・ウィリアムズとの最初の共作である。物語はいたってシンプル。ウェンディ（ウィリアムズ）は職探しのために、愛犬のルーシーとインディアナからアラスカをめざすが、途中オレゴンの小さな町で車（八八年型ホンダ・アコード）が故障してしまう。さらに食料品店でドッグフードを万引きしたのが見つかり、警察に連行されているあいだに、ルーシーが行方不明になってしまう。映画後半の大部分はルーシーの捜索についやされる。

職を求めての西への移動というテーマから、『怒りの葡萄』のことが思い出される。しかし、移動の主体が大家族ではなく小家族――女性とその愛犬――という点が異なる。さらに何と言っても『ウェンディ&ルーシー』では、主人公の車が故障したあとの数日間に話が限定されているがゆえに、劇中、主人公の車の走る姿が一度も描かれないという点が特徴的である（観客が唯一その車が動いているのを目にする機会は、ウェンディと警備員がそれを駐車場から手押しで道路に移すときだけである。これでは車が走っているとは言えない）。枠組みとしてはロード・ムーヴィーだが、おどろくべきことに、主人公の車はスクリーン上で一度も走らないのだ。『怒りの葡萄』のおんぼろ改造トラックはなんとかあの大家族を「約束の地」に送り届けたが、『ウェンディ＆ルーシー』の八八年型ホンダ・アコードはその役割をはたせない。かくしてウェンディは「約束の地」に到着し、そこで幻滅を味わう以前に、その地にむかう乗り物を失うこととなる。従来のアメリカ映画で不可視であった移動の経済的要件が、ここで問いなおされる。移動の国アメリカには仕事のみならず、移動手段すら剝奪された者がいることが浮き彫りになる。(18)

ここで論及に値するのは、ライカートがインタヴューにおいて、これはポスト・カトリーナ（二〇〇五年の大型ハリケーン）の映画だと述べていることだ（Wigon）。多くを所有せず、それさえ失った貧困層の被災者の姿と、彼ら彼女たちへの保守派の冷淡な対応。そうしたことが――物語そのものはハリケーン・カトリーナとは直接関係ないとはいえ――『ウェンディ＆ルーシー』のテーマやトーンに影を落としている。だからと言って、本作において政治的メッセージが声高に主張されることはない。主人公のおかれた窮状が過度に強調されることもない。カメラは、車を失い、家族（愛犬）と離ればなれになった主人公がオレゴンの町をさまよう姿を、程度な距離を保ちつつ冷静沈着に写しつづける（凡百の映画なら、車がすぐに修理されるなり、ほかの車が用意されるなりするところだが）。そのようにして、主人公の姿を丁寧に描くことそれ自体が、ロード・ムーヴィーの移動というテーマ、またその物質的・経済的要件へのすぐれた批評となる。

一方で、恐慌下の一九三〇年代へと連想を誘うかのように、全編をつうじて鉄道（渡り労働者の移動手段）が重要なモチーフとなっているのも見落とせない。映画のエンディングで主人公がとる行動もそれに大きく関与している。

『アネット』（二〇二一年）

最後に、ジャンルの歴史の概略では触れなかった映画をとりあげたい。レオス・カラックス監督のミュージカル映画『アネット』である。ロード・ムーヴィーとの関連で論じられることはほとんどなかろうが、そのじつアメリカ文化と移動という観点から見て大変意義深い一作である。

『アネット』は『スタア誕生』型の物語である。コメディアンのヘンリー（アダム・ドライヴァー）とオペラ歌手のアン（マリオン・コティヤール）はスター同士で結婚するが、夫ヘンリーは徐々に落ちぶれ、夫婦関係にも亀裂が入る。注目すべきは、この物語を彩るのが、エドガー・アラン・ポー（映画の最後にこの作家への謝辞がある）のゴシック文学につらなる種々の怪奇的要素だということ。さながらポーに『スタア誕生』のリライトを依頼してできあがったかのようなミュージカル映画、それが『アネット』である。

『アネット』が『スタア誕生』と大きく違うのは、夫婦に子どもが生まれることである。映画後半はその少女アネット――演じるのはなんと人間ではなく人形――が歌によってスター（そして没落した父親の収入源）になる。妻アンと娘アネットはその名前が示唆するように分身関係にある。これもきわめてポー的な意匠である。

さて、『アネット』を移動の物語として見る場合、その妙味はどこにあるだろうか。それは娘をつれて世界中を駆けまわる父ヘンリーが、ある罪から逃亡しようとするところにある。本章で述べてきたように、アメリカ文化において移動は重要な意味をもつ。しかし、移動とはすなわち逃亡ではないか。このような観点から書かれた論考に、池末陽子のエドガー・アラン・ポー論がある。次の一文などはまさに言い得て妙である。「アメリカの歴史を紐解けば、そもそも崇高なる大義を掲げたピルグリム・ファーザーにしても、「アメリカ」を「約束の地」であるとして、イギリス帝国から逃げ渡ったともいえるのだから、「逃亡なくしてアメリカなし」である」（池末 二六二）。さらに、池末はエドガー・アラン・ポーを「逃げる男たちを描いた」（池末 二六二）作家と規定した上で、「ポーの登場人物たちは逃亡にたいてい失敗する」（池末 二六三）と指摘している。短編「ウィリアム・ウィルソン」（一八三九年）のタイトルになっている主人公がその一例である。『アネット』のウィリアム・ウィルソン、もといヘンリー・マクヘンリーもまた逃亡に失敗し、ポーの登場人物たちの仲間入りをはたすのだろうか。そこに映画の見どころがある。

つけ加えると、『アネット』には『オズの魔法使』を思わせるところもある。そもそも少女が旅のはてに大人の男に立ちむかい、その正体を白日のもとにさらす、という物語の構成がそっくりである。映画に頻繁に登場する緑と赤と黄色の組み合わせも『オズの魔法使』と共通する（エメラルド・シティ、ドロシーのルビーの靴、黄色いレンガの道）。ヘンリーとアンがこの三色の服をまとってバイクで疾走するシーンは、さながら『オズの魔法使』が夜のロードに憑依したかのようである。(19)

（1）アリッサ・ウィルキンソンとのインタヴュー中の発言（Wilkinson）。

（2）ロード・ムーヴィーの関連文献は枚挙にいとまがないが、ここでは代表例として、コーハン／ハーク（Cohan and Hark）、レイダーマン（Laderman）、ミルズ（Mills）、アーチャー、遠山をあげておきたい。また、アメリカ映画とロードの関係を考察する上でも大きな示唆をあたえてくれるのが、ヴァイキング時代から現代までのアメリカ文学史そのものをロード・ナラティヴとして再構築する巽である。

（3）『イージー・ライダー』をジャンルの確立に寄与した映画とする見方、また本作を『オン・ザ・ロード』のある種の映画版と見なす見方は、レイダーマン（Laderman 66-81）に負うところが多い。

（4）梶原照子は『オン・ザ・ロード』に「約束された地」という言葉が出てくることに注目しつつ、その地が現代アメリカに存在しないからこそ、どこかにたどりつくよりも、旅をつづけることそれ自体が重要視されていると指摘している（梶原 二六二—二六六）。

（5）上島春彦はこれらの映画を「前ロード・ムーヴィー」と呼んでいる（上島 二一二）。なお、この「「前」ロード・ムーヴィーの系譜」と題された論考では、ロード・ムーヴィー研究で言及される重要作が網羅されており、本章を執筆するさいにも大いに役立った。

（6）『インディアンの考え（*The Redman's View*）』（D・W・グリフィス監督、一九〇九年）のように、初期西部劇にも白人の支配によって移動を強いられた先住民の姿を描くものがある。

（7）『怒りの葡萄』の原作と映画の相違点や、この物語の文化史的影響力については、中垣に詳しい。

（8）こうした映画は英語では lovers-on-the-run movies（逃走中の恋人もの）と呼ばれる。

（9）スクリューボール・コメディと人民喜劇の違いについては、加藤『映画　視線のポリティクス』（一六—二〇）および加藤『映画ジャンル論』（三一四—三一七）を参照されたい。

（10）都市を離れるフィルム・ノワールの例としては『過去を逃れて』（ジャック・ターナー監督、一九四七年）、『深夜復讐便』（ジュールズ・ダッシン監督、一九四九年）、『国境事件』（アンソニー・マン監督、一九四九年）、『危険な場所で』（ニコラス・レイ監督、一九五一年）がある。

（11）時代区分には共通性が見られるが、レイダーマンと比較したさいのミルズの特色は、映画だけでなく詩や小説、テレビ、ビデオゲームも論考対象とした点、さらには女性作家の文学作品や女性を描くロード・ムーヴィーに力点をおいた点にある。

（12）加藤幹郎は狭義のロード・ムーヴィーを「バイクや車や乗り物（要するに旅そのもの）から降りることがひとつの身体的／精神的死を意味するような彷徨のサブジャンルである」（加藤『日本映画論』三五―三六）と規定している。

（13）もっとも、八〇年代における家族重視の傾向は、すでにニューシネマにおいて用意されていた。塚田幸光はロード・ムーヴィーにおけるテーマの変化を「死から「家族」へ」（塚田「ファミリー・オン・ザ・ロード」二六八）と要約しつつ、『イージー・ライダー』や『真夜中のカーボーイ』（ジョン・シュレシンジャー監督、一九六九年）などのニューシネマ期のロード・ムーヴィーにおける男同士の連帯に、疑似家族の姿を見いだしている。また、男同士の連帯とは異なる形の家族像を提示したニューシネマ期の映画として『ペーパー・ムーン』をあげ、さらにそれを八〇年代ロード・ムーヴィー『パリ、テキサス』に接続している（塚田「ファミリー・オン・ザ・ロード」二七〇―二七三）。『パリ、テキサス』が提示する家族のイメージについては、塚田「ナショナル／ファミリー・ポートレイト」も参照されたい。

（14）『ワイルド・アット・ハート』をロード・ムーヴィーではなく、あくまでもファミリー・メロドラマとして読み解く試みとして、加藤『映画ジャンル論』（二〇四―二一一）がある。

（15）二一世紀以降、ポスト・アポカリプス映画がますます増加傾向にあるが、これとロード・ムーヴィーの合体に着目したのがアーチャー（一三三―一四四）である。具体例としては、『宇宙戦争』（スティーヴン・スピルバーグ監督、二〇〇五年）、『トゥモロー・ワールド』（アルフォンソ・キュアロン監督、二〇〇六年）、『ザ・ロード』（ジョン・ヒルコート監督、二〇〇九年）などのSF映画があげられている。

（16）『アメリカン・ハニー』に関しては正方形に近いアカデミー比の画面のなかに映し出される中西部の風景も新鮮である。約二万キロにおよぶ旅の風景を手持ちカメラで切り取ったのは、撮影のロビー・ライアンである。なお、二〇〇〇年代の作品としては、船橋淳監督の『echoes』（二〇〇〇年）と『BIG RIVER』（二〇〇五年）も、日本の監督による貴重なアメリカン・ロード・ムーヴィーというだけでなく、ジャンル本来のあてどない旅の感覚を掘り下げた映画として重要である。

（17）映画の音声解説（DVD特典）におけるリドリー・スコットの発言による。

（18）巽孝之は、二〇一八年のある座談会で、J・D・ヴァンスの『ヒルビリー・エレジー――アメリカの繁栄から取り残された白人たち』（原著刊行は二〇一六年）に言及しつつ、現代アメリカにおける移動的性格の喪失と、それにともなう詐欺師的性格の喪失について論じている。「自分のアイデンティティーを刷新するなどというカッコいい転身は、仮にしたくても、それをするための最低限の金すら持ち合わせがない。ヒルビリー〔アパラチア山脈周辺に住む労働者階級の白人〕は、アメリカ民主主義のもとに広く開かれているかのように見えるロード・ナラティヴの主人公にすら、なりえない」（森本ほか 一〇）。これは二一世紀のロード・ナラティヴを考察する上で重要な視点である。移動による自己と人生の再形成の限界が露呈したのが現代である。

（19）『アネット』のオープニングで登場人物が腕を組んで歩きながら歌う光景も、『オズの魔法使』を想起させる。また、映画の終盤でアネットがドローンで運ばれる姿は、『鸛の巣から救われて』（J・サール・ドーリー監督、一九〇八年）で赤ん坊が鸛に運ばれる有名な映像に加えて、『オズの魔法使』でドロシーが空飛ぶサルに運ばれる映像を思わせる。色彩について補足すると、『オズの魔法使』の緑は、エメラルド・シティの見世物性とカネを象徴する色だが（アメリカのドル紙幣の別名は greenback）、この点も『アネット』との関連で興味をひく。アネットを見世物にしてカネを稼ぐヘンリーは劇中で緑と結びつけられている。

第11章　転がり草のゆくえ

『トイ・ストーリー4』と移動の意味

『トイ・ストーリー』の魅力

一九九五年公開のピクサー映画『トイ・ストーリー』（ジョン・ラセター監督）は、史上初の長編コンピュータ・アニメーションである。もっとも、その事実に触れられる機会は意外と少ない。それもそのはずである。『トイ・ストーリー』はそうした映画史的な位置づけとは関係なく、抜群におもしろい映画だからである。

映画終盤の名シーンに目をむけよう。おもちゃのウッディとバズが、引っ越しのトラックに乗り遅れ、それを追いかける。まずは自力で追いかけ、トラックのリヤドアの紐に飛びつく。しかしすぐに落下し、また追いかける羽目になる。今度はラジコンカーのRCに乗って追いかけるが、あと一歩のところでRCの電池が切れる。だが、ひとつ手段がのこされていた。バズの背中に縛りつけられたロケット花火である。花火の強力な推進力で、ふたりは一気にトラックとの距離を縮める。さらに、地面から浮き上がる。RCをトラックに放り投げ、仲間のもとに帰還させると、ウッディとバズは空に垂直に上っていく。花火がいまにも爆発するというとき、バズはそれを背中から切り離し、翼を広げ、ウッディを抱きかかえたまま空を舞う。めざすはトラックの一台先を走る彼らの持ち主アンディの車である。

人間の知らないところで、おもちゃが動いている。これだけで十分に心が躍るが、そのおもちゃがこうした冒険をくりひろげるのだ。これは世界中の誰もが予備知識なく楽しめるすぐれた娯楽映画である。

一方で、『トイ・ストーリー』はアメリカ文化史をふまえると、その真価がさらによくわかる映画である。それはいったいどういうことか、さきほどのシーンを読みなおしつつ答えよう。このシーンでは、まず道路上の追跡があり、そのあと空への飛翔がある。運動のむきが、水平から垂直に変わる。これはアメリカ史におけるフロンティアの変遷と同じである。アメリカは一九世紀、開拓の最前線たるフロンティアを、西へ水平に移動させた。一九世紀末には、フロンティアの消滅が宣言され、西部開拓史も幕をとじる。高校の世界史ではここまでしか習わないが、この歴史にはつづきがある。アメリカは空を、さらには宇宙を新しいフロンティアと見なし、その開拓を進めた。水平から垂直へ。アメリカでは、飛行機乗りや宇宙飛行士が、空や宇宙のカウボーイと呼ばれることがある。『スペースカウボーイ』（クリント・イーストウッド監督、二〇〇〇年）は、もともと西部劇スターだったクリント・イーストウッドが宇宙飛行士を演じた映画である。その背景にはいま述べたフロンティアの歴史的変遷――水平から垂直へ――があるのだ。

『トイ・ストーリー』のウッディとバズは、それぞれカウボーイとスペース・レンジャーのおもちゃである。つまり、ふたりセットで新旧のフロンティア（西部と宇宙）を体現している[1]。第一作のクライマックスをなす追跡シーンでは、両フロンティアのヒーローがもてる力をあわせ、難局を乗りこえる。そのシーンで、歴史上のフロンティアの変遷を再現するように、運動が水平から垂直にリレーされるのである。じつに鮮やかである。わたしは昔から『トイ・ストーリー』を愛してやまないが、アメリカ文化について研究すればするほど、この映画に魅せられていく。

フロンティアと乗り物

ところで、古いフロンティア（米西部）の乗り物と聞いて、何が思い浮かぶだろうか。おそらく馬や蒸気機関車だろう。西部劇の定番の乗り物でもある。一方、新しいフロンティア（空や宇宙）は、飛行機や宇宙船である。この中間に、アメリカでは一九二〇年代に爆発的普及をとげた自動車がある。馬・蒸気機関車→車→飛行機・宇宙船。移動するフロンティアの歴史は、こうした乗り物の栄枯盛衰の歴史でもある。

先述の『トイ・ストーリー』の追跡シーンでは、カウボーイとスペース・レンジャーが、馬でも宇宙船でもなく、車（ラジコンカー）に乗って車（本物のトラック）を追いかける。さらに、車（ラジコンカー）を抱えたまま宙に浮く[2]。こうした乗り物の活用法は、別の人気映画シリーズに連想を誘う。「バック・トゥ・ザ・フューチャー」シリーズである。第一作『バック・トゥ・ザ・フューチャー』

図 11-1　『地獄への道』

（ロバート・ゼメキス監督、一九八五年）のエンディングでは、車（デロリアン）が空を飛ぶ。第三作『バック・トゥ・ザ・フューチャー PART3』（ロバート・ゼメキス監督、一九九〇年）のエンディングでは、蒸気機関車が空を飛ぶ。過去と未来を行き交う「バック・トゥ・ザ・フューチャー」シリーズもまた、西部から宇宙へ、垂直から水平へというフロンティアの変遷に根ざしている。

話を『トイ・ストーリー』のシーンにもどそう。ウッディは走行中のトラックを追いかけ、その最後部に飛びつく。カウボーイハットを被った男が移動中の乗り物の最後部に飛びつく。この原型を作ったのは、西部劇の古典『地獄への道』（ヘンリー・キング監督、一九三九年）。この映画のなかに、ジェシー・ジェイムズ（タイロン・パワー）が列車強盗をする有名なシーンがある。そこで彼は、馬に乗って走行中の列車を追いかけ、その最後部に飛びつく。ここで少し考えていただきたいのだが（あくまで考えるだけにしていただきたいが）、もし列車強盗をする機会があるとすれば、どのように列車に乗り込めばよいだろうか。走行中の列車に飛びつくよりも、停車中の列車に乗り込むほうが、はるかに安全で確実ではなかろうか。もっとも、それでは映画としてはおもしろくない。走行中の列車に飛びつくほうが絵になる。このあとジェシー・ジェイムズはさらに走行中の列車の屋根を飛び跳ね、最前列の機関車へと移動する［図11-1］。これも現実的とは言いがたいが、やはり絵になるアクションである。この図の人物は列車の上を移動中のジェシー・ジェイムズである。

図 11-2　『トイ・ストーリー 2』

夕暮れのなか、彼が影絵のように動く映像が美しい。この『地獄への道』の名シーンは、これ以降列車強盗を描くときのモデルとなった。映画のなかの列車強盗は、走行中の列車に飛び乗るものだし、列車の屋根の上を移動するものなのだ。『バック・トゥ・ザ・フューチャーＰＡＲＴ３』に列車強盗のパロディ・シーンがあるが、そこでこうしたアクションが再現されるのは言うまでもない。

『トイ・ストーリー』の続編『トイ・ストーリー２』（ジョン・ラセター監督、一九九九年）に、列車強盗の映画史をふまえると、さらに楽しめるシーンがある。映画のクライマックスとなる空港のシーンである。空港という新フロンティアの舞台で、ウッディとバズ（新旧のフロンティアのヒーロー）が馬（旧フロンティアの乗り物）に乗って、あるものを追いかける。列車によく似た空港の乗り物、荷物運搬車である［図11-2］。ウッディは、『地獄への道』のジェシー・ジェイムズさながらに、馬からこの荷物運搬車に飛び乗る。おもちゃのサイズであるためわかりにくいが、この図の貨物車両（うしろの三両の先頭）の上にはウッディがいる。荷物運搬車は列車に比べると小さいが、それゆえにウッディと荷物運搬車の比率は、ちょうどジェシー・ジェイムズと列車の比率くらいになっている。ウッディはこの貨物車両の屋根を飛び跳ね、最前列の運転車両に移動する。カウボーイがそのようなアクションを空港で見せる。『地獄への道』の伝統とフロンティアの歴史のみごとな融合である。[3] つけ加えれば、第三作『トイ・ストーリー3』(リー・アンクリッチ監督、二〇一〇年)の冒頭の列車強盗のシーンもこの観点から見て興味深い。舞台はモニュメント・バレー。そこで馬や列車や車や飛行船が登場し、それらを活用したアクションがくりひろげられる(このシーンについては第9章でも論じた)。

このように、「トイ・ストーリー」シリーズの大きな魅力は、フロンティアの歴史をふまえた乗り物の活用術にある。では二〇一九年に公開された『トイ・ストーリー4』(ジョシュ・クーリー監督)はどうか。一見してわかるように、ここでも乗り物がたしかな魅力を放っている。ボー・ピープの操縦するスカンクカー、あるいはデューク・カブーンのスタント用バイク。こうした新奇な乗り物が登場し、物語のなかで重要な役割をはたす。もっとも、過去三作と比べて、乗り物がフロンティアの変遷と明確に結びつけられているようには思われない(機関車が空を飛んだりはしない)。そもそも過去三作ほど西部や宇宙に関係するイメージが登場しない(モニュメント・バレーも出てこない)。

重要なのは次のことである。じつは後述するように、『トイ・ストーリー4』は物語の水準では、フロンティア関連の思想——不断の冒険心や拡張思想——との関係を強めている。逆に過去三作は、フロンティアのイメージを前面に打ち出し、それと戯れながらも、フロンティア関連の思想とは距離をとってきた。それが『トイ・ストーリー4』で決定的に変化したのだ。この点を明らかにするために検討すべきは、そもそも本作が移動をどのように描いているかである。

前章ではロード・ムーヴィーの歴史をふりかえり、アメリカ映画における移動のテーマについて論じた。本章では、移動というテーマから見て、近年もっとも注目すべき映画のひとつ『トイ・ストーリー4』を考察する。

煩雑さを避けるため、以下「トイ・ストーリー」シリーズを「トイ」シリーズと記す。また、長編第一作から第四作をそれぞれ『トイ1』『トイ2』『トイ3』『トイ4』と記す。日本ではディズニー研究はそれなりに充実しているが、ピクサー研究はほとんど進んでいない。海外では すでに数多くの論考が発表されているにもかかわらず、である[4]。本章はいずれ書かれるであろうピクサー論のプレリュードでもある。

カウボーイと転がり草

『トイ4』のキーワードのひとつにロストがある。

レックス　ずっと迷子のままかも！（He'll be lost! Forever!）
ウッディ　ジェシー、バズ、スリンキー、モリーの部屋に行くぞ。のこりはここを動くな。
〔…〕
ボー　何かトラブル？

ウッディ　庭で迷子発生だ。(Lost toy. Side yard.)

庭に落下したRCの救出作戦を描く冒頭シーンの台詞である。このように映画の開始直後に、すでに二回、ロストという言葉が登場する。[5] 映画全体では二一回。ちなみに、『トイ1』は三回、『トイ2』は二回、『トイ3』は七回である。

使用頻度よりもさらに重要なことがある。『トイ4』では、あるおもちゃがロストの状態を肯定的にとらえるのだ。シリーズの歴史上はじめてのことである。そのおもちゃとはボー・ピープにほかならない。ボーは本作で生まれ変わったと言ってよいほど劇的な変貌をとげた。そのボーとウッディが、映画の中盤で久しぶりに再会したときの台詞を見よう。

ボー　ああ、信じられない。ウッディ！
ウッディ　ボー・ピープ！
ボー　もう二度と会えないと思ってたわ。どの子があなたの？
ウッディ　どの子が君の？
ボー　いない。
ウッディ　いない。ボー、君は迷子なのか？(Wait, you're—you're a lost toy?)
ボー　あなた迷子なの？(You're a lost toy?)
ウッディ　そいつはひどい！

ボー　最高じゃない！　は？

ウッディ　だから、ひどく最高だ。君が今、ここで、迷子で。（I mean awfully great that you are lost out here.）

文章では表現しにくいのだが、「どの子があなたの？」と「どの子が君の？」、「いない」と「いない」、「迷子なのか？」と「迷子なの？」、「そいつはひどい！」と「最高じゃない！」は、ウッディとボーが同じタイミングで発する。再会をはたした興奮や、相性のよさがよく伝わってくる。同時に、だからこそ際立つのは、「迷子なのか？」「迷子なの？」という質問への答えが、真逆である点だ。ウッディは「そいつはひどい！」と嘆く。ボーは「最高じゃない！」と喜ぶ。

ロストは最低。ウッディのこの気持ちは、シリーズ中、彼が最初にこの言葉を発したときから一貫している。『トイ1』でガソリンスタンドに置き去りにされたとき、ウッディはこう嘆いたのだった。

ウッディ　俺がいないのに〔アンディは〕気がつかなかったのか？　置いていかれた！　完全に迷子になった！（Doesn't he realize that I'm not there? I'm lost! Oh, I'm a lost toy!）

『トイ4』は『トイ1』の約一〇年後を描く。この一〇年間、ウッディはロストは最低だと信じつづけてきた。その見解を根底からひっくり返すボー。迷える羊で何が悪い。むしろ最高ではないか。羊飼いのボーはそう考えている(6)。

「トイ」シリーズでロストは「迷子」と訳されることが多い。もっとも、これは文脈に応じてさまざまに訳せる言葉である。たとえば、「失われた」「堕落した」「根こそぎにされた」「根無し草の」など。[7] さらに、ロストを「根無し草の」状態と見なし、あと一歩考えを推し進めてみよう。すると、ロストは自由の条件にもなる。どこかひとつの場所に縛られていない。つねにどこかに旅立つ準備ができている。そのようにも言えるのである。要するに、ロストにはネガとポジの両面がある。不安定で寂しいという側面と、だからこそ自由気ままという側面である（この両面性をみごとに体現するキャラクターがマーク・トウェインの生んだハックルベリー・フィンである［亀井 八］）。ウッディはロストを最悪だと考える。ボーはそれに真っ向から異をとなえる。これは「トイ」シリーズにおける一大事件である。

ここまで根無し草という表現を使ってきたが、アメリカ的には転がり草（tumbleweed）と言うべきだっただろうか。転がり草は、西部劇やそのパロディ作品によく登場する、風に吹かれて荒野を転がるあの枯れ草の丸いかたまりである。それは各地を転々とし、自由に生きるカウボーイのメタファーでもある。*Tumbleweeds* という原題をもつサイレント西部劇『曠原の志士』（キング・バゴット監督、一九二五年）では、主人公（ウィリアム・S・ハート）が放浪生活を送ってきた自分のことを転がり草にたとえる。『トイ4』にも台詞のなかに転がり草が登場する。興味深いのは、その転がり草はその名前にもかかわらず、自由に動かないことである。映画の序盤、ボニー（ウッディたちの新しい持ち主）の部屋のクローゼットで、ウッディに綿ぼこりがくっつく。それを目撃したまわりのおもちゃはウッディを冷やかす。

オールド・タイマー　おお、ほら見ろ。ついに綿ぼこりまで。
チェアロル・バーネット　ああ、なんてかわいい！　名前、何にする？
オールド・タイマー　ああ、ほこりーは？
〔…〕
チェアロル・バーネット　転がり草！（Tumbleweed!）
オールド・タイマー　転がり草！　それはいいな。
メレファント・ブルックス　カウボーイだからな。ぴったりじゃないか。

たしかにたくみな名づけだが、この転がり草と呼ばれる綿ぼこりは自由に転がるのではなく、ウッディにくっついて離れないというのが重要だ。ウッディはそれを払いのけようとするが、うまくいかない。むろんこれは一義的には、ウッディが持ち主のボニーに遊んでもらえず、クローゼットでほこりまみれになる運命をあらわしている。しかし同時に、次のように論じることも可能である。ウッディと彼にくっついて離れない綿ぼこりは、じつはボニーとつねに彼女のそばにいようとするウッディに似ているると。さらには、転がり草と呼ばれながら自由に転がらない綿ぼこりは、ロストを最悪と見なし、移動に消極的なカウボーイ、ウッディそのひとと同類であると。このシーンに登場する綿ぼこりは、そのじっさいの軽さに比して重い意味を突きつけてくる。

ボニーの登場が意味すること

ここまで見たように、ロストには二面性がある。『トイ4』では、シリーズではじめてそのプラスの面が描かれた。この変化の背景は何か。それは、前作『トイ3』の以前と以後で、おもちゃの持ち主の意味が変容したことである。『トイ3』までの三作において、ウッディと彼の仲間にとって、持ち主のアンディは唯一かけがえのない存在だった。ウッディたちの生きがいはアンディに遊んでもらうこと。使命はアンディのそばにいること。これがシリーズの揺るぎない大前提だった（持ち主はおもちゃにとって唯一神であり、雇用主であり、同時に庇護すべき子どもである。こうした複雑な関係がシリーズのおもしろさの一端である）。『トイ3』が過去の二作に比べて挑戦的だった点は、アンディの年齢を一七歳に設定したことである。これによって、おもちゃの存在意義はほぼゼロになった。アンディはもうおもちゃと遊ぶような年齢でない。そればかりか、大学進学をひかえ、母と妹と暮らす家から飛び立とうとしている。『トイ2』でプロスペクターというおもちゃが予言したとおり、「アンディは大人になる。それをとめることはできない」。

アンディは、ウッディだけは一緒に連れていき、ほかのおもちゃは屋根裏部屋に保管することに決める。そのおもちゃたちが手違いであやうくゴミに出されそうになるところから、『トイ3』の物語は本格的にはじまる。その詳細は省くが、ひとつ確認しておきたいのは、エンディングでウッディが下したある重大な決断である。ウッディは、仲間が、そして自分自身も、ボニーという少女に譲られるように細工するのだ。言いかえれば、ウッディはアンディと一緒にいるよりも、仲間たちと一緒にいること、そしておもちゃを必要とする新しい子どもと一緒にいることを選ぶ(8)。このようにしてウッディたちの生きがいと使命は守られ、『トイ3』は大団円をむかえる。

もっとも、別の子どもが持ち主として登場したのは、やはり取り返しのつかない変化だと言わざるをえない。『トイ1』で、おもちゃが死ぬほど怖がったのは、ほかのおもちゃに取ってかわられることだった。一方、『トイ3』では、ほかの子どもが自分たちの持ち主に取ってかわる。これは天変地異と呼ぶべき出来事である。そしてここで想像をふくらませてみよう。ボニーが成長するとどうなるだろうか。そのとき、おもちゃはまた別の誰かに譲り渡されるのだろう（アンディ［Andy］とボニー［Bonnie］のあとだから、おそらくその子の頭文字はCだろう）。そしてその子どもが成長すると――。このように考えると、ボニーの登場が何を意味するのかがわかる。おもちゃは変わらないが持ち主は変わる。持ち主のほうが揺らぎのある存在となる。アンディとわたしたちからなる世界から、わたしたちとそのつど変わる持ち主たちからなる世界へ、おもちゃは移行してしまった。アンディの後継者ボニーは無数に登場しうる持ち主のひとりにすぎないのだ。

このように持ち主の意味が変化したとき、次のような考え方が出てきても、おどろくにはあたらない。おもちゃは特定の子どもにつくす必要はない。それどころか子どもから離れて自由に生きてもいい。じっさいにこうした思想をとなえるのが『トイ4』のボー・ピープである。これは論理的には十分に納得できる思想である。しかし、同時に過去三作の栄光に泥をぬる危険性を秘めている。もし子どもへの忠誠がそれほど重要でないとすれば、過去三作が丹精込めて描いてきた、アンディの家への命がけの帰還劇は何だったのか。このような疑問が観客の頭に浮かばざるをえない。『トイ4』が選びうる解決策はふたつある。ひとつは、最終的にウッディの古い考え方に軍配を上げること。もうひとつは、ウッディとボーの考え方を一段上の水準で統合し、おもちゃの新しい生き方を観客に見せること。じっさいには後者が選択されるわけだが、それはどのようにして実現されるだろうか。

身動きのきかない車と人生

『トイ4』のキーワードのひとつはロストであると述べた。別のキーワードはチャンスである。台詞のなかの登場回数は全部で九回。たしかにロストの二一回にはおよばない。しかし、映画の主要舞台のひとつである骨董品店の名前はセカンド・チャンス・アンティーク。その意味でチャンスはロストよりも明確に観客に示されるキーワードである。(9)

骨董品店に陳列されているのは当然古いものばかり。しかし、買い手がつけばそれらはセカンド・チャンスをえることができる。つまり、人生を取りもどすことができる。少し視点を広げると、人生は取りもどせるというのはアメリカ文化の特徴的なメッセージである。失敗してもやりなおせるという思想がアメリカにはある。アメリカはチャンスの国であると同時に、チャンスを一回ではなく複数回獲得できる国である。『トイ4』で問題となるのはしかし、セカンド・チャンスの有無だけではない。それ以上に重視されていることがある。すでにセカンド・チャンスをえた者が、ファースト・チャンスにすら恵まれていない者をまえにして何を思い、どう行動するか、である。

そのことは少しあとで検討しよう。いま確認したいのは、チャンスが移動と関係していることである。もともとアメリカは信仰上の、あるいは経済的に苦境にある者が、新しいチャンスを求めて海をこえて作った国である。初期の植民以後も、さらに新しいチャンスを求め、開拓民が西へ西へと移動した。移動とチャンスはわかちがたく結びついている。

その意味で、『トイ4』のオープニングに動けない車が登場するのは重要である。また、ウッディがその車を助ける（ふたたび動けるようにする）のも見逃せない。その車とはRCである。大雨のなか、RCは庭の排水溝にはまっており、身動きがとれない［図11-3］。ウッディはボーたちと協力し、この身動きできない車を救出する。ところで、このシーンには本物の車も登場する。ボーの新しい持ち主となる一家の車である。ウッディはシーンの最後、ボーを乗せて走り去っていく車を見送る。ウッディがこのシーンでおこなうのは、車を助けることと、車を見送ること。ウッディ自身はそこにとどまる。いずれにせよ、『トイ4』のオープニングで動けなくなったおもちゃが乗り物であり、またその乗り物の救出作戦が描かれるのは象徴的である。その乗り物をふたたび動ける状態にしたウッディが、このあと移動とチャンスをめぐる物語のなかで、自分自身、積極的に移動するおもちゃに生まれ変わる。

図11-3　『トイ・ストーリー4』

RCが図のように、雨水につかった状態であることにも注目したい。二一世紀のアメリカの出来事と関連づけると、水と車がすぐに連想させるのは、ニューオリンズを中心に甚大な被害をもたらした二〇〇五年のハリケーン・カトリーナのことである。被害の状況を伝える報道写真には、水没した多数の車を写したものがあった。災害時に移動手段である車が使えないのは致命的である。だが、忘れてはならないのは、ニューオリンズの貧困地帯には、経済的理由により、そもそも車を所有できない層がいたことである。彼ら彼女たちには車で逃げるという選択肢があらかじめ存在しなかった。車社会のアメリカでも、誰もが車をもっているわけではない。誰もが自由に移動できるわけでもない。移動すれば新しいチャンスが待っている、というのはまやかしで、じっさいには移動すらできないひとがいる。新しいチャンスを（あるいは最初のチャンスすら）獲得できないひとがいる。これがチャンスと移動の国アメリカの現実である。ハリケーン・カトリーナが浮き彫りにしたこの事実に着想をえて作られたのが、前章でとりあげたケリー・ライカート監督の『ウェンディ&ルーシー』（二〇〇八年）である。ここまでラディカルではないが、『トイ4』もまたチャンスの格差という問題に焦点をあてる。そのさい重要となるキャラクターがギャビー・ギャビーである。

日よけの上の決断

ここで『トイ4』の物語の全体像を記しておこう。本作は「九年前」の回想シーンからはじまるが、物語の現在時ではウッディたちはすでにアンディからボニーに譲渡されている。幼稚園入園をひかえたボニーは、両親とおもちゃと一緒に車旅行に出かける。しかし、ウッディとフォーキー（ボニーが先割れスプーンで作ったおもちゃ）は、ボニーやおもちゃの仲間から、はぐれてしまう。彼らはボニーのもとにもどろうとするが、その途中で立ち寄ったセカンド・チャンス・アンティークで、ギャビー・ギャビーという女の子の人形に遭遇し、フォーキーは囚われてしまう。ギャビーにはフォーキーと引き換えにねらっているものがある。ウッディのボイスボックス（紐をひくと音声が流れる装置）である。ギャビーにもボイスボックスがついているが、出荷時点から不良があり、彼女はそれを取り換える機会を待ち望んでいる。

フォーキーを奪還しようと奮闘する途中で、ウッディはボーと再会する。ボーは九年まえに新しい家にもらわれたが、その家の子どもが成長して役目を終え、アンティーク・ショップに売られたのである。その店で数年過ごしたのち、いまは外の世界で仲間と暮らしている。この生活で培われた人生観が、ウッディのそれと正反対であることは、すでに述べたとおりである。

映画の終盤に話を進めよう。ウッディはフォーキーを救出するために、おどろくべき決断をする。ボイスボックスを譲るというギャビーの提案を呑むのである。[10] それはフォーキーを助けたいから、またそれによってフォーキーを愛するボニーを助けたいから、ということだけが理由なのではない。それ以上に、ギャビーが自分と同じ信念を抱いていることを発見したからである。さらには、おもちゃとしての人生において、自分がすでにセカンド・チャンスにも恵まれた一方で、ギャビーがファースト・チャンスにすら恵まれていないことに心を痛めたからである。ウッディがこの決断を下す直前のギャビーとのやりとりを見よう。

ギャビー　私たち、思いは同じじゃない？
ウッディ　同じ？
ギャビー　子どものそばにいることこそ、おもちゃのいちばん大切な役目だと思ってる。
ウッディ　まあな。
ギャビー　私は最初から故障していたの。あなたは私が夢見る人生を送ってきた。アンディとともに過ごした日々。はじめて自転車に乗ったときも一緒。膝を擦りむいたときなぐさめたり、成長をずっと見守ったのよね。二度目のチャンスもおとずれた。ボニーよ。幼稚園を怖がるボニーを安心させたり、つらいとき、支えになってあげてるわ。いいときも、悪いときも、あなたは子どものそばに。どうか、正直に答えて。それって本当にすばらしいこと？
ウッディ　そうだよ。
ギャビー　一度でいいから味わいたいの。そのチャンスをちょうだい。なんだってするわ。あなたのように愛されるなら。

ギャビーはこの願いのとおり、はじめて子どもに愛される。ただし、それはギャビーが当初愛されたいと願っていたハーモニーという少女ではなく、別の少女である。その少女は移動遊園地で文字どおり迷子だった。また、ギャビーはハーモニーというファースト・チャンスはふいにしたが、骨董品店から移動遊園地に移動してセカンド・チャンスをえる。こうした展開は、ロストや移動のテーマとの関係上、じつに用意周到なものである。(11)

さて、フォーキー救出作戦が成功裏に終わり、ふたたびボーと別れのときがおとずれる。ここでウッディはまたおどろくべき決断をする。ボーではなく仲間に——ということはつまりボニーにも——別れをつげ、ボーと一緒に旅することを選ぶのである。ではウッディはボーと道行きをともにすることで、どのような人生を選ぶのか。それは映画のエピローグが示すように、すべての子どもとすべてのおもちゃのために生きる人生である。ウッディたちは移動遊園地と一緒に移動しながら、射的の景品であるおもちゃに持ち主が見つかるように細工する。それはいわばおもちゃたちのファースト・チャンスを実現する仕事である。さらに、それは子どもにいつもそばにいてくれるおもちゃをあたえることによって、幸福をもたらす仕事でもある。かくしてウッディとボニーの当初対立していた思想は、ひとつ上の次元で統合され、おもちゃの新しい生き方が示されることになる。

それにしても、ウッディがボーとの旅立ちを決意するシーンは繊細で緻密だ。ウッディはこの瞬間、積極的に移動する主体に生まれ変わる。映画にすでに出てきた表現を使うと、ウッディは本来の意味での転がり草に転身するのだ。それを祝福するかのように、画面の背後には、回転する円環のイメージがくりかえし登場する。移動遊園地の回転系のアトラクション（観覧車など）である。ふりかえると、映画のオープニングにも多数の円環のイメージが登場した。ピクサーのオープニングロゴに登場するルクソーJr.の丸いランプシェードを皮切りに、ガレージにとりつけられた円形のバスケットゴール、モリー（アンディの妹）の部屋のデスクランプの丸いシェード、ミッキーマウスが描かれた腕時計風の掛け時計など。しかし、いずれも回転していたわけではなかった。オープニングとエンディングを比較すると、転がらない円環から転がる円環へ、という変化が生じていることがわかる。そしてこの変化は、ウッディの人生が文字どおり転がりはじめることと軌を一にしている。

ウッディが旅立ちの決意をする場所も重要である。それはボニー一家のキャンピングカーの日よけの上である。ウッディがその上を歩くときの日よけの沈み具合はじつによく計算されている。それ以上に重要なのは、日よけがある種の中間地帯として機能していることだ。日よけは、移動遊園地のアトラクションである回転木馬と、これからボニーの家にもどるキャンピングカーを結んでいる。前者は放浪を象徴し、後者は帰還を象徴している。ウッディはその両者のあいだに張られた日よけの上で、もどるか進むかの二者択一を実行するのである。加藤幹郎が論じるように、古い西部劇ではポーチという空間ないし場所が、荒野と文明、放浪と定住の中間地帯として機能してきた（加藤 三二―四八）。『トイ4』の日よけはそのすぐれた変奏と見なすことができる。

同時に見逃すべきでないのは、ウッディがボーを選ぶ決意をしたあとの彼女の反応である。ウッディがボーに視線を送り、ボーはその視線の意味を理解する。そのとき、気持ちが昂ったからであろう、ボーは大きく肩で息をする。まるで体全体が肺と化したように。アニメーションの語源は魂や命を意味するアニマである。本来命のないものに命を吹き込むのがアニメーションである。「トイ」シリーズでは、おもちゃに命が吹き込まれ、おもちゃが呼吸する。ただし、第一作の時点では、おもちゃが呼吸するときの微細な身体の運動は、まだ描出困難だった。そもそも生きものの筋肉や皮膚や体毛の動きを精密に描くことができず、それゆえにプラスチックなどでできたおもちゃが主人公に選ばれたのだった。一方、第四作では、おもちゃ――しかもとりわけ硬い磁器のおもちゃ――のボーが人生の決定的瞬間に直面して大きな息遣いをするところが、おどろくほど高い精度で描かれる。これは「トイ」シリーズでおもちゃがスクリーン上で見せる数々の運動のなかでも最良のもののひとつである。

映画のオープニングでは走り去る車を見送ったウッディだが、このエンディングでも同様に走り去る車を見送る。しかし、今度はボーを見送るのではなく、ボーと旅立つために。その車はバズたちが乗ったボニーの一家の車である。車のなかでレックスが「ウッディは迷子のおもちゃ（a lost toy）になっちゃったの?」と口にすると、バズがこう答える。「迷子じゃない。いまはもう（He's not lost. Not anymore）」。なるほど、定住生活をやめるという点ではウッディはロストの状態になるが、気持ちの面ではロストの状態にはない。つまり、もはや彼に迷いはない。最後にバズはあの台詞を口にする。「無限の彼方へ（To infinity...）」。ただし、今回はこの台詞を締めるのはウッディである。「さあ行くぞ（And beyond）」。カメラはここでぐっと後ろに引いたのち、後景を彩る移動遊園地の回転系のアトラクションの動きに導かれるようにして、首を上にむける。すると画面に月が映し出される。そう、ルクソーJr.のシェードや街灯の円環のイメージとともに幕をあけた映画は、丸い月のイメージでその本編の幕をとじるのである。ここで観客が耳にする音楽では打楽器が連打される。それが連想を誘うのは人類が月に到達する前年に公開された宇宙SF映画『2001年宇宙の旅』（スンタリー・キューブリック監督、一九六八年）である。(12)『トイ1』以来、映画ファンのおなじみとなった「無限の彼方へ、さあ行くぞ」という台詞は、もとをたどれば『2001年宇宙の旅』の最終章のタイトル「木星と無限の彼方（"Jupiter and Beyond the Infinite"）」に由来するものであろうことを、言い添えておこう。

「おうちがいちばん」だったころ

以上の議論からわかるように、『トイ4』は過去三作に敬意を払いながらも、その焼きなおしには終わるまいとする気概に満ちた一作である[13]。しかし、いや、だからこそと言うべきか、多かれ少なかれ観客を戸惑わせる一作であることも否定できない。そのことを本章の最後に論じておきたい。とりわけ、ボーのキャラクターの劇的な変貌は、いくらスクリーンに姿を見せるのが二〇年ぶりだと言っても、唐突という印象をまぬかれない。また、『トイ3』でアンディよりも仲間を選ぶという究極の選択をしたウッディが、その仲間から離れるというエンディングにも、釈然としない観客はいるだろう[14]。もっとも、わたし自身が劇場で本作を見たとき、おどろき、また多少当惑させられたのは、これまで「トイ」シリーズになかったある映像を目にしたときである。

その映像については後述する。そのまえに、フロンティアの歴史を思い出しつつ、「無限の彼方へ、さあ行くぞ」という台詞について再考したい。これはもともとバズの台詞であるが、『トイ1』にこれとちょうど正反対のウッディの台詞がある。「おうちがいちばん（There's no place like home）」である[15]。つまりこういうことである。スペース・レンジャーは「無限の彼方」をめざす。だが、フロンティアの歴史上、彼の先人にあたるカウボーイは、「自分も昔は西部の山脈の彼方をめざしたものだ」などとは言わず、「おうちがいちばん」と言う。それは当然、ウッディがカウボーイである以前におもちゃであり、当人もそれを自覚しているからにほかならない。一方のバズは、第一作の途中まで自分は本物のスペース・レンジャーだと信じており、空を飛べることを証明しようと試みる。彼はそれに完璧に成功したと思っているが、じっさいには周囲数メートルをまわりながら落ちただけである。しかも、その場所は「無限の彼方」ではなく、大気圏外ですらなく、子ども部屋である。[16]

「おうち」と「無限の彼方」。このうち、おもちゃを主役とする「トイ」シリーズがこれまで重視してきたのは、あくまで「おうち」である。一方、『トイ4』ではバズは子どもの「おうち」に帰るが、ウッディは「無限の彼方」へ旅立つ。これはこの上なく気のきいたエンディングである。過去三作においてー貫して空疎だったバズの台詞が、ウッディによってはじめて中身をあたえられる。しかし、立ちどまって考えると、空疎だからこそ意義深かったのではないか。不断に未知の世界を開拓しつづける。それこそがアメリカの使命である。このほとんど強迫観念的な考え方にたいして、「どうせおもちゃですから」と距離をとってみせること。この精妙な距離感こそが「トイ」シリーズの長所・妙味だったのではないか。[17]明らかにフロンティアの歴史を意識して作られた『トイ1』では、新フロンティアのヒーローたるスペース・レンジャーが、威風堂々と「無限の彼方へ、さあ行くぞ」と言う。一方で、そのヒーローの先人にして原型たるカウボーイは「おうちがいちばん」と言う。それはある意味ではフロンティアの歴史をさかのぼり、「開拓だけがすべてなのでしょうか」と疑問を呈するようなものである。[18]一方、『トイ4』ではウッディがおもちゃである以上にカウボーイらしく、冒険心を表明してみせる。そして積極的に移動する主体へと変身してみせる。

映画のエンディング、バズとウッディが「無限の彼方へ、さあ行くぞ」と述べる直後、月が映し出されることにも、あらためて注目しよう。この月は、アンディの部屋の壁紙の空と雲のような絵ではなく、本物の月である。[19] 月はかつてのアメリカの新フロンティアである。おもちゃでしかなかったカウボーイが、ここで現実のフロンティアの歴史とリンクする。次のように言いかえてもよい。過去三作は、フロンティアの歴史を意識しながら、それに根ざした思想とはたくみに距離をおいてきた。主人公が人間ではなくおもちゃであることがそれに一役買っていた。これにたいして『トイ4』は、主人公をフロンティアの歴史のみならず、それに根ざした思想に差しもどす側面がある。これはよかれ悪しかれシリーズの前提事項の大胆な書き換えである。くりかえすが、『トイ4』のエンディングは見方によっては完璧に近い。おもちゃのカウボーイが現実のフロンティアの歴史と交錯する。その瞬間にはめまいすら覚える。だが、このときシリーズの長所のひとつが失われたという印象も受けるのである。

この文脈で、わたしがはじめて『トイ4』を見たときにおどろき、また多少困惑させられた映像に話を移すことにしたい。それはウッディやボーたちが回転木馬のテントの上から風景を見晴らす映像、すなわちパノラマ的視点からの映像である〔図11-4〕。ウッディたちが立っている場所は、興味深いことに、一九世紀の回遊式パノラマ館のプラットフォーム（観客席）とよく似ている。ウッディたちはその場を回遊するわけではない。とはいえ、カメラがテントのまわりをぐるりと回転することによって、観客にはその場を回遊したときにえられるような、三六〇度に近い光景があたえられる。ウッディはこの特権的な場所から眼下に広がる光景を見つめ、その美しさに息をのむ。[20] ここで世界は開けているという認識をえたことが、彼が積極的に移動する主体となるのを後押ししたのは明らかである。

歴史的に言えば、カウボーイも活躍した一九世紀は、「すべてを見る」が語源のパノラマ館の流行

図 11-4 『トイ・ストーリー 4』

期である。パノラマ的視点から描かれた風景画の流行期でもある。その背景に領土拡張主義がひそむことは、しばしば指摘されるとおりである。上から見下ろすうちに、視線の対象を支配することが許されるような気がしてくる。[21] そのような心理的なメカニズムが働きやすい。これまでの「トイ」シリーズにも俯瞰映像が皆無だったわけではない。だが、それはあくまでウッディが場所の全容を確認するためのものだった。『トイ 4』の俯瞰映像はそれとは異質であり、一九世紀の風景画に近いものである。一九世紀文化研究者の余計な懸念と言われればそれまでだが、パノラマ的視点と領土拡張主義の結びつきをふまえると、その映像の美しさを手放しで受け入れるのはためらわれる。

とはいえ、話はもう少し複雑である。ウッディが広い世界に旅立つのは、別に未知なる領野を掌握したいからではない。すでに述べたように、ファースト・チャンスにすら恵まれないおもちゃに、ファースト・チャンスをもたらすためである。それはまた「おうちがいちばん」と知るウッディが、ほかのおもちゃに平等に「おうち」をあたえる試みでもある。[22] ピクサー映画の政治的なバランス感覚がここに見られる。この意味で先述のエピローグはきわめて重要である。これがなければ映画全体の印象は変わっていたかもしれない。さらに言えば、エンディングでカウボーイと月のイメージがリンクすると述べたが、ウッディが旅するのは、現時点ではアメリカ国内に限られているようである。旅の範囲は二一世紀の人間的視点から見えればごく限定的である（おもちゃ的には壮大だが[23]）。

本章の冒頭で述べたように、『トイ4』は過去の長編三作とは変わって、フロンティアのイメージの多用は見られないが、フロンティアの歴史に根ざした思想に近づいた作品である。フロンティアと「おうち」のはざまで生まれた「トイ」シリーズは、これまで「おうち」寄りの結論を示してきたが、ここでその針がフロンティアのほうに傾いた。それはシリーズの新たなステージへの移行と、シリーズの長所のひとつとの別れを同時に意味している。シリーズ誕生から約四半世紀、転がり草はついに転がりはじめた。もはやそれは否定できない事実である。しかし、転がり草は最後はどこに行きつくのだろうか。そのことは誰も知らない。少なくとも、いまはまだ[24]。

（1）「トイ」シリーズのシンボルが空と雲（アンディの部屋の壁紙に描かれたもの）であるのも興味をひく。それは大地と宇宙、カウボーイとスペース・レンジャーを空間的につなぐものだからである。
（2）ウッディは『トイ1』のオープニングですでに自動車に乗り、空も飛んでいる。アンディがひとり遊びのなかでこのカウボーイ人形をRCに乗せたり、ソファーの足置きを利用して宙に浮かせたりするのである。
（3）このシーンの終わりはまさにフロンティアと乗り物のイメージの饗宴である。すなわち、カウボーイ（ウッディ）がカウガール（ジェシー）と一緒にジェット機（本物）から飛び降り、スペース・レンジャー

（バズ）が駆る馬（ブルズアイ）の上に帰還する。

（4）代表例として「BFIフィルム・クラシックス」シリーズの一冊として刊行されたケンパー（Kemper）や一三本の多様な論考からなるスミスほか（Smith et al.）がある。

（5）ここでは品詞や意味内容に関係なく台詞に登場するロストという言葉をすべて数え上げた。

（6）『トイ4』のボーの先駆者と言えるのが、『トイ3』の序盤でアンディが大人になったことを受け入れ、ごみ箱行きになるくらいならと自分たちの意志で家を出ていくグリーンアーミーメンである。もっとも、エピローグでは彼らがサニーサイド保育園にたどりつくところが描かれる。おそらく彼らはここで放浪の旅に終止符を打ち、バービーやケンとともにサニーサイド保育園に定住するのだろう。

（7）ロストの多義性はアメリカ文学史のロスト・ジェネレーションの説明のさいにしばしば言及されることである。この言葉は、もともとガートルード・スタインがアーネスト・ヘミングウェイに発したとされるひと言であり、ヘミングウェイの『日はまた昇る』（一九二六年）のエピグラフに用いられた。スタインがこの言葉を仕入れたのが自動車修理工場であったというのも興味深い（丹羽 一三八―一三九）。

（8）ここではウッディの決断のみを強調したが、ボニーにおもちゃを譲るというアンディの決断にも注目しながら、『トイ3』におけるおもちゃと人間の相互作用を丁寧に論じたのが菊池（二一―四四）である。

（9）過去の長編三作の台詞におけるチャンスという言葉の登場回数も記しておこう。『トイ1』は二回、『トイ2』は二回、『トイ3』は三回である。なお、『トイ4』の九回のうち三回は骨董品店の名前の一部としての使用である。

（10）ウッディがギャビー・ギャビーにボイスボックスを譲るのは、先行するピクサー映画『カーズ／クロスロード』（ブライアン・フィー監督、二〇一七年）でライトニング・マックィーンがクルーズ・ラミレスに（文字どおり）道を譲ったことと関連づけることもできる。『トイ4』のエンディングでウッディがジェシーに保安官バッジを譲ることも注目に値する。

（11）ブルーレイの特典の音声解説で製作のマーク・ニールセンも触れているように、本作に登場するグランド・ベイスンという町では、移動遊園地と骨董品店とオートキャンプ場が一堂に会している。骨董品店の名前はセカンド・チャンス・アンティークであるから、この町では移動とチャンスと車がまさに隣りあっている。

（12）ここで念頭にあるのは、『2001年宇宙の旅』の冒頭、宇宙の映像とともに流れるリヒャルト・シュトラウスの《ツァラトゥストラはかく語りき》のことである。また、『トイ4』でバズはボニーの母に持ち上げられたときに、ボタンを押して音声を流すが、そのなかのひとつ「ポッド区画のドアを開けてくれ」は『2001年宇宙の旅』の有名な台詞の引用である。なお、『2001年宇宙の旅』に登場するポッドはアップル社のiPodの語源となったが、この製品を生み出したスティーヴ・ジョブズはピクサーの創始者のひとりである。

（13）ブルーレイ所収の特典映像で、監督のジョシュ・クーリーは、『トイ4』のもうひとつのエンディング（有力ではあったが、採用されなかったエンディング）を紹介している。そこではボーが運命の少女に出会い、ウッディと別れてその少女のものになる。ウッディもボニーのもとにもどる。ウッディとボーが別々ではあるが、特定の子どものおもちゃになるという点において、前三作のロジックにそったエンディングと言える。

（14）『トイ3』の序盤に、ウッディが写真のなかの少年時代のアンディを見つめるシーンがある。映画の終盤でウッディは同じ写真を目にするのだが、そのときは視線をアンディから一緒に写ったおもちゃの仲間に移す。持ち主から仲間へ。この視線の移動に『トイ3』のすべてがあると言っても過言ではない。『トイ4』でウッディはその仲間と別れるのである。

（15）ウッディが「おうちがいちばん」という台詞をとなえるのは、シドの家から脱出を図るときである。むろん、これはフランク・ライマン・ボームの『オズの魔法使い』（一九〇〇年）とその有名な映画版『オズの魔法使』（ヴィクター・フレミング監督、一九三九年）のドロシーの言葉に由来する。それはこの小説および映画のもっともよく知られた言葉だが、その後の「オズの魔法使い」シリーズの展開は「おうちがいちばん」の逆を行くものだった（ルーリー 八四）。『トイ3』までのウッディのほうが、台詞の最初の発話者ドロシーよりもその発話内容（「おうちがいちばん」）に忠実である。

（16）『トイ1』の後半、自分がおもちゃであることに気づいたバズは、それでも自分は飛べると信じて階段の手すりから飛び上がるが、結局、真っ逆さまに地面に落下する。このときに背景に流れる挿入歌は《幻の旅》。原題は"I Will Go Sailing No More"で、直訳すれば「もう航海には出ない」である。これもまた「無限の彼方へ、さあ行くぞ」と対比すべきもののひとつである。マローニーが《幻の旅》をディズニー映画のある名曲、すなわち『ピノキオ』（ベン・シャープスティーン／ハミルトン・ラスク監督、一九四〇年）の《星に願いを》と対比しつつ、こう論じているのも興味深い。このシーンで「バズは逆ピノキオになったのである。ヒーローはただのおもちゃにすぎないのだ」（Maloney 35）。なお、映画のエンディングでバズはロケット花火を利用して空を飛ぶことに成功するが、彼はこの時点では自分はただのおもちゃだとはっきり認識している。それをあらわすのが次の有名な台詞である。「飛んでいるんじゃない。落ちているだけだ。カッコつけて」。このあたりの夢とリアリティのすりあわせの卓抜さが『トイ1』の色褪せない魅力である。

（17）主人公たちが複製可能なおもちゃであり、またそれに自覚的であることに注目し、メディア研究の立場から『トイ1』のおもしろさを論じているのが三輪（一九四―一九七）や渡邉（九八―九九）である。

（18）過去の長編三作のなかで、一度だけウッディが「おうち」を捨てて、自分の意志で別の場所に移動しようとしたことがある。『トイ2』で日本のおもちゃ博物館に行こうとするのである。もっとも、ウッディは途中で「おうち」のほうが大切だと思いなおす。さらには映画の終盤、ウッディは新フロンティアの象徴的舞台たる空港で、「おうちがいちばん」の変奏と言える台詞を口にする。「おうちに帰ろう（Let's go home)」である（これは『捜索者』〔ジョン・フォード監督、一九五六年〕のジョン・ウェインの有名な台詞でもある）。付言すれば、もちろん古典期の西部劇のヒーローたちも家への郷愁を抱いてきたが、それはあくまで冒険をするからこそである。

（19）じつは『トイ1』にも本物の月が映し出されるシーンがある。映画中盤のガソリンスタンドのシーンである。ただし、ここで月はウッディやバズを現実のフロンティアに接続するのではなく、むしろそれと切り離すために用いられる。バズは月と星が輝く夜空を見ながら、スペース・レンジャーとしての自分の任務を滔々と語る。自分がおもちゃであるとは知らずに。つまり、ここでは現実とバズの妄想の落差を強調し、観客の笑いをとるために月が用いられている。

（20）ウッディは別のシーンでもう一度、自分の目に映る光景に圧倒される。セカンド・チャンス・アンティークの天井に飾られた照明器具をボーと一緒に見るときである。頭上でまばゆい光を放つ照明器具はさながら『未知との遭遇』（スティーヴン・スピルバーグ監督、一九七七年）で地球から飛び立つ宇宙船を思わせる。その意味でこれはエンディングの月のイメージにつながるものである。

（21）一九世紀はまた気球の流行期でもある。気球からの視点とパノラマ館のもたらす視点の類似性、さらにはそれらにひそむ帝国主義的欲望をふまえて、マーク・トウェインの『トム・ソーヤーの外国旅行』（一八九四年）に独自の解釈をほどこしたのが細野である。なお、ピクサー映画で気球をあつかったものに『カールじいさんの空飛ぶ家』（ピート・ドクター監督、二〇〇九年）がある。マイネル（Meinel 139-161）は、パノラマ的視点を問題にしているわけではないが、本作と帝国主義の関係を緻密に論じている。ついでに言えば、『トイ4』のエンディングでウッディがバズたちと一緒に家にもどるか迷ったとき、バズは内なる声に耳を傾けろとアドバイスするが、これもまた一九世紀を想起させるメッセージとして興味深い。他者の意見ではなく自分の内なる声に耳を傾けろと言ったのは、一九世紀の代表的作家ラルフ・ウォルドー・エマソンである。

(22)『トイ4』に先立つ第三作のエンディングでは、サニーサイド保育園でおもちゃたちが過重労働（おもちゃを手荒にあつかうイモムシ組の子どもたちの遊び相手をつとめること）を平等に分け合う様子が描かれる。

(23)『トイ4』のエピローグで、露店からの「独立」をはたしたタッキー&バニーが、文字どおり「膨張」し、レーザービームという「兵器」で戦う様子が描かれるのも、アメリカの武力による独立と膨張の歴史を考えると意味深である。エピローグにはもうひとつ兵器というか武器が登場する。それは銃であり、その武器とカウボーイによって民主主義が実現される。といっても、それは本物の銃ではなく、射的の店で使うおもちゃの銃である。また、銃弾（バドミントンのシャトルのようなもの）をじっさいに放つのは、子どもたちである。カウボーイのウッディは子どもたちが的を外すたびに、的中を装って景品のおもちゃを投げて渡す。

(24)二〇二二年には「トイ」シリーズのスピンオフ映画『バズ・ライトイヤー』（アンガス・マクレーン監督）が公開され、バズが宇宙を旅することになった。もっとも、じっさいには宇宙を舞台に「おうち」のテーマを追求する内容であり、その意味ではシリーズの伝統をふまえた作りであった。また、本稿脱稿後の二〇二三年二月に、シリーズ第五作の製作が発表された。

コラム④

『トイ・ストーリー』のなかのアメリカ的物語

『トイ・ストーリー』（ジョン・ラセター監督、一九九五年）の物語後半の舞台は、シドの家である。シドはウッディとバズの持ち主アンディの隣人。おもちゃを破壊することを何より楽しむ危険な少年である。ウッディとバズもシドの餌食になりかけるが、命からがらその家から脱出する。第11章で論じた引っ越しのトラックの追跡シーンは、この脱出劇のあとに展開されるものである。

ピクサーは映画のなかにアメリカ的物語を忍び込ませるのが得意である。シドの家を舞台とする一連のシーンにも、少なくともふたつのアメリカ的物語が読み取れる。

ひとつは外国への軍事介入の物語である。ウッディはシドの家という異国で、被支配民（シドのおもちゃ）をひきいて暴君（シド）に立ちむかい、この地に自由をもたらす。西部劇でこれに近いものがあるとすれば、それはジョン・スタージェス監督の『荒野の七人』（一九六〇年）だろう。本作は黒澤明監督の時代劇『七人の侍』（一九五四年）のアメリカ版リメイクである。戦闘のプロ（侍またはガンマン）が農民に軍事訓練をほどこし、ともに盗賊と戦うという点は両作品で共通するが、『七人の侍』が日本国内で完結する物語であるのにたいして、『荒野の七人』は国を越境する物語である。ガンマンはメキシコに行き、そこで農民を解放する。

とはいえ、ウッディは『荒野の七人』の場合とは異なり、最初から戦闘を目的に異国におもむくわけではない。むしろ彼は捕囚（クレーンゲームの景品）としてシドの家に連れてこられたのだ。ここにもうひとつのアメリカ的物語が浮上する。一七世紀から連綿と語られてきたインディアン捕囚物語である。主人公が悪魔のようなインディアンに囚われ、想像を絶するような拷問を受ける。しかし、それでも神への信仰を捨てず、最終的には帰還をはたす。これがインディアン捕囚物語の基本パターンである。そこにおけるインディアンをシドに、神をアンディに置き換えれば、『トイ・ストーリー』になる（ウッディはシドに、虫眼鏡であつめた太陽光で頭を焼かれそうになるなどの拷問を受ける）。また、ウッディはシドの部屋にいるおもちゃを当初、人食い（おもちゃ食い）人種だと思い込む。これは初期の捕囚物語にインディアンによる人肉食の恐怖が描かれたことを彷彿とさせる。

もう少し話を進めよう。第一作以降も「トイ・ストーリー」シリーズでは、ウッディやその仲間が捕囚になるパターンがくりかえされてきた。そのなかで、おもちゃがもっとも壮絶な目にあう作品は『トイ・ストーリー3』（リー・アンクリッチ監督、二〇一〇年）である。サニーサイド保育園で過酷な苦役を強いられるのみならず、映画終盤ではゴミ焼却場で灰燼に帰す一歩手前まで進むのである。デイートマー・マイネルはこれをピューリタンの「荒野への使命」をもじって「デイケア荒野への使命」（Meinel 210）と呼んでいる。その試練のはてに、天から救いの手がさしのべられる。いままさに燃え盛る炎に包まれようというとき、機械運転室に忍び込んだリトルグリーンメンがクレーンを操作し、おもちゃ全員を文字どおり救い上げるのである。第一作のピザプラネットのシーンで、リトルグリーンメンはクレーンゲームのクレーンを神のごとき存在と見なしていたが、その演出がここでみごとに活用されている。

この『トイ・ストーリー3』のシーンには、宇宙のフロンティアを安全弁と見なすアメリカ的物語もひそむ。一九世紀には、米西部のフロンティアが安全弁と見なされていた。東部の都市が荒廃したとしても、西部に逃げ道がある。二〇世紀以降、同様のことが宇宙にも期待された。地球が荒廃したとしても、宇宙に逃げ道がある、というわけだ。一九五〇年代には核戦争による人類滅亡の恐怖が高まったことを背景に、宇宙のフロンティアを安全弁として描くSF小説が多く登場した（長谷川二八）。『トイ・ストーリー3』の焼却場のシーンは、この延長上に位置するものである。焼却炉の内部は戦禍で瓦礫の山と化した世界を思わせる（これと対になる映画冒頭の空想シーンではキノコ雲が上がる）。その地獄のような世界から、宇宙人（リトルグリーンメン）が地球人（ウッディたち）を上空へと救い出すのである。

ノエル・ブラウンによれば、『トイ・ストーリー』の特徴は「二重の語りかけ（double address）」にある（Brown 33-34）。かつてのディズニー映画が子どもと大人が一緒になって楽しめる内容だったとすれば、『トイ・ストーリー』は子どもと大人が別々に楽しめる内容である（大人にしかわからないギャグも多くあるが、だからと言って子どもが置き去りになることはない）。ディズニー映画が大人の観客に子どもの心を取りもどさせるとすれば、『トイ・ストーリー』は子どもの観客には子どもむけの、大人の観客には大人むけの楽しみをもたらす。同様のことがこのコラムで述べたことにも言える。『トイ・ストーリー』はおもちゃの冒険の物語を語りながら、同時にアメリカの物語を語っている。

第12章　ボンネットを被った西部劇

女性開拓者の日記と『ミークス・カットオフ』

シネラマ文学

昨今、映画と文学を横断的に論じる試みが増えている（『モヒカン族の最後』の原作小説［一八二六年］と複数の映画版を比較した本書の第3章や、米英豪文学・映画史の一端を記述した第6章もその例である）。このテーマに関連して、個人的にまえから関心を寄せてきたのは、映画がこの世に存在しなかった時代の文学に、すでに映画の存在が認められることである。野崎歓も論じるように、一九世紀小説には移動撮影、俯瞰撮影、クロスカッティングなどの映画技法に対応する描写が見られる(1)（野崎 一一四）。だが、これはさほど不思議なことではない。野崎をはじめ諸家が指摘するとおり、映画が誕生する以前から視覚の特権化ははじまっていた。「見ること」が重視される時代が到来していた。それにともない、多種多様な視覚装置も発明された（映画の前身となる写真やパノラマ館など）。この時代に書かれた文学のなかに、いま読むと映画を見ているように感じられる描写があるのはむしろ当然だ。

図 12-1　『これがシネラマだ』

一九世紀アメリカを代表する作家・思想家ラルフ・ウォルドー・エマソンの作品にもそのような描写がひそむ。『自然』（一八三六年）と題されたエッセイに有名な一節がある。「わたしは一個の透明な眼球になる。いまやわたしは無であり、すべてが見える」（エマソン 四三）。まるで眼だけが宙に浮いているかのような不思議な描写である。わたしがこの超絶主義者の一節を読むたびに思い出すのはシネラマ映画である。一九五〇年代に登場した超大型ワイドスクリーン、シネラマ。その最大の魅力は、観客を包み込む湾曲型スクリーンに伸びやかな空撮の映像が映されることだった。上の図はシネラマ映画第一作『これがシネラマだ』（メリアン・C・クーパーほか監督、一九五二年）のロッキー山脈の空撮映像である［図12-1］。前章でも触れたが、エマソンが活躍した一九世紀なかばはパノラマ館の流行期である。その時代にエマソンは、すべてが見えるというパノラマ的ヴィジョンを文章で表現した。これを二〇世紀に映像化したのがシネラマ映画とも見なせる（そもそもシネラマの語源はシネマ＋パノラマ）。逆に言えば、一九世紀文学は通常の映画のみならず、シネラマ映画をも準備していたのだ。シネラマ（Cinerama）の文字を並び替えるとアメリカン（American）になるが、エマソンの視覚偏重のアメリカ文学はまさにシネラマ文学である。

さて本章では、これまでにも触れてきたケリー・ライカート監督の二一世紀の西部劇『ミークス・カットオフ』（二〇一〇年）を論じる。オレゴン・トレイルを移動する開拓者を描く映画だが、本作の興味深いところは、これがシネラマ文学とは完全に対照的な文学に根ざした映画だという点である。

家事労働を映す

『ミークス・カットオフ』は、ケリー・ライカート監督の四番目の長編映画であり、初の西部劇である（第10章で論じたとおり、ライカートの最初の長編三作はすべてロード・ムーヴィーであった）。ここまで本書では、近年製作された西部劇の秀作・注目作をとりあげてきた。だが、二一世紀でもっとも重要な西部劇をひとつだけあげよと言われれば、わたしは『ミークス・カットオフ』と答えたい。『ミークス・カットオフ』は移動のテーマは言うにおよばず、本書で論じてきた種々のテーマが、その内部でひとつに結びつくような作品である。本書の最終章で論じるゆえんである。

『ミークス・カットオフ』は一風変わった西部劇である。まず二一世紀に製作された映画であるにもかかわらず画面が横に長くない。全編が昔ながらのアカデミー比――横縦比一・三七対一と比較的正方形に近い――で撮影されている。たしかに、ライカートはデビュー作『リバー・オブ・グラス』（一九九四年）をすでにアカデミー比で撮っているし、この比率は近年世界的に復権しつつある。[2] もっとも、『ミークス・カットオフ』におけるアカデミー比の使用には、この映画のある事物との関係で興味深い点があるのだが、それについては後述しよう。

また、本作では西部劇で通常期待されるアクションが描かれない。映画は、開拓者たちが河を渡るシーンで幕をあける。西部劇の渡河シーンといえば、スリリングな描写が期待されるものだが、『ミークス・カットオフ』では、一行はじつに淡々と河を渡る（誰も流されたりしない）。しかもそのあとで、濡れた服を干す、河の水で皿洗いする、小鳥に水をやる、といった女たちの家事労働が映される。男性中心、アクション中心の西部劇では通常無視される描写である。この次には、男たちが手分けして水を探しに行くシーンがある。そこでカメラは男たちについていき、彼らが苦労して水を探し出す様子を描く、と予想されるかもしれないが、違う。カメラはその場所にとどまり、女たちが洗濯物を干したり、薪を拾ったりする姿を描くのだ(3)。

さらに次のような描写もある。映画の序盤、早朝、太陽が昇るまえに女たちが火をおこし、湯をわかす。このとき、男たちは何をしているのかといえば、まだ寝ているのである。西部開拓時代、野営中の男が寝ているあいだに女がおこなっていた家事労働を映す西部劇、それが『ミークス・カットオフ』だ。男性のアクションは描かれないが、彼らが旅の途中で議論するシーンならある。ところが、である。通常であればカメラは男たちに近づき、マイクはその会話の内容を明瞭にとらえるだろう。しかし、ここでカメラは男たちを遠くから眺める主人公エミリー（ミシェル・ウィリアムズ）のもとにとどまる。会話のヴォリュームも絞られており、議論の内容はよくわからない。

こうした特色はいったい何に由来するのか。答えは開拓者の日記、それも男性ではなく女性の日記である。正確に言えばこうである。映画『ミークス・カットオフ』は一八四五年にオレゴンで起きた事件にもとづく。道案内人のスティーヴン・ミークが誤ったルートを選び、開拓者の命を危険にさらした事件である。映画で開拓者たちはミーク（ブルース・グリーンウッド）を見かぎり、途中で捕虜にした先住民の男（ロッド・ロンドー）に道案内をまかせる。これは同じオレゴンへの旅を描く西部劇でも、『ミークス・カットオフ』の八〇年まえに公開された『ビッグ・トレイル』（ラオール・ウォルシュ監督、一九三〇年）とは真逆の展開である。『ビッグ・トレイル』では、若き日のジョン・ウェイン演じる道案内人が、移住者を正しく導き、約束の地へと送り届ける。(4)『ミークス・カットオフ』のミークはこれと同様の役割をはたすことができない。ライカートと脚本のジョン・レイモンドは、ミークに二一世紀のある大統領の姿を重ねた。イラク戦争を開戦し、国民を混乱させたジョージ・W・ブッシュ大統領である。(5)そう言えば、オリヴァー・ストーン監督の『ブッシュ』（二〇〇八年）には、側近を引き連れたブッシュが道をまちがえるシーンがある。しかも自分の牧場の敷地内で。それはさておき、ライカートとレイモンドは『ミークス・カットオフ』の構想時、ミークの事件に関するさまざまな史料を参照した。そのなかで映画の物語の大枠を提供したのは歴史書のたぐいである。(6)

一方、ここが肝要なのだが、映像・音響面で深い影響をもたらしたのは、ミークと旅した女性開拓者たちののこした日記である。同じ一九世紀の西部開拓者の日記でも、その内容には男女で違いがある。篠田靖子はその違いを次のようにまとめている。

男性によって書かれた日記や手紙の内容は、主にトレール中の冒険、対立抗争、競争、狩りといった内容が多く、これに対して女性の残した史料は移住する家族の健康、病気、食事など日常生活に密着した情報がほとんどを占めていた。（篠田 三二）

ライカート自身が読んだ女性の日記も同様である。「火をおこし、テントを畳み、パンを作った。牛にエサをやり、歩いた」（Ponsoldt）。このような記述だったとライカートは言う。それは血湧き肉躍る冒険の記録ではなく、延々とくりかえされる日々の雑事の記録である。『ミークス・カットオフ』はこの忘れられた女性開拓者の日常を浮き彫りにする。夜明けまえの女の家事が描かれるのはこうした理由による。(7) かくして女は家事に献身する一方で、旅に関する討議には加われない。それは男の仕事なのだ。さきに論じたシーンの特異な映像・音響設計――男たちが議論するときに、その様子がよく見えないし、会話の内容もよく聞こえない――は、日記から読み取れる女たちの周縁的な立場を、観客にも味わわせるための手段である。(8)

さらに重要なことがある。ライカートによれば、女たちは日記のなかで孤独を表明している（Reichardt）。見知らぬ土地を旅するなかで寂しさがつのるのは当然だろう。ライカートはこれに加えて、女たちが周囲から孤立を感じざるをえなくなるある条件を強調している。ボンネット（日よけ帽）を被っていたことである。幌馬車隊の一員として旅をしていても、ボンネットで視野の左右がカットされているがゆえに周囲が見えないのだ。むろん旧来の西部劇にもボンネットを被った女はたくさん登場した。だが、俳優の顔が隠れないタイプのボンネットが使われるのが一般的だった。これにたいして『ミークス・カットオフ』では、次の図のように覆いの部分が大きいボンネットが使われている

図 12-2 『ミークス・カットオフ』

〔図12-2〕。結果的に俳優の顔が隠れているが、これは監督のねらいどおりなのだ。

もうひとつ重要なことがある。この種のボンネットを被ると左右が見えにくくなる。その視野を観客に追体験させるためにこそ、ライカートは画面の左右をカットしたのである。監督のインタヴューから一節を引こう。

正方形の画面によって、ボンネットで制限された女性たちの視野を表現できると思いました。大きな集団のなかで旅をすると、プライバシーはありません。でも、それはとても孤独な旅でもあるのです。周辺部を切り取ると、自分の知らない何かがそこにあるという感じが出せます。それがある種の緊張感を生み出すのです。（Gross）

言ってみれば、女性の登場人物とともに、映画そのものもボンネットを身につけている。『ミークス・カットオフ』はボンネットを被った西部劇である。ライカートはもともとアカデミー比を好む監督だが、本作では映画の内容との関連で、この画面比率が有効に機能している。

『ミークス・カットオフ』は全体的に見えることよりも、見えないこと、見えにくいことを主題としている。映画の内容面でもそうであるし（主人公は協議中の男たちの姿を近くではなく遠くから見る）、形式面でもそうである（アカデミー比の使用）。

この関連で、次のショットにも目をむけたい。旅の一行が徒歩で砂漠を移動するショットである［図12-3］。『ミークス・カットオフ』はひとつひとつのショットが長い作品である。このショットも一七秒もある。しかし、一七秒もかけて見るほどの情報はない。登場人物と、車輪がきしむ音をたてながら幌馬車がのろのろと乾いた荒野を移動するだけである。そして観客がもう十分な情報をえたと感じたあとも、この映像はしばらく継続する。映画の後半、先住民の男が登場して以降はサスペンスもあるが、映画の前半は終始この調子で進む。さらに、いま論じたショットでは、カメラが登場人物を真横から写しているため、彼らがどこに進もうとしているのか判然としない。要するに、本作は新しい情報、有益な情報を見たいという観客の欲望を断固として満たさない。

このことの意義は何か。『ミークス・カットオフ』を一九世紀以降の視覚文化史のなかで考察するティモシー・ヒューズの論文が参考になる。ヒューズによれば、『ミークス・カットオフ』の西部の描き方は、一九世紀絵画の帝国主義的な西部の描き方の対極にある。ヒューズは一九世紀絵画の例として、ハドソン・リヴァー派の画家アルバート・ビアスタットの《大草原を越える移住者たち》（一

図 12-3 『ミークス・カットオフ』

八六七年）をあげている（Hughes 148）。オレゴン・トレイルの旅を描いた美しい絵画だが、とくに強い印象をあたえるのは、旅の一行が進むさきに夕陽が神々しく輝いていることだ。そこに繁栄の希望、さらに言えば神の恩寵を読み取るのはむつかしくない。西部を開拓するのはまさに明白な天命なのだと思わせる絵画である。だが、『ミークス・カットオフ』には、開拓者の行きさきに希望の光が見えるようなショットはない。一方で、ヒューズは指摘していないが、すでに触れた一九三〇年の西部劇『ビッグ・トレイル』には、ビアスタットの絵画を参照したと思われる神々しい夕陽のショットがある［図12-4］。また、ハドソン・リヴァー派の絵画でさらに有名な作品として、トーマス・コールの《オックスボウ》（一八三六年）がある。『ビッグ・トレイル』には《オックスボウ》に似たショットもある。開拓者が目的地にたどり着き、高みから草原を見下ろすショットである［図12-5］。

図12-4　『ビッグ・トレイル』

見ることは、支配の問題に関わる。西山智則が言うように、「視覚を司るものが覇権を握」るのだ（西山　一八二）。西部開拓時代、絵画や写真は「視覚の帝国主義」を広めるのに加担してきた。よりよく見える視点を求め、自然や先住民を眼下におき、支配してきた。そのような西部の描き方を引き継いだのが西部劇である。その究極の例として、『これがシネラマだ』の一〇年後に公開されたシネラマ西部劇『西部開拓史』（ヘンリー・ハサウェイほか監督、一九六二年）がある。原題は *How the West Was Won* で、直訳すると「いかにして西部は勝ち取られたか」。タイトルが映画の帝国主義的な内容をよく物語っている。同時に、この西部劇の大きなポイントは、これがシネラマ方式で撮影された初の物語映画だということである（これ以前のシネラマ映画は『これがシネラマだ』もふくめてすべてドキュメンタリー映画）。映画の水平方向の視野が最大限に広がり、そのなかで物語が語られるようになったとき、西部開拓が語るにふさわしい題材として選ばれたのは示唆的である。

映画史をふりかかると、ワイドスクリーンが普及したのは一九五〇年代。シネラマが開発されたのも一九五〇年代である。そ

図 12-5　『ビッグ・トレイル』

れ以前は当然西部劇もアカデミー比で撮影されていた。だが、じつを言えば、一九三〇年代にもすでにワイドスクリーンの西部劇はあった。それが、『ビッグ・トレイル』である。『ビッグ・トレイル』の日本版のＤＶＤはアカデミー比のヴァージョンであるから、ご存知でなかった方もいるかもしれない。しかし、本作はもともと、当時は珍しいワイドスクリーンで撮影された西部劇なのだ。このように、ワイドスクリーンの初期の例に、西部開拓を描く映画『ビッグ・トレイル』があった。上の二つの図はワイドスクリーン版から引用した画像である。西部という空間をより広い視野で見たいという欲望――視覚の帝国主義――がここに受け継がれている。男性主人公のアクションを中心とする内容、また左右に大きく広がる視野。こうした特徴から、『ビッグ・トレイル』をカウボーイハットを被った西部劇と呼ぶこともできるだろう。

マニフェスト・デスティニーと背中

一方、先述のとおり、『ミークス・カットオフ』はボンネットを被った西部劇である。その性質によって、この二一世紀の映画は、視覚の帝国主義の欲望の裏をかく。よく見えない、と言うとネガティヴに響くが、そこにこそ批評的な力が秘められている。

映画の後半について論じよう。開拓者の一行は、確実な方向を示せない道案内人のミークを見かぎり、別の男に道案内をまかせる。偶然遭遇し、捕虜にした先住民の男だ。もっとも、この先住民の男が信頼できるという保証はどこにもない。のこされた水が少なくなるなか、水のある場所に案内してくれるのか、それとも全員が破滅させられるのか。一行は不安を抱えたまま旅をつづける。

そのなかで、最後まで先住民の男に可能性を賭けつづけるのが、主人公のエミリーである。このエミリーの決断も、見えないこと、あるいは見えにくいことの主題と関連づけて読むことできる。エミリーは女であるがゆえに、情報と視野をあらかじめ奪い取られている。この点については本章で論じてきたとおりである。しかしだからこそ、彼女は不確かであいまいな現在を、男たちよりもまっすぐ見据えられる。救済か、破滅か。どちらともとれる状況のなかで、エミリーは先住民の男を信じるという、命がけの跳躍と呼ぶべき決断をするのだ(9)。

ふたたび『ビッグ・トレイル』を参照するなら、この西部劇では主人公の道案内人が、ピューリタンの歴史に言及しつつ、前進あるのみと力説する。過去と現在と未来は神の導きによってつながっている。未来は約束されている。そういう確信がある。『ミークス・カットオフ』にはそれがない。超越的な視点や時間感覚がない。映画そのものが旅の途中からはじまり、旅の途中で終わる。過去も未来もない。あるのは両義的な現在だけである。しかし、まさにその現在だけを描くこと、またその現在におけるボンネットの女の跳躍を描くところに、この映画の新しさがある。

エミリーたちは助かるのだろうか。おどろくべきことに、『ミークス・カットオフ』は答えを出さないまま終わる。物語の最後、先住民の男に導かれた一行は、半分だけ枯れた木を発見する。水のありかが近いことを示しているようにも見えるが、確実ではない。木の姿が物語るように、答えは半々である。物語はここで唐突に幕をとじる。映画内の人物のみならず、わたしたち観客にとっても、あたえられるのは両義的な（どちらともとれる）現在だけだ。この唐突なエンディングは、ライカートによれば、予算の制約による撮影予定の変更から生まれたものである（Gross）。資金がつきたところで、物語も終わったのである。同時に、ライカートはもともと物語を開かれた状態で終わることを好む。柴田元幸が「open-ended という言葉はこの人〔ライカート〕のためにあるとさえ思える」（柴田 四八）と言うとおり、そこにライカート映画の魅力がある。『ミークス・カットオフ』は結果としてその最たる例となった。

図 12-6 『ミークス・カットオフ』

　映画の最後に登場する四つのショットについて、少し詳しく見ておきたい。最初のショットで、エミリーが先住民の男に目をむける。彼女の顔は、木の枝が形作るフレームによって囲まれている〔図 12-6〕。二番目のショットで、エミリーの視点の対象である先住民の男が映る。やはり木の枝が形作るフレームによって囲まれている。つづく三番目のショットでは、最初のショットと同じ構図でエミリーが描かれる。そして最後、四番目の

図 12-7 『ミークス・カットオフ』

ショットでは、二番目のショットにつづいて、ふたたび先住民の男が映る。ところが、二番目のショットとは違って、先住民の男を取り囲む木の枝のフレームは消えている〔図12-7〕。つまり、ここで観客の視界が急に開けるのである。皮肉なのは、キャサリン・フスコとニコール・シーモアが正しく指摘するとおり、こうして視界が開けるにもかかわらず、何ひとつ状況が変わるわけではない点である（Fusco and Seymour 70-71）。エミリーに、そして観客にあたえられる視覚的情報は、さきの見えない荒野と、その荒野を進む先住民の男の背中だけである。

　このショットの独自性を理解するために、ここでさらに、過去の映画が描く風景と人間の背中に触れておこう。幌馬車ものの西部劇には、しばしば風景と人間の背中を描くショットが登場する。たとえば『ビッグ・トレイル』にも、先述のとおり、開拓者の一行が目的地にたどりつき、その草原を見下ろすショットがある〔図12-5〕。約束の地と、そこに到着した人々の後ろ姿。これはマニフェスト・デスティニー（明白なる天命）の成就を映画的に表現した映像であると、そのように述べることも可能だ。[10]『ミークス・カットオフ』は一八四五年、つまりジョン・オサリヴァンが「明白なる天命」をとなえた年のオレゴンの物語である。[11]ところが、結末で提示される砂漠と先住民の背中は、まったくもって明白な未来を物語らない。比較のために言えば、『ビッグ・トレイル』と『ミークス・

カットオフ』の中間に位置するのが、ライカートが敬愛するジム・ジャームッシュ監督の『ストレンジャー・ザン・パラダイス』（一九八四年）である。この映画にも風景と人間の背中をおさめたショットがある［図10-2］。しかし、第10章で述べたとおり、その風景（エリー湖）が真っ白だというのが斬新であった。ライカートはさらにその一歩さきを行く。西部の開拓者の物語の内部で、従来とは違う形で風景と人間の背中を描き、そこでこの西部の物語を終わらせた。

本章の議論から、『ミークス・カットオフ』の革新性は明らかだろう。[12] とはいえ、そのことはかならずしも、この西部劇の魅力を十分に語ったことを意味してはいない。二〇二一年、日本でライカート映画の注目すべき特集上映プログラムが組まれ、全国を巡回した。そのときに作られた劇場プログラムのなかでも、この映画の美点がさまざまに語られている。たとえば、フレームのなかに適切に配置された地平線（蓮實 四）、女たちの労働の合間におとずれる心休まる時間（冨塚 四七）、ふたつの風景のオーヴァーラップ（樋口 五六）などである。二一世紀に登場した西部劇『ミークス・カットオフ』はジャンルの新たな里程標であり、今後も多種多様な形で読まれつづけるにちがいない。

男たちの菓子作り

さて、ここまで『ミークス・カットオフ』を論じてきたが、最後にライカートがこのあとに監督したもう一本の西部劇『ファースト・カウ』（二〇一九年）にも言及しておこう。これもまた斬新な一作である。『大列車強盗』（エドウィン・S・ポーター監督、一九〇三年）や『地獄への道』（ヘンリー・キング監督、一九三九年）に見られるように、西部劇には列車強盗の伝統がある。ライカートの『ファースト・カウ』も強盗ものの西部劇である。[13] ただし、男たちが働くのは、列車強盗ではなく、牛のミルク泥棒である。車掌に拳銃を突きつけるのではなく、雌牛に優しく話しかけながら乳しぼりをする。そのような西部劇が『ファースト・カウ』である。

ではそのようにして奪ったミルクをどうするのか。いったい何に使うのか。答えは菓子作りである。牛はオレゴンの入植地に最初にやってきた牛（ファースト・カウ）である。所有者は毛皮貿易会社の主任代理人（トビー・ジョーンズ）。その牛からミルクを手に入れようと試みるのが、ユダヤ系の料理人クッキー（ジョン・マガロ）と中国人のキング・ルー（オリオン・リー）。ふたりは盗んだミルクで揚げ菓子を作り、商売をはじめる。その味はすぐに評判を呼び、毎日揚げ菓子を求める者たちの行列ができる。皮肉なことに、何も知らない主任代理人（牛の所有者）まで揚げ菓子を買い求め、その虜になる。クッキーには夢がある。サンフランシスコにレストランをかまえることだ。劇中でキング・ルーがこんなことを言う。「はじめるってのがむつかしい。貧乏人には手段がない。資本がいるからな。もしくは何か奇跡が起こるか。それとも犯罪に手を染めるか」。『ファースト・カウ』の物語の舞台は一八二〇年代のオレゴンの辺境である。そこにもすでに資本主義がはびこっている。社会の上層と下層の区分が成立している。クッキーとキング・ルーによるミルク泥棒は、いわば小さな革命行為である。この点で『ファースト・カウ』は、悪徳な資本家と戦う強盗を描く『地獄への道』などのアウトロー西部劇の延長上にある。

一方、これこそがライカートの真骨頂だが、男たちの料理やそれをふくむ家事の描写がすばらしい。

これは並々ならぬ撮影準備の成果である。『ファースト・カウ』が描く一八二〇年代にはまだ写真が存在せず、参照できる視覚資料が乏しいため、ライカートはイギリス人の研究者や先住民のグランドロンド連合部族に協力を求めた。また、主演のマガロとリーは、サバイバリストのもとでマッチを使わずに火をおこす方法などを学び、撮影にのぞんだ。マガロはさらに、ライカートが用意した開拓時代の料理を紹介した本で、当時の材料を使った料理を学んだ（Kubincanek）。これらの成果を生かし、精彩に満ちた物語世界を構築し、その上で従来の西部劇が軽視してきた家事の描写に力を入れている点が、『ファースト・カウ』を独自のものにしている。

より精密な議論のために、ここで過去の西部劇との比較を試みよう。菓子作りのシーンをふくむ西部劇として、思い出されるのはマギー・グリーンウォルド監督の『リトル・ジョーのバラード』（一九九三年）。西部の地で身を守るために、ジョーと名乗り、男になりすまして生きることを選んだ女性（スージー・エイミス）の物語である。女性監督による、女性が主人公の西部劇という点では、ナンシー・ケリー監督の『サウザンド・ピーシズ・オブ・ゴールド』（一九九〇年）とともに、『ミークス・カットオフ』の先駆と見なせる一本である。一方で、『リトル・ジョーのバラード』が社会の周縁を生きるふたりの物語だという点は、『ファースト・カウ』と共通する。『リトル・ジョーのバラード』には、ジョーが久しぶりに女性の服を着て、中国人の恋人のティンマン（デイヴィッド・チャン）のためにパイを焼こうとするシーンがある。男装のジョーはもう一度女性にもどり、ティンマンとどこか別の場所で生きることを願っている。しかしそれは叶わぬ夢である。結局ティンマンと口論になり、菓子作りは中断する。その仕事を『ファースト・カウ』のふたりが引き継いだとも言えるだろう。

もっとも、料理という点で『ファースト・カウ』と真に比較すべき西部劇は、アメリカの西部劇ではなく、日本の西部劇かもしれない。『タンポポ』（伊丹十三監督、一九八五年）である。ライカートは『ファースト・カウ』についてのインタヴューのなかで、映画の料理の話題になったときに、『タンポポ』に言及している（Wilkinson）。『タンポポ』――公開時のコピーは「これはラーメン・ウェスタンだ！」――はアメリカ西部劇へのオマージュに満ちた一作である。流れ者が息子のいる女性を救うという物語は『シェーン』（ジョージ・スティーヴンス監督、一九五三年）を思わせるし[14]、西部劇でよく見られる男同士の殴り合い――結果として友情が育まれる――もある。男が帽子を被ったまま入浴するシーンもある。もっとも、本作の中心をなす料理の描写は、アメリカ西部劇とは異質なものである。しかし、その異質な部分で『タンポポ』と手を結ぶのが、ライカートの『ファースト・カウ』である。要するに、『ファースト・カウ』は、『タンポポ』のアメリカ西部劇的な部分よりも、そうでない部分（料理の描写）に親近性がある特異なアメリカ西部劇である。さらに言えば、『タンポポ』には浮浪者（高見映）が勝手に忍び込んだキッチンでオムライスを作るシーンや、タンポポ（宮本信子）がほかのラーメン店で技術を「盗む」シーンがある。そうした点でも、男たちが盗んだミルクで菓子作りをする『ファースト・カウ』を予告するところがある。

『ミークス・カットオフ』が過去の西部劇への圧倒的な批評力をそなえた一作だとすれば、『ファースト・カウ』は西部劇の未開拓の領域に挑んだ一作と言えるかもしれない。この二作の影響下で、今後も見たこともないようなウェスタンが生まれることは十分にあるだろう。その未来の映画に想いをはせつつ、ニュー・ウェスタン映画について論じてきた本書の議論に、終止符を打つことにしたい。

（1）たとえば、映画におけるクロスカッティングの対応例として、野崎は金井美恵子による指摘をふまえつつ、ギュスターヴ・フローベールの小説『ボヴァリー夫人』（一八五七年）の農業共進会の場面を論じている（野崎 一一四）。

（2）西部劇に関して言えば、近年ではライカート自身の『ファースト・カウ』のほか、グローバル・ウェスタンとして論じられることのあるリサンドロ・アロンソ監督『約束の地』（二〇一四年）もアカデミー比を使用している。

（3）『ミークス・カットオフ』とはアプローチが異なるが、幌馬車と女性という点で忘れるわけにはいかない古典期の西部劇が、ウィリアム・A・ウェルマン監督の『女群西部へ！』（一九五一年）である。この映画では道案内人の男が一四〇人の花嫁を西部の地に連れて行く。物語だけ記すと奇をてらった映画と思われかねないが、旅の過酷さやそのなかにおける女性の強靭さは見逃せない。

（4）もっとも、『ビッグ・トレイル』の監督のウォルシュが後年の映画でむしろ西部への理想を切り崩す方向へ進んだことは明記せねばならない。この点については、吉田（一二五―一三五）を参照されたい。

（5）この点は複数のインタヴューで話題になっている。その一例として、ライカートがミークとブッシュの自伝の類似性に言及したロングワース（Longworth）がある。

（6）ミークの事件に関する代表的な歴史書としては、キース・クラークとローウェル・ティラーの一九六六年刊行の共著『テリブル・トレイル』がある。ライカート自身がよく読んだ書籍としてあげており（Ponsoldt）、映画の主要な材源のひとつと見なせる。じっさい、映画の主だった内容はこの歴史書の内容と一致する。ただし、いくつかの違いもある。ここでは二点指摘しよう。第一に、『テリブル・トレイル』では開拓者は一〇〇〇人以上、幌馬車は数百台と記されているが（Clark and Tiller 20）、映画では開拓者は七人、幌馬車は三台に切り詰められている。『ミークス・カットオフ』は低予算の映画であるから、これは当然の選択と言える。第二に、『テリブル・トレイル』ではミークが毛布と引き換えに先住民をガイドとして雇ったと記されているが（Clark and Tiller 54）、映画では、ミークは先住民を絶対的な悪と見なし、いっさいの交渉を拒否する。ミークにジョージ・W・ブッシュの姿が重ねられたことが、この改変の最大の理由だろう。映画版のミークの妥協のなさは、現実のミークよりもイラク戦争時のブッシュ大統領に近い。

（7）こうした女性の家事労働の描写ゆえに、『ミークス・カットオフ』の論考でしばしば引き合いに出されるのは、シャンタル・アケルマン監督の『ジャンヌ・ディエルマン　ブリュッセル1080、コメルス河畔通り23番地』（一九七五年）である。たとえばヒューズ（Hughes 141）を参照されたい。

（8）日記などの史料を活用した注目すべき映画として、ほかにロバート・エガース監督の『ウィッチ』（二〇一五年）があげられる。ピューリタンの一家の内部で起こる惨劇を描くホラー映画だが、映画の最後の字幕で示されるように、劇中の台詞は当時の日記や裁判記録からとられたものである。

（9）脚本のジョン・レイモンドは、先住民を生かすことにした一行の決断を「信仰への跳躍」というキルケゴール的な言葉で説明している（Colford）。

（10）D・W・グリフィス監督の初期西部劇『インディアンの考え（*The Redman's View*）』（一九〇九年）にも、ある一団が大地を見下ろす様子を後方から撮影したショットがある。もっとも、これは白人の開拓者が約束の地を見下ろすものではなく、白人によって追放された先住民が故郷を見下ろすものである。

（11）オサリヴァンは最初はテキサス併合、次にオレゴン併合を正当化するためにこの言葉を用いた。

（12）一方で、ライカートや『ミークス・カットオフ』を評価する批評家が、旧来の西部劇を一面的に――とくにジェンダー表象の点で――とらえている点、つまりそこにひそむ多様な現実を見落としている点に疑問を投げかけたのが、ネルソン（Nelson）である。じっさい、本章でも『ミークス・カットオフ』を帝国主義や男性中心主義の対極に位置する西部劇として論じたが、それは旧来の西部劇すべてがこうしたイデオロギーに順従していたことを意味するわけではない。今後の議論のために一例をあげると、『駅馬車』（ジョン・フォード監督、一九三九年）はジョン・ウェインやモニュメント・バレーを有名にしたことで知られるが、これもまた漂流を余儀なくされ、さらには移動中にすら共同体の周縁におかれた女の物語であることを、忘れてはならない。劇中にはその女(クレア・トレヴァー演じる娼婦)が、旅をめぐる投票で差別を受けるシーンもある。旅のなかで女が味わう孤独。その孤独に耳をすませる力において、フォードとライカートは大きく隔たっているわけではない。

(13)ライカート自身、『ファースト・カウ』を強盗映画と呼んでいる(Wilkinson)。なお、『ファースト・カウ』の原作はジョン・レイモンドのデビュー小説『ハーフライフ(*The Half-Life*)』である。小説は二部構成で、物語はふたつの時代(一八二〇年代と一九八〇年代)、ふたつの国(アメリカと中国)にまたがるものだが、ライカートとレイモンドは映画化にあたって、現代を舞台とする第二部をカットした。このほかにも多くの改変がなされているが、とくに注目すべきは、『ファースト・カウ』のタイトルにもなっている牛は、原作には登場せず、映画化にあたって新たにつけ加えられた要素だということである。レイモンドによれば、原作はアメリカ北西部における初期の資本主義や毛皮のグローバルな貿易ネットワークのはじまりを描くが、映画では予算の制約もあり、登場人物を中国に渡らせることはできなかった。そこで上記のものを象徴する存在として導入されたのが牛であった(Smith 193-194)。

(14)伊丹自身、『伊丹十三の「タンポポ」撮影日記』(『タンポポ』のクライテリオン版ブルーレイ所収)で、『タンポポ』を「いわば『シェーン』のラーメン版です」と紹介している。同じドキュメンタリーで、宮本信子の調理服を選ぶときに、伊丹がイメージを伝えるために、「ほら、西部劇で小学校の先生なんかがよく出てくるでしょうが」と発言しているのも興味深い。

引用文献一覧

＊同一の書籍から複数の論考に言及するさいは、各論考の末尾に編者名（また必要に応じて書名）とページ数を記すことによって、書籍の見出しにたいして参照をおこなった。

序章

Altman, Rick. "A Semantic/Syntactic Approach to Film Genre." *Cinema Journal*, vol. 23, no. 3, 1984, pp. 6-18.

Bohlinger, Vincent. "'The East Is a Delicate Matter': *White Sun of the Desert* and the Soviet Western." *International Westerns: Re-Locating the Frontier*, edited by Cynthia J. Miller and A. Bowdoin Van Riper. Scarecrow, 2013, pp. 373-393.

Brode, Douglas, and Shea T. Brode, editors. *The Twenty-First-Century Western: New Riders of the Cinematic Stage*. Lexington, 2020.

Buscombe, Edward, editor. *The BFI Companion to the Western*. Da Capo, 1988.

——. "Chart and Tables." Buscombe, *The BFI Companion to the Western*, pp. 425-428.

——. "The Western: A Short History." Buscombe, *The BFI Companion to the Western*, pp. 15-54.

Campbell, Neil. *Post-Westerns: Cinema, Region, West*. U of Nebraska P, 2013.

Cawelti, John G. *The Six-Gun Mystique Sequel*. Bowling Green State U Popular P, 1999.

Conway, Christopher, and Antoinette Sol, editors. *The Comic Book Western: New Perspectives on a Global Genre*. U of Nebraska P, 2022.

Conway, Christopher, and Antoinette Sol. "The Globalization of the Comic Book Western." Introduction. Conway and Sol, *The Comic Book Western*, pp. 1-36.

Falconer, Pete. *The Afterlife of the Hollywood Western*. Palgrave Macmillan, 2020.

Fojas, Camilla. *Border Bandits: Hollywood on the Southern Frontier*. U of Texas P, 2008.
Lavrentiev, Sergey. "Red Westerns." *Crossing Frontiers: Intercultural Perspectives on the Western*, edited by Thomas Klein, Ivo Ritzer, and Peter W. Schulze, Schüren, 2012, pp. 110-120.
Mitchell, Lee Clark. *Late Westerns: The Persistence of a Genre*. U of Nebraska P, 2018.
Nelson, Andrew Patrick, editor. *Contemporary Westerns: Film and Television Since 1990*. Scarecrow, 2013.
Paryz, Marek, and John R. Leo, editors. *The Post-2000 Film Western: Contexts, Transnationality, Hybridity*. Palgrave Macmillan, 2015.
Smith, David A. *Cowboy Presidents: The Frontier Myth and U.S. Politics Since 1900*. U of Oklahoma P, 2021.
Stoddart, Scott F. ed. Introduction. Stoddart, *The New Western*, pp. 1-8.
——, editor. *The New Western: Critical Essays on the Genre Since 9/11*. McFarland, 2016.
Towlson, Jon. *Dawn of the Dead*. Auteur, 2022.
Webb, Graham. "Cartoons." Buscombe, *The BFI Companion to the Western*, p. 82.
White, John. *The Contemporary Western: An American Genre Post 9/11*. Edinburgh: Edinburgh UP, 2019.
Zenilman, Avi. "Inside *The Hurt Locker*." *The New Yorker*, 10 July 2009, https://www.newyorker.com/news/news-desk/inside-the-hurt-locker.
加藤幹郎『映画ジャンル論——ハリウッド映画史の多様なる芸術主義』、文遊社、二〇一六年。
川本徹『荒野のオデュッセイア——西部劇映画論』、みすず書房、二〇一四年。
ケルアック、J〔ジャック〕『オン・ザ・ロード』、青山南訳、河出文庫、二〇一〇年。
小原文衛「帝国崩壊のヴィジョン——『死霊のえじき』と〈スペイン的なもの〉」、『メディアと帝国——19世紀末アメリカ文化学』、塚田幸光編、小鳥遊書房、二〇二一年、一〇九—一三六ページ。
ブランドフォード、スティーヴほか『フィルム・スタディーズ事典——映画・映像用語のすべて』、杉野健太郎／中村裕英監訳、フィルムアート社、二〇〇四年。

フレンチ、フィリップ『西部劇・夢の伝説』、波多野哲朗訳、フィルムアート社、一九七七年。

ベン＝ユーセフ、ファリード「トランプ政権下のボーダー・ナラティヴ」、細野香里／冨塚亮平訳、『三田文学』第一三〇号、二〇一七年、七六―八三ページ。

吉田広明『西部劇論――その誕生から終焉まで』、作品社、二〇一八年。

第1章

Pumphrey, Martin. "Why Do Cowboys Wear Hats in the Bath?: Style Politics for the Older Man." *The Movie Book of the Western*, edited by Ian Cameron and Douglas Pye, Studio Vista, 1996, pp. 50-62.

川本徹『荒野のオデュッセイア――西部劇映画論』、みすず書房、二〇一四年。

サヴェージ、トーマス『パワー・オブ・ザ・ドッグ』、波多野理彩子訳、角川文庫、二〇二一年。

塚田幸光「ボディビル世紀末――ユージン・サンドウと帝国の「身体」」、『メディアと帝国――19世紀末アメリカ文化学』、塚田幸光編、小鳥遊書房、二〇二一年、五五―八三ページ。

デウィット、パトリック『シスターズ・ブラザーズ』、茂木健訳、創元推理文庫、二〇一四年。

渡部幻「誰もが内に抱える異形――「パワー・オブ・ザ・ドッグ」」、『キネマ旬報』二〇二二年二月上旬号、九四―九七ページ。

コラム①

Buscombe, Edward. "Mining." *The BFI Companion to the Western*, edited by Edward Buscombe. Da Capo, 1988, pp. 188-191.

第2章

Bailey, Jason. "Kristen Stewart Explains What Makes Kelly Reichardt a Great Filmmaker at the Sundance Premiere of 'Certain Women.'" *Flavorwire*, 26 Jan. 2016, https:// www.flavorwire.com/557568/kristen-stewart-explains-what-makes-kelly-

reichardt-a-great-filmmaker-at-the-sundance-premiere-of-certain-women.
Felts, Susannah. "Where the Plots Are." *Chapter 16*, 2 Oct. 2013, https://chapter16.org/where-the-plots-are/.
Haynes, Todd. "Kelly Reichardt." *BOMB*, no. 53. 1 Oct. 1995, https:// bombmagazine.org/articles/kelly-reichardt/.
Heeney, Alex. "Breaking Boundaries in Kelly Reichardt's *Certain Women*." *Seventh Row*. 10 Feb. 2017, https://seventh-row.com/2017/02/10/kelly-reichardt-certain-women-interview/.
Kolker, Robert Phillip, and Peter Beicken. *The Films of Wim Wenders: Cinema as Vision and Desire*. Cambridge UP, 1993.
McBride, Joseph. *Searching for John Ford*. Faber and Faber, 2003.
Meloy, Maile. *Half in Love: Stories*. Scribner, 2002.
——. "Native Sandstone." Meloy, *Half in Love*, pp. 35-45.
——. "Tome." Meloy, *Half in Love*, pp. 9-20.
——. "Travis, B." *Both Ways Is the Only Way I Want It*. Riverhead, 2009, pp. 1-23.
Taylor, Ella. "*Certain Women*: Trapped Under the Big Sky." *Certain Women, The Criterion Collection*, 2016.
ヴェンダース、ヴィム『エモーション・ピクチャーズ』、松浦寿輝訳、河出書房新社、一九九二年。
——「私は最後のアメリカ映画を撮ったつもりだ——『パリ、テキサス』をめぐって」、『光をめぐって——映画インタヴュー集』、蓮實重彦編、筑摩書房、一九九一年、二三三—二四三ページ。
大勝裕史「ヴェトナム帰還兵映画としての『タクシー・ドライバー』——ヴェトナム戦争の徴候、反復、アレゴリー」、『映画とイデオロギー』、杉野健太郎編、ミネルヴァ書房、二〇一五年、二三一—二四五ページ。
ファジャーニ、エルネスト「旅と記憶——無垢な映画の誕生」、吉岡芳子訳、『月刊イメージフォーラム』一九八五年一一月号、六八—七〇ページ。

第3章

Barker, Martin, and Roger Sabin. *The Lasting of the Mohicans: History of an American Myth*. UP of Mississippi, 1995.

Berenstein, Rhona J. *Attack of the Leading Ladies: Gender, Sexuality, and Spectatorship in Classic Horror Cinema*. Columbia UP, 1996.

Mortimer, Barbara. *Hollywood's Frontier Captives: Cultural Anxiety and the Captivity Plot in American Film*. Garland, 2000.

Samuels, Shirley. "Generation Through Violence: Cooper and the Making of Americans." *New Essays on* The Last of the Mohicans, edited by Daniel Peck, Cambridge UP, 1992, pp. 87-114.

Simmon, Scott. *The Invention of the Western Film: A Cultural History of the Genre's First Half-Century*. Cambridge UP, 2003.

Verhoeff, Nanna. *The West in Early Cinema: After the Beginning*. Amsterdam UP, 2006.

Wood, Amy Louise. *Lynching and Spectacle: Witnessing Racial Violence in America, 1890-1940*. U of North Carolina P, 2009.

加藤幹郎『日本映画論　1933―2007――テクストとコンテクスト』、岩波書店、二〇一一年。

クーパー、ジェイムズ・フェニモア『モヒカン族の最後』、上下巻、犬飼和雄訳、ハヤカワ文庫、一九九三年。

小谷真理『性差事変――平成のポップ・カルチャーとフェミニズム』、青土社、二〇二一年。

塚田幸光『クロスメディア・ヘミングウェイ――アメリカ文化の政治学』、小鳥遊書房、二〇二〇年。

戸井十月『モヒカン族の最後』、講談社、一九九九年。

フィードラー、レスリー・A『アメリカ小説における愛と死』、佐伯彰一ほか訳、新潮社、一九九九年。

第４章

Bohlinger, Vincent. "'The East Is a Delicate Matter': *White Sun of the Desert* and the Soviet Western." Miller and Riper, pp. 373-393.

Cracroft, Richard H. "World Westerns: The European Writer and the American West." *A Literary History of the American West*, sponsored by the Western Literature Association, Texas Christian UP, 1987, pp. 159-179.

Frayling, Christopher. *Spaghetti Westerns: Cowboys and Europeans from Karl May to Sergio Leone*. Routledge & Kegan Paul, 1981.

Hamilton, Emma, and Alistair Rolls, editors. *Unbridling the Western Film Auteur: Contemporary, Transnational and Intertextual*

Explorations. Peter Lang, 2018.

Kitamura, Hiroshi. "Frontiers of Nostalgia: The Japanese Western in the Postwar Era." *The Japanese Cinema Book*, edited by Hideaki Fujiki and Alastair Phillips. BFI, 2020, pp. 518-529.

Klein, Thomas, Ivo Ritzer, and Peter W. Schulze, editors. *Crossing Frontiers: Intercultural Perspectives on the Western*. Schüren, 2012.

Lavrentiev, Sergey. "Red Westerns." Klein, Ritzer and Schulze, pp. 110-120.

Mayer, Hervé, and David Roche. Introduction. Mayer and Roche, *Transnationalism and Imperialism*, pp. 1-29.

——, editors. *Transnationalism and Imperialism: Endurance of the Global Western Film*. Indiana UP, 2022.

Miller, Cynthia J., and A. Bowdoin Van Riper, editors. *International Westerns: Re-Locating the Frontier*. Scarecrow, 2014.

Nagatomi, Mari. "Remapping Country Music in the Pacific: Country Music and Masculinities in Post-War Japan, 1945-56." *Journal of Popular Music Studies*, vol. 32, no. 2, 2020, pp. 162–177.

Paryz, Marek, and John R. Leo, editors. *The Post-2000 Film Western: Contexts, Transnationality, Hybridity*. Palgrave, Macmillan, 2015.

Rydell, Robert W., and Rob Kroes. *Buffalo Bill in Bologna: The Americanization of the World, 1869-1922*. U of Chicago P, 2005.

Verhoeff, Nanna. "Westerns: Cowboy and Indian Films." *Encyclopedia of Early Cinema*, edited by Richard Abel, Routledge, 2010, pp. 689–92.

Wong, Aliza S. "Italian D.O.C.: American Cowboys, Malaysian Pirates, and the Italian Construction of Other-ed Adventurers in Film." Miller and Riper, pp. 301-325.

Wrobel, David M. *Global West, American Frontier: Travel, Empire, and Exceptionalism from Manifest Destiny to the Great Depression*. U of New Mexico P, 2013.

李英載『トランス／ナショナルアクション映画——冷戦期東アジアの男性身体・暴力・マーケット』、東京大学出版会、二〇一六年。

大石和久「北海道と映画——北海道の表象とそのアイデンティティ」、『開発論集』第七五号、二〇〇五年、四九—六三ページ。

佐藤忠男『長谷川伸論——義理人情とはなにか』、岩波現代文庫、二〇〇四年。

佐藤元状『グレアム・グリーン——ある映画的人生』、慶應義塾大学出版会、二〇一八年。

鈴木紀子「荒野のサムライ・ヒーロー——山川惣治西部劇漫画と戦後日本の国民的自意識表象」、『大妻女子大学紀要　文系』第四七号、二〇一五年、二八六—二七五ページ。

戸叶勝也『カール・マイ——知られざるドイツの冒険作家』、朝文社、二〇一一年。

永冨真梨「1960年代の「第二世界西部劇」から眺望するグローバルな世界」、『アメリカ史研究』第四四号、二〇二一年、八六—一〇三ページ。

二階堂卓也『イタリア人の拳銃ごっこ——マカロニ・ウェスタン物語』、フィルムアート社、二〇〇八年。

——『荒野とドルと拳銃と——極私的マカロニウェスタン映画論』、彩流社、二〇一九年。

西森和広「西部劇を撮ったヨーロッパ人——ターナー、ド・トス、オズワルド」、『言語文化研究紀要』第二九号、二〇二一年、一三一—一五〇ページ。

山本佳樹「ドイツにおける西部劇の変容——ジャンルとイデオロギー」、『映画とイデオロギー』、杉野健太郎編、ミネルヴァ書房、二〇一五年、一四九—一七六ページ。

第5章

Broughton, Lee. *The Euro-Western: Reframing Gender, Race and the Other in Film*. Tauris, 2016.
Dawson, Jeff. *Quentin Tarantino: The Cinema of Cool*. Applause, 1995.
Endter, Heike. "Western Films Through German Eyes: Themes of Departure and Arrival." *International Westerns: Re-Locating the Frontier*, edited by Cynthia J. Miller and A. Bowdoin Van Riper, Scarecrow, 2014, pp. 329-348.
Gates, Henry Louis Jr. "Tarantino 'Unchained': Django Trilogy." *Quentin Tarantino: Interviews, Revised and Updated*, edited by

Gerald Peary. UP of Mississippi, 2013, pp. 184-198.

Jones, Kent. "Intolerance." *Film Comment*, May-June 2013. https://www.filmcomment.com/article/intolerance-quentin-tarantino-john-ford/.

Kalinak, Kathryn. *How the West Was Sung: Music in the Westerns of John Ford*. U of California P, 2007.

Mansch, Larry D. "Abraham Lincoln and the Dakota War in Academic and Popular Literature." *Madison Historical Review*, no. 13, 2016, pp. 80-103.

Moodie, Thomas. "'Hand in Hand We'll Get There': The Racial Politics of *The Hateful Eight*." *Reframing Cult Westerns: From* The Magnificent Seven *to* The Hateful Eight, edited by Lee Broughton, Bloomsbury Academic, 2020, pp. 222-237.

Neale, Steve. "Vanishing Americans: Racial and Ethnic Issues in the Interpretation and Context of Post-war 'Pro-Indian' Westerns." *Back in the Saddle Again: New Essays on the Western*, edited by Edward Buscombe and Roberta E. Pearson, BFI, 1998, pp. 8-28.

Paquet-Deyris, Anne-Marie. "Glorious Basterds in Tarantino's *Django Unchained*: When the West Crosses the South." *Critical Perspectives on the Western: From* A Fistful of Dollars *to* Django Unchained, edited by Lee Broughton, Rowman, 2016, pp. 153-166.

Pines, Jim. "Blacks." *The BFI Companion to the Western*, edited by Edward Buscombe, Da Capo, 1988, pp. 68-71.

Roche, David. *Quentin Tarantino: Poetics and Politics of Cinematic Metafiction*. UP of Mississippi, 2018.

Tarantino, Quentin. Interview by Kim Morgan. *Sight and Sound*, vol. 26, no. 2, 2016, pp. 18-27.

Wagner, Phil. "Furious Union: Fritz Lang and the American West." *A Companion to Fritz Lang*, edited by Joe McElhaney, Wiley-Blackwell, 2015, pp. 219-241.

Weber, Dana. "Of Handshakes and Dragons: Django's German Cousins." *Quentin Tarantino's* Django Unchained*: The Continuation of Metacinema*, edited by Oliver C. Speck, Bloomsbury, 2014, pp. 51-74.

大地真介『フォークナーのヨクナパトーファ小説——人種・階級・ジェンダーの境界のゆらぎ』、彩流社、二〇一七年。

キング、スティーヴン『キャリー』、永井淳訳、新潮文庫、一九八五年。

髙村峰生「デュマは黒人だ――『ジャンゴ　繋がれざる者』における奴隷制度とその外部」、『ユリイカ』二〇一九年九月号、一二〇―一二九ページ。

タランティーノ、クエンティン「西部劇最前線『ジャンゴ　繋がれざる者』――クエンティン・タランティーノ監督インタヴュー」、（聞き手）町山智浩／高橋ヨシキ、『百発百中！　ウェスタン映画入門！』、大内稔／セルジオ石熊／別冊映画秘宝編集部編、洋泉社、二〇一三年、二四―三一ページ。

鶴谷壽『カウボーイの米国史』、朝日新聞社、一九八九年。

吉田広明『西部劇論――その誕生から終焉まで』、作品社、二〇一八年。

第6章

Browne, Ray B. *The Spirit of Australia: The Crime Fiction of Arthur W. Upfield*. Bowling Green State U Popular P, 1988.

Eisenberg, Daniel. "'You Got the Wrong F***in' Black Man!': The Indigenous Experience in the Australian Western." *International Westerns: Re-Locating the Frontier*, edited by Cynthia J. Miller and A. Bowdoin Van Riper. Scarecrow, 2013, pp. 202-219.

Hamilton, Emma. "'Probably a White Fella': Rolf de Heer, *The Tracker* and the Limits of Auteurism." *Unbridling the Western Film Auteur: Contemporary, Transnational and Intertextual Explorations*, edited by Emma Hamilton and Alistair Rolls, Peter Lang, 2018, pp. 65-84.

Hillerman, Tony. "Upfield: The Man Who Started It." *Investigating Arthur Upfield: A Centenary Collection of Critical Essays*, edited by Kees de Hoog and Carol Hetherington, Cambridge Scholars, 2012, pp. 28-29.

Rasmussen, R. Kent. "A Double-Barrelled Detective Story." *Critical Companion to Mark Twain: A Literary Reference to His Life and Work*, Vol. 1, Facts on File, 2007, pp. 105-111.

Roche, David. "Westerns from an Aboriginal Point of View or Why the Australian Western (Still) Matters: *The Tracker* (Rolf de Heer, 2002) and *Sweet Country* (Warwick Thornton, 2017)." *Transnationalism and Imperialism: Endurance of the Global Western Film*, edited by Hervé Mayer and David Roche, Indiana UP, 2022, pp. 279-298.

Weiden, David Heska Wanbli. "Seven Essential Native American Crime Novels." *The Strand Magazine*, 5 Sept. 2020, https://strandmag.com/seven-essential-native-american-crime-novels/.

アップフィールド、アーサー『ボニーと砂に消えた男』、越智道雄訳、ハヤカワ・ミステリ文庫、一九八三年。

クーパー、ジェイムズ・フェニモア『モヒカン族の最後』、上下巻、犬飼和雄訳、ハヤカワ文庫、一九九三年。

小林司／東山あかね編『シャーロック・ホームズ大事典』、東京堂出版、二〇〇一年。

笹野史隆「足跡（解読の先輩バルザック）」、小林／東山、三一一―三三ページ。

――「足跡（解読の歴史）」、小林／東山、三三―三四ページ。

セイアズ〔セイヤーズ〕、ドロシー・L「犯罪オムニバス」、『推理小説の美学』、ハワード・ヘイクラフト編、鈴木幸夫訳編、研究社出版、一九七四年、三二―八八ページ。

竹内康浩『謎とき『ハックルベリー・フィンの冒険』――ある未解決殺人事件の深層』、新潮社、二〇一五年。

ドイル、アーサー・コナン『緋色の研究』、日暮雅通訳、光文社文庫、二〇〇六年。

トウェイン、マーク『赤道に沿って』、上下巻、飯塚英一訳、彩流社、一九九九―二〇〇〇年。

――「フェニモア・クーパーの文学的犯罪」、『ジム・スマイリーの跳び蛙――マーク・トウェイン傑作選』、柴田元幸訳、新潮文庫、二〇一四年、一七九―二〇四ページ。

中垣恒太郎『マーク・トウェインと近代国家アメリカ』、音羽書房鶴見書店、二〇一二年。

ヒラーマン、トニイ『死者の舞踏場』、小泉喜美子訳、ハヤカワ文庫、一九九五年。

若林麻希子「クーパーを読むトウェイン――トム・ソーヤー物語の叙事文学としての可能性」、『マーク・トウェイン――研究と批評』第二一号、二〇二二年、一七―二六ページ。

コラム②
Neale, Steve. *Genre and Hollywood*. Routledge, 2000.
Simmon, Scott. *The Invention of the Western Film: A Cultural History of the Genre's First Half-Century*. Cambridge UP, 2003.
Verhoeff, Nanna. "Westerns: Cowboy and Indian Films." *Encyclopedia of Early Cinema*, edited by Richard Abel, Routledge, 2010, pp. 689–692.
余田真也『アメリカ・インディアン・文学地図――赤と白と黒の遠近法』、彩流社、二〇一二年。

第7章
Simmon, Scott. *The Invention of the Western Film: A Cultural History of the Genre's First Half-Century*. Cambridge UP, 2003.
ウォルマー、クリスティアン『世界鉄道史――血と鉄と金の世界変革』、安原和見／須川綾子訳、河出書房新社、二〇一二年。
オマリー、マイケル『時計と人間――アメリカの時間の歴史』、高島平吾訳、晶文社、一九九四年。
蓮實重彥「ジョン・フォード、または翻える白さの変容」、『映像の詩学』、ちくま学芸文庫、二〇〇二年、一一―五二ページ。
――『ジョン・フォード論』、文藝春秋、二〇二二年。
ホークス、H／J・マクブライド『監督ハワード・ホークス　［映画］を語る』、梅本洋一訳、青土社、一九八六年。

コラム③
McBride, Joseph. *Searching for John Ford*. Faber and Faber, 2003.
Studlar, Gaylyn and Matthew Bernstein, editors. *John Ford Made Westerns: Filming the Legend in the Sound Era*. Indiana UP, 2001.

フランクル、グレン『捜索者——西部劇の金字塔とアメリカ神話の創生』、高見浩訳、新潮社、二〇一五年。

ボグダノビッチ、ピーター『インタビュー　ジョン・フォード——全生涯・全作品』、高橋千尋訳、九藝出版、一九八七年。

第8章

Exshaw, John. “Bury My Heart in Hill Valley, or, The Kid who KO’d Liberty Valance.” *The Worlds of* Back to the Future*: Critical Essays on the Films*, edited by Sorcha Ní Fhlainn, McFarland, 2010, pp. 91-111.
Slotkin, Ricahrd. “Three Amigos (1986) - 05/05/08.” *Western Movies: Myth, Ideology, and Genre*, 9 Jan. 2009, Podcast.
石岡良治『視覚文化「超」講義』、フィルムアート社、二〇一四年。
エルセサー、トマス／ウォーレン・バックランド『現代アメリカ映画研究入門』、水島和則訳、書肆心水、二〇一四年。
ジャクソン、マイケル『ムーンウォーク——マイケル・ジャクソン自伝』、田中康夫訳、河出書房新社、二〇〇九年。
巽孝之『ニュー・アメリカニズム——米文学思想史の物語学』、増補決定版、青土社、二〇一九年。
フランクリン、ベンジャミン『フランクリン自伝』、渡邊利雄訳、中央公論新社、二〇〇四 年。

第9章

Berry, Mark F. *The Dinosaur Filmography*. McFarland, 2002.
Block, Alex Ben. “Willis O’Brien, Innovative Special Effects Giant.” *George Lucas’s Blockbusting: A Decade-by-Decade Survey of Timeless Movies Including Untold Secrets of Their Financial and Cultural Success*, edited by Alex Ben Block and Lucy Autrey Wilson, HarperCollins, 2010, pp. 71-72.
Court, Elsa. *The American Roadside in Émigré Literature, Film, and Photography 1955–1985*. Palgrave Macmillan, 2020.

DeGaetano, Steve. *The Disneyland Railroad: A Complete History in Words and Pictures*. Theme Park, 2015.
Frost, Warwick, and Jennifer Laing. *Imagining the American West Through Film and Tourism*. Routledge, 2015.
Rickitt, Richard. *Special Effects: The History and Technique*. Billboard, 2007.
Waller, Gregory A. "Mapping the Moving Picture World: Distribution in the United States circa 1915." *Networks of Entertainment: Early Film Distribution 1895–1915*, edited by Frank Kessler and Nanna Verhoeff, John Libbey, 2008, pp. 94-102.
今井隆介「描く身体から描かれる身体へ――初期アニメーション映画研究」、『映画学的想像力――シネマ・スタディーズの冒険』、加藤幹郎編、人文書院、二〇〇六年、五八―九五ページ。
岡田尚文「蒸気機関車イメージの変容、あるいはショックの馴致について――ディズニー映画『リラクタント・ドラゴン』（１９４１年）を手掛りに」、『学習院大学文学部研究年報』第六四号、二〇一七年、一八七―二一五ページ。
加藤幹郎『映画とは何か――映画学講義』、文遊社、二〇一五年。
――『列車映画史特別講義――芸術の条件』、岩波書店、二〇一二年。
川村亜樹「終末の地球に降り立つクロエ・ジャオ『ノマドランド』」、『自然・風土・環境の英米文学』、富士川義之編、金星堂、二〇二二年、四三五―四四八ページ。
川本徹『荒野のオデュッセイア――西部劇映画論』、みすず書房、二〇一四年。
巽孝之『恐竜のアメリカ』、ちくま新書、一九九七年。
トマス、ボブ『ウォルト・ディズニー――創造と冒険の生涯』、完全復刻版、玉置悦子／能登路雅子訳、講談社、二〇一〇年。
ノレル、マーク・A／ユージン・S・ギャフニー／ロウエル・ディンガス『恐竜の博物館』、瀬戸口烈司／瀬戸口美恵子訳、青土社、一九九六年。
能登路雅子『ディズニーランドという聖地』、岩波新書、一九九〇年。

フランクリン、H・ブルース『最終兵器の夢――「平和のための戦争」とアメリカSFの想像力』、上岡伸雄訳、岩波書店、二〇一一年。

細馬宏通『ミッキーはなぜ口笛を吹くのか――アニメーションの表現史』、新潮社、二〇一三年。

マノヴィッチ、レフ『ニューメディアの言語――デジタル時代のアート、デザイン、映画』、堀潤之訳、みすず書房、二〇一三年。

吉見俊哉『夢の原子力―― Atoms for Dream』、ちくま新書、二〇一二年。

第10章

Cohan, Steven, and Ina Rae Hark, editors. *The Road Movie Book*. Routledge, 1997.
Laderman, David. *Driving Visions: Exploring the Road Movie*. U of Texas P, 2002.
Lang, Robert. "*My Own Private Idaho* and the New Queer Road Movies." Cohan and Hark, pp. 330-348.
Michaels, Lloyd. *Terrence Malick*. U of Illinois P, 2009.
Mielke, Randall G. *Road to Box Office: The Seven Film Comedies of Bing Crosby, Bob Hope and Dorothy Lamour, 1940-1962*. BearManor Media, 2010.
Mills, Katie. *The Road Story and the Rebel: Moving Through Film, Fiction, and Television*. Southern Illinois UP, 2006.
Wigon, Zachary. "A Completely False Security: An Interview with Kelly Reichardt." *MUBI*, 12 Dec. 2008, https://mubi.com/notebook/posts/a-completely-false-security-an-interview-with-kelly-reichardt.
Wilkinson, Alissa. "Kelly Reichardt Talks about *Certain Women* and Why She'll Never Work with Oxen Again." *Vox*, Oct. 18, 2016, https://www.vox.com/2016/10/18/13313104/kelly-reichardt-interview-kristen-stewart-michelle-williams-laura-dern-certain-women.
アーチャー、ニール『ロードムービーの想像力――旅と映画、魂の再生』、土屋武久訳、晃洋書房、二〇二二年。
池末陽子「逃亡の果ての帝国――エドガー・アラン・ポーの中編小説「ハンス・プファアルの無類の冒険」を

再読する」、『メディアと帝国――19世紀末アメリカ文化学』、塚田幸光編、小鳥遊書房、二〇二一年、二六一―二八四ページ。

梶原照子「『オン・ザ・ロード』ジャック・ケルアック――失われたワンダーを求める放浪者たち」、『アメリカの旅の文学――ワンダーの世界を歩く』、亀井俊介編、昭和堂、二〇〇九年、二五一―二六六ページ。

加藤幹郎『映画 視線のポリティクス――古典的ハリウッド映画の戦い』、筑摩書房、一九九六年。

――『映画ジャンル論――ハリウッド映画史の多様なる芸術主義』、文遊社、二〇一六年。

――『日本映画論 1933―2007――テクストとコンテクスト』、岩波書店、二〇一一年。

上島春彦「「前」ロード・ムーヴィーの系譜」、遠山、二二―二九ページ。

コーマン、ロジャー／ジム・ジェローム『私はいかにハリウッドで100本の映画をつくり、しかも10セントも損をしなかったか――ロジャー・コーマン自伝』、石上三登志／菅野彰子訳、早川書房、一九九二年。

杉野健太郎「『イージー・ライダー』とユートピア――アメリカン・イデオロギーの対立の創生」、『映画とイデオロギー』、杉野健太郎編、ミネルヴァ書房、二〇一五年、一七七―二一九ページ。

巽孝之『アメリカ文学史――駆動する物語の時空間』、慶應義塾大学出版会、二〇〇三年。

塚田幸光「ナショナル／ファミリー・ポートレイト――『パリ、テキサス』とロード・ムーヴィーの政治学」、『映画とネイション』、杉野健太郎編、ミネルヴァ書房、二〇一〇年、一七七―二〇六ページ。

――「ファミリー・オン・ザ・ロード――『リトル・ミス・サンシャイン』とアメリカン・ドリームの行方」、『アメリカン・ロード――光と陰のネットワーク』、花岡秀編、英宝社、二〇一三年、二六六―二九二ページ。

遠山純生編『追憶のロード・ムーヴィー』、エスクァイアマガジンジャパン、二〇〇〇年。

中垣恒太郎「アメリカ大衆文化における民衆の想像力――ジョン・フォード監督『怒りの葡萄』」、『アメリカ文学と映画』、杉野健太郎編、三修社、二〇一九年、一五八―一七三ページ。

フラー、マーガレット『五大湖の夏』、高野一良訳、未知谷、二〇一一年。

松本昇ほか編『アメリカン・ロードの物語学』、金星堂、二〇一五年。

森本あんりほか「トランプ政権下のアメリカ合衆国」、『アメリカ研究』第五二巻、二〇一八年、一―三九ページ。

第11章

Kemper, Tom. Toy Story: *A Critical Reading*. BFI, 2015.
Maloney, Marcus. *The Search for Meaning in Film and Television: Disenchantment at the Turn of the Millennium*. Palgrave Macmillan, 2015.
Meinel, Dietmar. *Pixar's America: The Re-Animation of American Myths and Symbols*. Palgrave Macmillan, 2018.
Smith, Susan, et al. Toy Story: *How Pixar Reinvented the Animated Feature*. Bloomsbury Academic, 2019.
加藤幹郎『映画ジャンル論――ハリウッド映画史の多様なる芸術主義』、文遊社、二〇一六年。
亀井俊介『ハックルベリー・フィンのアメリカ――「自由」はどこにあるか』、中公新書、二〇〇九年。
菊地浩平『人形メディア学講義』、河出書房新社、二〇一八年。
丹羽隆昭『クルマが語る人間模様――二十世紀アメリカ古典小説再訪』、開文社出版、二〇〇七年。
細野香里「気球乗りの視線、反転するパノラマ――マーク・トウェインの『トム・ソーヤの外国旅行』を読む」、『空とアメリカ文学』、石原剛編、彩流社、二〇一九年、七九―一〇五ページ。
三輪健太朗『マンガと映画――コマと時間の理論』、ＮＴＴ出版、二〇一四年。
ルーリー、アリソン『永遠の少年少女――アンデルセンからハリー・ポッターまで』、晶文社、二〇〇四年。
渡邉大輔「ディジタル・ヒーローの倫理的身体――マーベル映画とディジタル表現のゆくえ」、『ユリイカ』二〇一四年五月号、九二―九九ページ。

コラム④

Brown, Noel. "*Toy Story* and the Hollywood Family Film." Toy Story: *How Pixar Reinvented the Animated Feature*, edited by

Susan Smith, Noel Brown, and Sam Summers, Bloomsbury Academic, 2019, pp. 21-38.

Meinel, Dietmar. *Pixar's America: The Re-Animation of American Myths and Symbols*. Palgrave Macmillan, 2018.

長谷川功一『アメリカSF映画の系譜——宇宙開拓の神話とエイリアン来襲の神話』、リム出版新社、二〇〇五年。

第12章

Clark, Keith, and Lowell Tiller. *Terrible Trail: The Meek Cutoff, 1845*. Rev ed. Maverick, 1993.

Colford, Caitlin. "An Interview with Jon Raymond." *The Rumpus*, 29 April, 2011, http://therumpus.net/2011/04/an-interview-with-jon-raymond/.

Fusco, Katherine, and Nicole Seymour. *Kelly Reichardt*. U of Illinois P, 2017.

Gross, Terry. "Going West: The Making of 'Meek's Cutoff'." *NPR*, 14 Apr. 2011, https://www.npr.org/2011/04/14/135206694/going-west-the-making-of-meeks-cutoff.

Hughes, Timothy. "'The Unheightened Moment': Work, Duration, and Women's Point-of-View in *Meek's Cutoff*." *Critical Perspectives on the Western: From* A Fistful of Dollars *to* Django Unchained, edited by Lee Broughton, Rowman, 2016, pp. 137-152.

Kubincanek, Emily. "Kelly Reichardt on How 'First Cow' Questions the Myth of America's Roots." *Film School Rejects*, 2 Oct. 2020, https://filmschoolrejects.com/kelly-reichardt-first-cow/.

Longworth, Karina. "Going the Distance with *Meek's Cutoff* Director Kelly Reichardt." *The Village Voice*, Apr. 6, 2011. https://www.villagevoice.com/2011/04/06/going-the-distance-with-meeks-cutoff-director-kelly-reichardt/.

Nelson, Andrew Patrick. "Wagon Mistress." *Women in the Western*, edited by Sue Matheson, Edinburgh UP, 2020, pp. 287-299.

Ponsoldt, James. "Lost in America: Kelly Reichardt's 'Meek's Cutoff.'" *Filmmaker Magazine*, 23 Nov. 2011, filmmakermagazine.com/35034-lost-in-america-kelly-reichardts-meeks-cutoff/#.WvUtbDMaTIV.

Reichardt, Kelly. "Director's Statement." Meek's Cutoff. *Preliminary Press Notes*, Oscilloscope Laboratories, 2010, p. 3.

Smith, Oral. "Screenwriter Jon Raymond on *First Cow*." *Roads to Nowhere: Kelly Reichardt's Broken American Dreams*, edited by Alex Heeney and Orla Smith, eBook, Seventh Row, 2020, pp. 192-205.

Wilkinson, Alissa. "What Kelly Reichardt Learned from Directing *First Cow*, Her Gentle Masterpiece." *Vox*, July 10. 2020, https://www.vox.com/culture/2020/3/6/21158250/first-cow-interview-kelly-reichardt.

エマソン、ラルフ・ウォルドー『自然』、『エマソン論文集（上）』、酒本雅之訳、岩波文庫、一九七二年、三三—一〇九ページ。

『ケリー・ライカートの映画たち——漂流のアメリカ』、劇場プログラム、シマフィルム、二〇二一年。

篠田靖子『アメリカ西部の女性史』、明石書店、一九九九年。

柴田元幸「わからなさの尊重」、『ケリー・ライカートの映画たち』、四八—五〇ページ。

冨塚亮平「『ミークス・カットオフ』解説」、『ケリー・ライカートの映画たち』、四七ページ。

西山智則『恐怖の君臨——疫病・テロ・畸形のアメリカ映画』、森話社、二〇一三年。

野崎歓『夢の共有——文学と翻訳と映画のはざまで』、岩波書店、二〇一六年。

蓮實重彥「抒情を排したこの寡黙な呟きに、ひたすら耳を傾けようではないか」、『ケリー・ライカートの映画たち』、四—六ページ。

樋口泰人「I Hear a New World」、『ケリー・ライカートの映画たち』、五六—五七ページ。

吉田広明『西部劇論——その誕生から終焉まで』、作品社、二〇一八年。

初出一覧

序章　書き出しの二段落は、吉田広明『西部劇論――その誕生から終焉まで』の書評として『図書新聞』第三三八七号、二〇一九年に寄稿したものを改稿。これ以降の部分は書き下ろし。

第1章　前半は『ゴールデン・リバー』劇場プログラム、二〇一九年にコラムとして寄稿したものを改稿。後半の『パワー・オブ・ザ・ドッグ』論は書き下ろし。

第2章　「「テキサス、1868年」から『パリ、テキサス』へ」というタイトルで、『映画芸術』第四七七号、二〇二一年に発表した原稿と、日本アメリカ文学会中部支部ワークショップ（課題テクスト『ライフ・ゴーズ・オン　彼女たちの選択』、二〇二二年一二月一一日）で読まれた原稿を統合した上で改稿。

第3章　「崖の上のアリス――『モヒカン族の最後』とその映画的表象」というタイトルで、『アメリカ文学と映画』、杉野健太郎編、三修社、二〇一九年に発表したものを改稿。

第4章　書き下ろし。

第5章　「タランティーノの西部劇映画開拓史――『ジャンゴ　繋がれざる者』と『ヘイトフル・エイト』」というタイトルで、『ユリイカ』二〇一九年九月号に発表したものを改稿。

第6章　書き下ろし。

第7章　「さよならを少しだけこえて」というタイトルで、IVCから発売された『黄色いリボン』のブルーレイ（二〇一六年）の作品解説リーフレットに発表したものを改稿。

第8章　「ハリウッド映画と作られた西部」というタイトルで、『よくわかるアメリカ文化史』、巽孝之／宇沢美子編、ミネルヴァ書房、二〇二〇年に発表した原稿の一部と、「ベンジャミンと未来――『バック・トゥ・ザ・フューチャー』から『トイ・ストーリー』への思想的転換」というタイトルで『人間文化研究』

第三八号、二〇二二年に発表した原稿の一部を統合した上で改稿。
第9章　「恐竜は西部劇の夢を見るか?──古生物とアメリカ映像文化」というタイトルで、『人間文化研究』第三七号、二〇二二年に発表したものを改稿。
第10章　「ロード・ムービー──約束の地への不可能なドライヴ」というタイトルで、『アメリカン・ロードの物語学』、松本昇ほか編、金星堂、二〇一五年に発表したものと作品解説を改稿。最後の『アネット』論は「ふたつのA──『アネット』とアメリカ文学」というタイトルで、『映画芸術』第四七九号、二〇二二年に発表した原稿の一部を改稿。
第11章　同じタイトルで、『人間文化研究』第三四号、二〇二〇年に発表したものを改稿。
第12章　同じタイトルで、アメリカ学会第五二回年次大会（二〇一八年六月三日）の部会「アダプテーションの功罪──「映画化」を超える批評性を求めて」で読まれた原稿と、「日記・ボンネット・西部劇──映画と文学のアダプテーション論の余白に」というタイトルで、『思想』二〇一九年一一月号に発表した原稿、さらには「ジャンル映画を通して見るケリー・ライカートの世界」というタイトルで、『ケリー・ライカートの映画たち──漂流のアメリカ』劇場プログラム、二〇二一年にコラムとして寄稿したものの一部を統合の上改稿。
コラム①　第1章と同様に、『ゴールデン・リバー』劇場プログラムにコラムとして寄稿したものを改稿。
コラム②　書き下ろし。
コラム③　「アメリカン・ウエスト行きの駅馬車──マーク・トウェインとジョン・フォードの西部」というタイトルで『マーク・トウェイン──研究と批評』第一五号、二〇一六年に発表した原稿の一部を改稿。
コラム④　書き下ろし。

あとがき

本書のもとになった諸論考は、二〇一五年以降、著者がさまざまな媒体に発表したものである。本としてまとめるにあたっては、徹底改稿をほどこし、書き下ろしの章やコラムも加えた。改稿のさいには、西部劇のおもしろさ、新しさがなるべく多様な形で伝わるように心がけた。どれだけうまくいったか心もとないが、本書が読者の映画的発見に少しでもつながれば、これ以上の喜びはない。本書を片手に「最近の西部劇は……」とか「あの映画にも西部劇の影響が……」といった会話がなされること、そして興味をもった作品の鑑賞につながること、それが著者の夢見ていることである。

本書は映画ジャンル論の新たな実践である。大学院の師であり、わが国における映画ジャンル論に先鞭をつけた故・加藤幹郎先生に、感謝と追悼の意をあらわしたい。この本の執筆中も何度先生の著作に勇気づけられたかわからない。また、研究員時代にお世話になり、アメリカ研究に目を見開かせてくださった巽孝之先生にも、あらためてお礼を申し上げたい。本書の章のなかには、巽先生の大学院ゼミで最初に発表したものもある。各章の初出時の編者・編集者の皆様にも、感謝の意を示したい。学会のシンポジウムや口頭発表でも多くの方々にお世話になった。とくに日本映画学会前会長の杉野健太郎先生からは、さまざまな形で研究発表の場をいただいた。また、本書のグローバル・ウェスタンや映像文化史に関するリサーチの一部は、科研費（16K16748, 20K12845）によって可能となったものである。

本書の出版を引き受けてくださったのは、森話社代表の大石良則氏である。大石氏は、いまよりも三割ほど分量が少なかった草稿に目をとおし、完成にむけて進むべき道を照らしてくださった。また、二冊目の単著のテーマで迷っていた著者に、「ぜひ西部劇でもう一冊」と誘ってくださり、森話社とのあいだを取りついでいただいたのは、カンナ社代表の石橋幸子氏である。記して感謝したい。

なお、第1章で論じた『ゴールデン・リバー』については、暴力とユートピアニズムの問題に焦点をあてた長編論考を別途執筆している（川本徹「血の季節の向こう側――『ゴールデン・リバー』と西部劇ジャンルの歴史」、『映画史の論点――映画の〈内〉と〈外〉をめぐって』、杉野健太郎編、ミネルヴァ書房、二〇二三年近刊）。ご興味があれば、ぜひお読みいただきたい。

最後になったが、本書は花の名前をもつふたりの家族――妻と娘――にささげる。当時四歳だった娘とピクサーの映画を見て、恐竜の話をすることがなければ、本書の第9章が書かれることはなかったであろうことを、明記しておきたい。

二〇二三年春　名古屋桜山にて

川本　徹

［わ］

［欧字］

［し］

作品名索引

（公開年は同一タイトルがある場合のみを、ジャンルは映画・テレビ作品以外を記した）

出版コーディネート……カンナ社

［著者略歴］
川本 徹（かわもと とおる）
1983年生まれ。京都大学大学院人間・環境学研究科博士後期課程修了。
博士（人間・環境学）。
現在、名古屋市立大学大学院人間文化研究科准教授。専門は映像文化史。
著書に『荒野のオデュッセイア——西部劇映画論』（みすず書房、2014年）、共著に『アメリカ文学と映画』（三修社、2019年）、『映画史の論点——映画の〈内〉と〈外〉をめぐって』（ミネルヴァ書房、2023年）などがある。

フロンティアをこえて——ニュー・ウェスタン映画論

発行日……………………………2023年6月12日・初版第1刷発行

著者………………………………川本　徹
発行者……………………………大石良則
発行所……………………………株式会社森話社
〒101-0047 東京都千代田区内神田1-15-6 和光ビル
Tel 03-3292-2636
Fax 03-3292-2638
印刷………………………………株式会社シナノ
製本………………………………榎本製本株式会社

ISBN 978-4-86405-177-4 C1074